Etwas zum Angeben gefällig?
Sämtliche Karten in diesem Wanderführer sind GIS-basiert und im UTM-Koordinatensystem mit dem geodätischen Datum WGS 84 erstellt und damit wirklich auf der Höhe der Zeit.

Wo bin ich gerade?
Die Wegpunkte 1, 2, 3 & Co. wurden von den Autoren Marie Luise und Gunnar Schuschnigg für jede Tour vor Ort auf Kreta mit dem GPS-Gerät an wichtigen Stellen im Gelände aufgezeichnet. Die technisch bedingte Ungenauigkeit liegt mittlerweile bei höchstens 10 m (ohne Gewähr, leider!). Als Lesezeichen finden Sie die entsprechenden Ziffern sowohl im Text wie in der Karte und im Diagramm.

Mehr als nur Skizzen
Die 36 topografischen Ausschnittswanderkarten wurden eigens für diesen Kreta-Wanderführer erstellt – nach den Regeln der Kartenkunst, aber mit unkonventioneller Mehrwertinformation von der Zisterne bis zur Taverne. Im Buch finden Sie die Karten in den Maßstäben 1:25.000, 1:50.000 sowie 1:70.000.

Wie & wo, hin & zurück, Wind & Wetter, Hunger & Durst
Im Tourinfo-Kasten stellt sich die Tour vor. Sie erfahren außerdem alles, was Sie zur Wanderlogistik und zum Überleben brauchen, und das im Detail.

Kleingedrucktes
Die in diesem Kreta-Wanderführer enthaltenen Angaben wurden von den Autoren Marie Luise und Gunnar Schuschnigg nach bestem Wissen erstellt und von ihnen und dem Michael Müller Verlag mit größter Sorgfalt überprüft und veröffentlicht. Dennoch können weder Autoren noch Verlag bezüglich der Beschreibungen und Karten sowie der Gegebenheiten vor Ort Verantwortung übernehmen. Natur und Klima sind und bleiben letztlich unberechenbar. Der Zustand der Wege ist immer auch von der Zeit, der Witterung, von Eingriffen durch Menschenhand und anderen Unvorhersehbarkeiten abhängig. Wir bitten um Verständnis und sind jederzeit für Verbesserungsvorschläge dankbar.

Zu Ihrer Sicherheit
Überschätzen Sie sich nicht – machen Sie einfach Urlaub, auch die mit ✳ oder ✳✳ gekennzeichneten Touren sind auf Kreta wunderschön. Starker Wind und hohe Temperaturen trocknen aus – nehmen Sie immer reichlich Trinkwasser mit! Hochgebirgstouren sind nur bei absolut stabiler Wetterlage zu unternehmen. Wandern Sie möglichst nicht allein, setzen Sie jemanden aus Ihrem Quartier über die geplante Tour in Kenntnis,

In jedem Notfall wähl
oder ☏ **199** (Feuerwehr

Wandern auf Kreta

Wanderregionen auf Kreta ▶ 5 ■ Wetter und Wandersaison ▶ 8 ■ Stein- und Felskunde für Wanderer ▶ 11 ■ Pflanzenwelt ▶ 13 ■ Tierwelt ▶ 19 ■ Ausrüstung und Verpflegung ▶ 21 ■ Notfall und Notfallnummern ▶ 22 ■ Tourplanung und -durchführung ▶ 23 ■

Westkreta Nordhälfte

Tour		Beschreibung	Seite
Tour 1	∗	**Vom Kloster und „Nationalheiligtum" Arkádi nach Píkris** Länge: 5,6 km ■ Gehzeit: 2 Std. ■ 😊	▶ 3
Tour 2	∗∗	**Rundtour zu den Wassermühlen der Míli-Schlucht** Länge: 11,4 km ■ Gehzeit: 3:50 Std.	▶ 3
Tour 3	∗∗	**Von Arméni zur genuesischen Burgruine Bonripári** Länge: 9,6 km ■ Gehzeit: 3:30 Std. ■ 😊	▶ 4
Tour 4	∗∗∗	**Vom Kloster Gouvernéto zum Küstenort Stávros** Länge: 8,3 km ■ Gehzeit: 3:45 Std.	▶ 4
Tour 5	∗∗	**Durch die Tsichlianá-Schlucht zum antiken Polirrinía** Länge: 5,8 km ■ Gehzeit: 2:40 Std.	▶ 5

Westkreta Südhälfte

Tour		Beschreibung	Seite
Tour 6	∗∗∗	**Von Koustogérako hinauf in die westlichen „Lefká Óri"** Länge: 14,5 km ■ Gehzeit: 6:40 Std.	▶ 5
Tour 7	∗∗∗∗	**„Wildes Kreta" zwischen Soúgia und Agía Rouméli** Länge: 18,2 km ■ Gehzeit: 11 Std.	▶ 6
Tour 8	∗∗∗	**Von Agía Rouméli ins malerische Örtchen Loutró** Länge: 13,7 km ■ Gehzeit: 4:50 Std.	▶ 6
Tour 9	∗∗	**Von Loutró in den Hauptort der Region Sfakiá** Länge: 7,1 km ■ Gehzeit: 2:45 Std. ■ 😊	▶ 7
Tour 10	∗∗∗∗	**Quer durch die Weißen Berge nach Anópoli** Länge: 32 km ■ Gehzeit: 13:25 Std.	▶ 7
Tour 11	∗∗	**Durch die Ímbros-Schlucht nach Komitádes** Länge: 6,4 km ■ Gehzeit: 2:25 Std. ■ 😊	▶ 8
Tour 12	∗∗	**Durch die Kallikrátis-Schlucht** Länge: 7,2 km ■ Gehzeit: 2:50 Std.	▶ 8
Tour 13	∗∗	**Rundtour zum Strand von Préveli** Länge: 7,5 km ■ Gehzeit: 2:45 Std. ■ 😊	▶ 9

Zentralkreta Ida-Massiv

Tour		Beschreibung	Seite
Tour 14	∗	**Rund um das Hügelplateau Platanianí Kefála** Länge: 5,7 km ■ Gehzeit: 2:05 Std. ■ 😊	▶ 9
Tour 15	∗∗	**Auf den Felskegel Kartalós** Länge: 9,2 km ■ Gehzeit: 3:10 Std.	▶ 9
Tour 16	∗∗∗∗	**Auf Kretas höchsten Gipfel, den Psilorítis** Länge: 18,4 km ■ Gehzeit: 7:30 Std.	▶ 10
Tour 17	∗∗∗	**Von der Nída-Ebene zur Kamáres-Höhle und hinunter nach Kamáres** Länge: 10,5 km ■ Gehzeit: 5:20 Std.	▶ 10
Tour 18	∗∗∗	**Von Südwesten auf den Psilorítis** Länge: 8 km ■ Gehzeit: 5:30 Std.	▶ 10

Tour 19 ✶✶✶	Durch Hochtäler und die Roúwas-Schlucht nach Zarós Länge: 16,1 km ▪ Gehzeit: 6:25 Std.	▶ 112
Tour 20 ✶✶	Zu den drei Klöstern an den Südhängen des Psilorítis Länge: 10,1 km ▪ Gehzeit: 3 Std.	▶ 118

Zentralkreta Südküste

Tour 21 ✶✶✶	Am südlichsten Kap Kretas Länge: 17,5 km ▪ Gehzeit: 5:40 Std.	▶ 125
Tour 22 ✶✶	Rundtour zum Felsenreich des Kófinas Länge: 10,9 km ▪ Gehzeit: 4:20 Std.	▶ 130
Tour 23 ✶✶✶✶	Rundtour durch Kiefernwald zum Wallfahrtsort Íera Moní Koudoumá Länge: 18,9 km ▪ Gehzeit: 7:25 Std.	▶ 136
Tour 24 ✶✶✶	Auf dem Panoramapfad von Paránimfi nach Ágios Ioánnis Länge: 13 km ▪ Gehzeit: 4:40 Std.	▶ 145
Tour 25 ✶✶	Zur Höhlenkirche Ágios Nikítas Länge: 13,5 km ▪ Gehzeit: 6 Std.	▶ 149
Tour 26 ✶✶	Auf den Hausberg der Inselhauptstadt Länge: 11 km ▪ Gehzeit: 3:45 Std.	▶ 152

Ostkreta

Tour 27 ✶✶✶	Zu den Wäldern der Díkti-Berge Länge: 8,6 km ▪ Gehzeit: 4:25 Std.	▶ 156
Tour 28 ✶	Auf die Lassíthi-Hochebene und zur Tímios-Stavrós-Kapelle Länge: 6,8 km ▪ Gehzeit: 2:15 Std. ▪ ☺	▶ 161
Tour 29 ✶✶	Auf neuen und alten Wegen über den Karfí nach Krási Länge: 7,4 km ▪ Gehzeit: 3:40 Std.	▶ 163
Tour 30 ✶✶	Auf historischem Transportweg nach Kastamonítsa Länge: 7,7 km ▪ Gehzeit: 3:15 Std.	▶ 168
Tour 31 ✶✶	Durch die Kritsá-Schlucht Länge: 7,1 km ▪ Gehzeit: 3:10 Std.	▶ 172
Tour 32 ✶✶	Panoramaweg von Kroústas nach Pírgos Länge: 7,4 km ▪ Gehzeit: 2:35 Std. ▪ ☺	▶ 175
Tour 33 ✶✶✶	Entlang der alten kretischen Wasserläufe bei Kavoúsi Länge: 10,4 km ▪ Gehzeit: 5:25 Std.	▶ 178
Tour 34 ✶✶	Durch die Zákros-Schlucht nach Káto Zákros Länge: 5,5 km ▪ Gehzeit: 1:55 Std. ▪ ☺	▶ 182
Tour 35 ✶	Von Káto Zákros zur Pelekíta-Höhle Länge: 6,6 km ▪ Gehzeit: 2:10 Std. ▪ ☺	▶ 186

Register ▶ 190

☺ „besonders attraktiv für Kinder", finden die Autoren Marie Luise und Gunnar Schuschnigg

Wandern auf Kreta

▶ Legendäres Kreta! Die Faszination, die Kreta auf Kulturfreunde ausübt, wirkt auf Wanderer geradezu magisch. Die fünftgrößte Insel im Mittelmeer bezaubert mit ihren vielen Gegensätzen. Hier wandert man nicht nur durch besondere Landschaften, sondern erfährt mit Augen und Füßen etwas von der Erd- und Menschheitsgeschichte. Besonders beliebt sind die Wanderungen im Frühling und im Herbst. Kretas Pflanzenreichtum ist weithin bekannt, und das Unterwegssein im Frühling führt durch wahre Augenweiden. Zudem garantiert ein Bad im Meer Erfrischung pur. Der Herbst bietet sommerwarme Wassertemperaturen und sonnengereifte Früchte am Wegrand. Die Natur geizt noch mit Blüten und wartet sehnsüchtig auf den ersten Regen, der meist im Oktober kurz, aber heftig eintrifft. Nur von Wanderungen im Hochsommer möchten wir im schattenlosen Gelände ausdrücklich abraten. Ansonsten begleitet Sie dieser Wanderführer auf alten Pfaden durch steinige Gebirge und auf Feldwegen durch Kultur- und Ackerland, durch märchenhafte Schluchten und entlang den Klippen über dem Meer. Entdecken Sie Kreta – und haben Sie Spaß dabei!

Wanderregionen auf Kreta

Kreta lässt sich, bedingt durch die Länge der Insel, geografisch grob in drei Hauptgebiete gliedern: Westkreta, Zentralkreta und Ostkreta. Dabei haben wir zwei dieser Gebiete nochmals nach Anfahrtsrichtung unterteilt und unterscheiden so folgende fünf Wanderregionen: Westkreta Nordhälfte, Westkreta Südhälfte, Zentralkreta Südküste/Hinterland Iráklion, Zentralkreta Ída-Massiv und Ostkreta.

▶ **Westkreta Nordhälfte (S. 34–53) und Südhälfte (S. 54–93):** Im Nordwesten Kretas befinden sich, wenn auch leider in den letzten Jahrzehnten erheblich reduziert, die meisten Waldgebiete. Regional gedeihen Kastanien und jede Menge Zitrusfrüchte. Ein besonderes Unikat der Gegend ist der kretische Erdbeerbaum (Tour 5), dessen Früchte nicht nur hübsch anzuschauen sind, sondern im reifen Zustand im Herbst auch hervorragend schmecken. Die zur Nordküste hin sanft auslaufenden Hügelketten (Tour 1 und 4) bilden kleine üppige Täler (Tour 2) mit teilweise altem Waldbestand aus Walloneneichen (Tour 1) und enden in flachen fruchtbaren Küstenebenen. Hier liegen auch die größten Städte der Region, Réthimnon, Chaniá und Kastélli (Touren 1 bis 3). In tieferen Lagen geben hauptsächlich Olivenhaine der Landschaft ihr Gepräge. Von den Ausläufern der karstigen Gebirgswelt der Weißen Berge bis hin zu sandigen oder felsigen Meeresufern wachsen Olivenbäume in Reih und Glied.

Agrar-Grün dominiert auch die gesamte Westküste Kretas von Falássarna bis Elafonísi und einen Teil der südlichen Hälfte Westkretas, das Hinterland von Paleóchora bis Soúgia. Der Rest des Südwestens steht für Kretas einzigartige Wildheit. Hier dominiert der mächtige Gebirgsstock der Léfka Óri, der „Weißen Berge", die Landschaft (Touren 6 bis 13). Mancher bezeichnet ihn liebevoll als „kretischen Himalaja". Die zahlreichen über 2.000 m hohen Gipfel und ihre Vorberge bewirken, dass der Westen in den regenreichen Spätherbst- und Wintermonaten fast um die Hälfte mehr Regentage verzeichnet als der Osten. Von Norden nach Süden verlaufende Schluchten (Tour 11 und 12) ziehen tiefe Furchen (nicht alle sind unbedenklich zu passieren) und enden an winzigen Kieselstränden (Touren 7 bis 9). Geboten wird also eine mächtige Gebirgsszenerie vom Feinsten! Nur wenige steinige Pfade durchziehen den Hochwald aus Zypressen und Steineichen sowie die Kiefernwälder, die bis zur Küste reichen (Touren 6 bis 8). Beherrscher der wilden Region waren lange Zeit die kretische Wildziege und der Weißkopfgeier auf der Suche nach totem Getier. Zu Zeiten der Fremdbesatzung zogen sich auch immer wieder Freiheitskämpfer in die Gebirgsregion zurück, ihre Schlupflöcher waren die Karsthöhlen. Die Region der östlichen Léfka Óri, „Sfakiá" genannt (Touren 9, 11 und 12), ist berühmt für ihre Partisanen. Aber keine Sorge, heute wandern Sie angstfrei mit unserem Buch

> Die besten Standorte für die jeweiligen Wanderungen finden Sie ab S. 23.

in der Hand durch die Gegend. Auf keinen Fall versäumen sollten Sie eine Fahrt mit dem Fährschiff (S. 26) – vom Boot aus hat man mit Abstand den besten Blick auf die grandiose Gebirgswelt.

Charakteristisch für die Südhälfte des Westens (aber auch für Zentral- und Ostkreta) ist der teilweise heftige Voriás aus dem Norden, der Wanderern als stürmischer Fallwind kräftig zu schaffen macht.

Eine landschaftliche Besonderheit stellt der Palmenwald von Préveli (Tour 13) dar, ca. 50 km abseits des großen Gebirgsstocks an der Südküste. Er besteht aus der wildwachsenden Kretischen Dattelpalme (Phoenix theophrasti). Diese ist neben der Zwergpalme (Chamaerops humilis) die einzige europäische Palmenart. ∎

▶ **Zentralkreta Ída-Massiv (S. 94–123) sowie Südküste/Hinterland Iráklion (S. 124–155):** Fast genau in der Mitte der Insel liegt das Ída-Gebirge. Zu ihm gehört auch der höchste Gipfel der Insel, der Psilorítis (2.456 m). Im Gebirgsstock verborgen liegt am Rande der fast kreisrunden Nída-Hochebene die Idéon-Ándron-Höhle (Tour 16). Die Süd- und Südosthänge der Berge sind teilweise mit Steineichen und Zypressen bewaldet (Touren 17 bis 19). Schäfer treiben ihre Schaf- und Ziegenherden bis auf die Gipfel zum Weiden. Eine regionale Besonderheit sind die steinernen Sennhütten mit rundem Grundriss, auf Griechisch „mitáta". Diese Kunstwerke (Touren 17 und 19) werden aus Kalkstein und ohne Mörtel gebaut; im oberen Teil werden flache Steinplatten eindrucksvoll zu einer Kuppel geschichtet. Viele kleine Bergdörfer schmiegen sich an die südlichen (Touren 14 und 15) und südwestlichen (Tour 18) Ausläufer des Gebirges. Der Gebirgsstock speichert in seinem Inneren viel Wasser. Höhlenforscher haben bis jetzt drei unterirdische Flusssysteme entdeckt, die Gegend ist dadurch reich mit Quellen gesegnet (Touren 17, 19 und 20). Kulturelle Kleinode aus byzantinischer Zeit wie die Klöster Vrondísi und Valsamónero sind weitere Attraktionen der Region (Tour 20).

Der Süden der Präfektur Iráklion ist landwirtschaftlich geprägt, Millionen Ölbäume stehen auf der größten Tiefebene der Insel, der Messará-Ebene (50 km lang, breiteste Stelle 12 km). Sie wird zur Südküste hin von der lang gezogenen Gebirgskette der Asteroússia-Berge begrenzt. Dieses karstige Gebirgsmassiv, dessen höchste Erhebung der Kófinas ist (1.236 m), erscheint durch seine West-Ost-Ausrichtung und die Lage am Meer wie eine Miniatur-Ausgabe der Weißen Berge weiter westlich. In ihm liegen einige „Adlerhorste" wie das Bergbauerndorf Kapetanianá (Tour 22 und 23), imposante Schluchten sowie abgeschiedene Klöster und Höhlenkirchen (Touren 22 bis 25).

Einst einer der heiligsten Orte der Insel und heute eine – man möchte fast sagen: gottverlassene – Gegend ist die Region um das knapp 400 m hoch aufragende, spitz zulaufende Südkap (Tour 21). In der nur an dornigem Gestrüpp und Ziegen reichen Region soll ca. 60 n. Chr. der Apostel Paulus an Land gegangen sein und damit Europas Christianisierung ihren Anfang genommen haben. Die gesamte Region der Südküste ähnelt mit ihrer kargen steppenartigen Landschaft stark dem nahen Nordafrika, dessen Küste von hier aus fast genauso weit entfernt ist wie das griechische Festland (ca. 300 km Luftlinie).

Das Hinterland Iráklions ist dank seiner fruchtbaren Erde ein ertragreiches Weinanbaugebiet. Vom Hausberg der Inselhauptstadt, dem Joúchtas (Tour 26), kann man als Wanderer wunderbar sowohl über die Stadt als auch über hügelige Weinberge schauen. ■

▶ **Ostkreta (S. 156–187):** Das weitläufige Díkti-Gebirge, die markanteste landschaftliche Erscheinung des Ostens, ist gleichzeitig das dritthöchste Gebirgsmassiv der Insel. In ihm liegen drei über 2.000 m hohe Gipfel sowie fruchtbare Schwemmlandhochebenen wie die berühmte Lassíthi-Hochebene (Touren 28 und 29) mit der attraktivsten Höhle Kretas (Diktéon Ándron) und der kleinen Hochalm Katharó. Einst brachten die Bauern über gut ausgebaute Fuhrwege (Tour 30) Kartoffeln und Äpfel in tiefere Lagen. Die bewaldeten südöstlichen Hänge des Gebirgsstocks werden heute vor allem von Imkern als Bienenweiden genutzt (Tour 27). Die Berge des Massivs laufen nach Norden und Osten hin in zahlreichen sanften Hügelketten aus mit kleinen, aber attraktiven Schluchten und Einschnitten (Touren 31 und 33). Ein Teil davon endet nordöstlich des Gebirges in der Region des Mirabéllo-Golfes. Diese sog. „kretische Riviera" ist touristisch bestens erschlossen. In Eloúnda z. B. trifft sich in den 5-Sterne-Hotels im Hochsommer vieles, was Rang und Namen hat. Doch der Streifen High-Society-Getümmel ist recht schmal und liegt direkt an der Küste. Abseits davon findet man viel weite Landschaft. So blickt man beim Wandern im Hinterland mal auf das blaue Meer der schönen Mirabéllo-Bucht, mal auf das olivgrün-silbrig schimmernde Blättermeer der Ölbäume (Touren 32 und 33). Die Hauptattraktionen der Ostküste sind der Palmenwald von Vaí und die Ausgrabungsstätte des viertgrößten minoischen Palastes bei Kato Zakros (Touren 34 und 35). Der Palmenwald steht heute zum Glück unter Naturschutz, er kann bei der Anfahrt nach Zákros bestaunt werden. ■

Aufstieg entlang der Wasserrinne (Tour 33)

Wandern auf Kreta

Niederschlagsmenge in mm

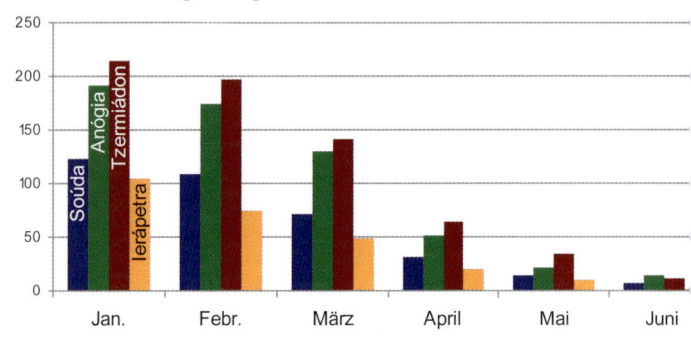

(Säulen für Soúda, Anógia, Tzermiádon, Ierápetra, Januar bis Juni)

Wetter und Wandersaison

▶ **Wetter und Jahreszeit:** Auf Kreta herrscht grundsätzlich mediterranes Inselklima mit den **zwei Hauptjahreszeiten** Winter und Sommer. Regen fällt ab Oktober bis April, die Trockenzeit mit nur mehr äußerst vereinzelten Niederschlägen dauert von Mai bis Oktober. Kalte Luftströmungen aus Norden und Osten bringen in den **Wintermonaten** auch Schnee über die Ägäis, besonders reichlich in den Gebirgen. Viel Regen bekommt der Westen Kretas ab, weniger dagegen der Osten (→ Grafik „Niederschlagsmenge"). **Gewitter** gibt es in der Regenzeit (mit höherer Gewitterneigung und wolkenbruchartigen Niederschlägen im Oktober) besonders im Hochgebirge. Sie sind bei Schluchtenwanderungen nicht zu unterschätzen. **Schnee** hält sich in höheren Lagen der Gebirgsstöcke (ab 1.700 m) manchmal bis Mai.

Tagestemperaturen in Grad Celsius

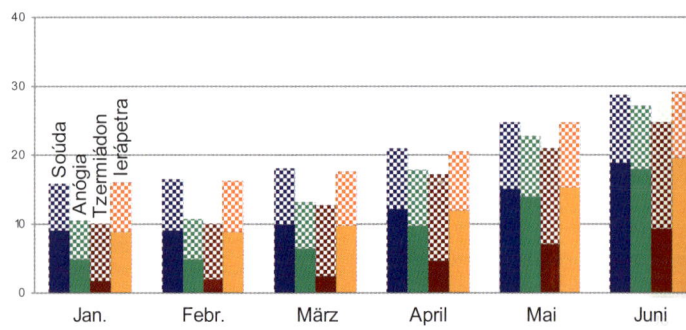

(Säulen für Soúda, Anógia, Tzermiádon, Ierápetra, Januar bis Juni)

▩ Mittlere Höchsttemperatur   ■ Mittlere Tiefsttemperatur

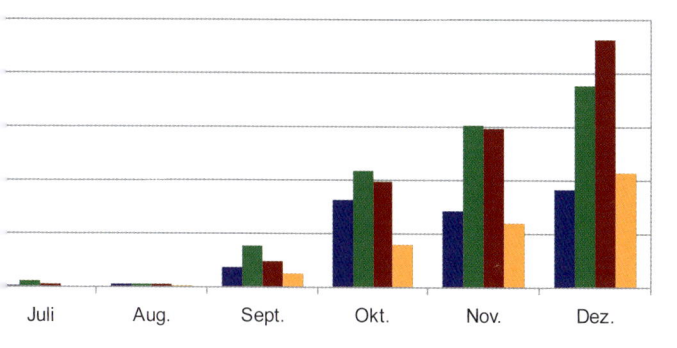

Wetter und Wandersaison

Daten: Hellenic National Meteorological Service

Während der Wintermonate sind auch milde Tagestemperaturen bis 20 °C (→ Grafik „Tagestemperaturen") in küstennahen Regionen und niedrigen Lagen keine Seltenheit, dann wird die Wetterlage von Afrika beeinflusst. Die Monate März und April sowie Oktober sind **Übergangsmonate** und können sowohl sehr mild als auch recht kalt sein. Auch im Mai kann es noch frische Tage geben, im Juni macht sich an manchen Tagen dann schon vorsommerliche Hitze breit. Im **Sommer** kann man mit fast ausschließlich blauem Himmel rechnen, allerdings an manchen Tagen auch mit heftigem, kühlem Wind. Die kretische Regenzeit beginnt frühestens im September mit vereinzelten Niederschlägen. Mit dem ersten Sprießen und Knospen verwandelt sich der Herbst dann in eine Art Vorfrühling. Die Blütenpracht des Winters und des Frühlings stört sich nicht daran, wenn sich in niedrigeren Lagen mal ein Hauch von Schnee drüberlegt. ■

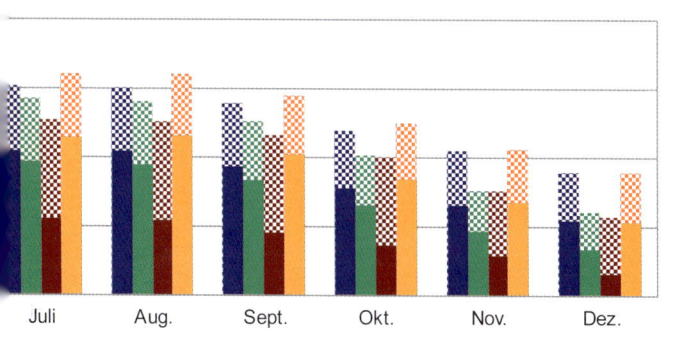

Daten: Hellenic National Meteorological Service

▶ **Kleine Windkunde:** Charakteristisch für das Windklima Kretas sind die ganzjährig vorherrschenden Winde aus nördlichen Richtungen. Sie entstehen, weil sich zwischen einem Hoch über der Balkanhalbinsel und einem Tief über dem Persischen Golf ein Druckgefälle ausbildet. Da sich im Tief die Luft gegen den Uhrzeiger bewegt, weht ein beständiger Wind aus Nordost bis Nord, der sog. Voriás. Im Sommer wird er Meltémi genannt (ein aus dem Türkischen stammendes Wort), dann bringt er angenehme Abkühlung. Die ganzjährigen nördlichen Fallwinde, die an der Südküste aufgrund der West-Ost-Ausrichtung der Gebirge besonders stark auftreten können, sind gewöhnungsbedürftig und erschweren dem Urlauber in örtlichen Einfallschneisen sowohl das Baden als auch das Wandern. Der Nordwind hält manchmal mehrere Tage an. Er verstärkt sich im Hochgebirge, was einen krassen Temperaturunterschied zu küstennahen Regionen bewirkt. Dieser Temperatursturz sollte bei Touren im Gebirge berücksichtigt werden. Fegt der berühmt-berüchtigte Schirokko aus Afrika über die Insel, wird's ebenfalls etwas ungemütlich. Er tritt auf, wenn infolge eines Kaltluftvorstoßes in die Sahara ein Tief über Nordafrika entsteht. Dieser Südwind, bei den Griechen auch Notiás genannt, belastet Kreislauf und Psyche. Er kann in Orkanstärke auftreten und weht besonders im Frühling und im Herbst, jedoch meistens nur einige Stunden lang. Regnet es gleichzeitig, dann hinterlassen die Tropfen auch immer Spuren von rotem Wüstensand. Bläst der Westwind, so lässt er die Wellen auf dem Meer tanzen und bringt

Tageslängen Iráklion				
Tag	Sonnenaufgang (Ortszeit)	Sonnenuntergang (Ortszeit)	Tageslänge Iraklion	Kassel
15. Jan.	7.27 Uhr	17.30 Uhr	10:03 Std.	8:24 Std.
15. Febr.	7.07 Uhr	18.01 Uhr	10:54 Std.	9:58 Std.
15. März	6.32 Uhr	18.26 Uhr	11:54 Std.	11:45 Std.
15. April	6.48 Uhr	19.51 Uhr	13:03 Std.	13:49 Std.
15. Mai	6.15 Uhr	20.17 Uhr	14:02 Std.	15:36 Std.
15. Juni	6.04 Uhr	20.35 Uhr	14:31 Std.	16:34 Std.
15. Juli	6.16 Uhr	20.34 Uhr	14:18 Std.	16:08 Std.
15. Aug.	6.38 Uhr	20.10 Uhr	13:32 Std.	14:41 Std.
15. Sept.	7.01 Uhr	19.29 Uhr	12:28 Std.	12:46 Std.
15. Okt.	7.25 Uhr	18.46 Uhr	11:21 Std.	10:47 Std.
15. Nov.	6.54 Uhr	17.14 Uhr	10:20 Std.	8:55 Std.
15. Dez.	7.20 Uhr	17.09 Uhr	9:49 Std.	7:56 Std.

Auf Kreta gilt die Osteuropäische Zeit (OEZ), d. h., es ist eine Stunde später als zu Hause. Diese Zeitdifferenz herrscht auch während der Sommerzeit von April bis Oktober. Iráklion: 35° 19′ nördliche Breite, 25° 08′ östliche Länge. Kassel: 51° 19′ nördliche Breite.

einige Stunden lang angenehme Frische, klare Sicht und in den Regenmonaten Niederschlag. Er wird in der Literatur der alten Griechen auch Zephyros genannt und ist dort mit seinen Brüdern namens Boreas (Wind des Nordens), Notos (Wind des Südens) und Euros (Wind des Ostens) ein Teil der griechischen Mythologie. ■

▶ **Wandersaison:** Auf Kreta kann das ganze Jahr über zumindest in den niedrigen und mittleren Lagen sowie in Küstenregionen gewandert werden. Die beliebteste Zeit sind wegen der meist gemäßigten Tagestemperaturen jedoch Frühling und Herbst. Ab Oktober werden die Tage zwar kürzer, und die Dunkelheit bricht ohne lange Dämmerung abrupt herein, allerdings ist es insgesamt deutlich länger hell als zu Hause (→ Tabelle „Tageslängen Iráklion"). Im Hochsommer muss man damit rechnen, dass einem hohe Temperaturen in großteils schattenlosen Gegenden zu schaffen machen. Und nicht zu vergessen – geht es ins Hochgebirge, können die Temperaturunterschiede gewaltig sein. Für die Regenzeit gilt generell: Es gibt selten über Tage anhaltenden Dauerregen. Auch wenn es schauert, können immer wieder mal zwischendurch Sonnenstrahlen die Wolkendecke durchbrechen und Regenbögen den Tag verzaubern. ■

Stein- und Felskunde für Wanderer

Kreta ist die fünftgrößte Insel des Mittelmeers und die größte Insel Griechenlands. Zusammen mit den Inselchen Gávdos und Gavdopoúla zählt es zu den südlichsten Vorposten des Landes. Von Westen nach Osten misst Kreta etwa 260 km, seine Breite variiert von 60 km bis gerade einmal 12 km. Wie es sich für eine echte Wanderinsel gehört, ist Kreta sehr gebirgig. Die dominierenden Gebirgsketten von Westen nach Osten sind die Weißen Berge (griech. „Lefká Óri"; Touren 6 bis 10), das Ída-Gebirge (Touren 16 bis 19) und das das Díkti-Gebirge (Touren 27 bis 30) – allesamt stattliche Massive über 2.000 m mit Höhlen, Grotten und teilweise dramatischen Schluchten in Richtung Meer. Niedriger und ziemlich in die Länge gezogen streckt sich im Süden das Asteroússia-Gebirge aus (Touren 21 bis 25).

▶ **Entstehung und geologische Situation:** Wissenschaftlich gesehen ist die Insel nichts anderes als ein aus dem Meer ragender Gipfel des sog. Griechischen Bogens, der sich vom Westen des heutigen griechischen Festlandes über die Halbinsel Peloponnes und die südlichen Inseln der Ägäis (Helleniden) bis weit in die heutige Türkei (Taurusgebirge) zieht. Den Rand dieses Bogens bildet die Hellenische Subduktionszone, ein Graben zwischen der eurasischen und der afrikanischen Platte. Diese Platten-Nachbarschaft ist alles andere als stabil: Mit einer Geschwindigkeit von etwa 3 cm pro Jahr schiebt sich die afrikanische Platte unter die eurasische. Bei so viel tektonischer Aktivität kommt es zu den typischen Begleiterscheinungen wie Vulkanismus (z. B. auf Santorin) oder Erd- und Seebeben. Pro Jahr zählt man in der Ägäis 50 bis 60 dieser starken Erschütterungen. Zum Glück für Kreta liegen die Epizentren in großer Tiefe und richten deshalb vergleichsweise geringe Schäden an.

Die Insel selbst entstand in ihrer heutigen Form zusammen mit anderen Inseln der Region etwa vor 2 Mio. Jahren, damals formte sich auch nach einer Zeit kompletter Austrocknung (→ „Keine Party ...") das heutige Mittelmeer heraus. Der Prozess der Gebirgsbildung und Landschaftsgestaltung ist übrigens immer noch im Gange. Kreta hebt und senkt sich fortwährend: im Westen bis zu 5 mm im Jahr, im Osten 2–3 mm; nur die Inselmitte bewegt sich kaum. An der felsigen Steilküste im Südwesten Kretas zwischen Paleóchora und Chóra Sfakíon lässt sich die gehobene Küstenlinie besonders deutlich beobachten. Sie werden das vom Fährschiff auf der Fahrt zu den Touren 7 bis 9 gut erkennen können. ■

Muschel im Konglomerat

▶ **Kretische Gesteine:** All diese tektonisch bedingten Störungen und Veränderungen hinterließen auf der aus dem Meer geborenen Sediment-Insel ein spannendes Puzzle aus den dominierenden Kalken, ihren diversen Konglomeraten sowie metamorphen Gesteinen (wie Tonschiefer oder Quarzphyllit). Generell unterscheidet man bei den Kalken zwei „Altersgruppen": zum einen Gestein, das im Erdmittel-

Keine Party – der „Messinische Event"

In Kreta und auf vielen anderen Inseln und Küstenteilen des Mittelmeeres finden sich Spuren des bedeutenden „Messinischen Events". Bei diesem erdgeschichtlich wichtigen Ereignis, kam es zu einer wiederholten Austrocknung des Mittelmeeres im Miozän vor etwa 6 Millionen Jahren. Aus noch ungeklärten Gründen senkte sich der Meeresspiegel im Mittelmeer erheblich, was zur immer stärkeren Versalzung – man nennt das Ereignis auch Messinische Salinitätskrise – und zu einer Unterbrechung der Verbindung mit dem Atlantik führte. Durch die Verdunstung des Meerwassers wurden im Mittelmeerbecken stark salz- und gipshaltige Sedimente abgelagert, die sog. Evaporite. Solche Sedimentgesteine finden sich in Kreta zum Beispiel in der Messara-Ebene. Erst eine wiederhergestellte Verbindung mit dem Atlantik über die Meerenge von Gibraltar führte vor etwa 5 Mio. Jahren wieder zu einer Flutung des – noch immer außerordentlich salzigen – Mittelmeeres.

alter (Trias, Jura und Kreide – vor 65,5 bis 251 Millionen Jahren) und davor entstand, und zum anderen Material aus der jüngeren, bis heute andauernden Erdneuzeit (Paläogen, Neogen und Quartär). Das ältere Gestein ist rau, stark verfestigt, von graublauer Farbe mit hellen Flecken und Eiseneinschlüssen. Es bildet im Karst Spalten und Höhlen – von Letzteren gibt es auf Kreta über 3.000. Das Gestein aus der Erdneuzeit, besonders aus dem Neogen (nach alter Terminologie Jungtertiär – 24 bis 1,8 Millionen Jahren) ist dagegen heller, poröser und anfälliger gegen Erosion. Außerdem ist es stellenweise fossilienhaltig.

Doch nicht nur das Alter ist ein Kriterium für die Gesteine auf der Insel. Viel wichtiger für den Wanderer ist die Festigkeit des Untergrunds, also die Unterschiede zwischen Fest-, Halbfest- und Lockergestein. Zum Festgestein gehören Kalkstein, Kalksandstein und Sandstein sowie Flysch (ein Konglomerat wie natürlicher Waschbeton) und Tonschiefer. Lockergestein ist Bergwanderern ein Begriff, denn das ist im Gebirge als Bergsturzmaterial, Schutthalden, Geröll, Schotter, Kies allgegenwärtig und erfordert oft besondere Vorsicht. Es kann eine Mischung aus Mineralien, Gesteinsbruchstücken und organischem Material sein. Zum Halbfestgestein gehören Mergel, stark verwitterter Marmor und Dolomite.

Pflanzenwelt

Kretas geologische Vielfalt spiegelt sich auch in der Flora. Bedingt durch die Erdgeschichte ist die Insel außerdem reich an endemischen Pflanzen. Deren Vorkommen ist wiederum oft regional begrenzt, gewisse Pflanzen gibt es nur in Westkreta, andere nur im Süden Zentralkretas. Die **Hauptblütezeit** fällt in die Regenzeit, die mit vereinzelten Schauern im September und Oktober beginnt und im Mai endet. Fällt dann endlich richtig Regen, erscheinen als Erstes die Herbstzeitlosen. Einige Wochen später werden dann Wildnarzissen und Kranzanemonen zu Vorboten der blumigen Winter- und Frühlingszeit. Frost ist auf Kreta in niedrigen Lagen eher selten. Ab Januar blüht zartrosa oder weiß der Mandelbaum und ab März in üppig gelben Rispen die Akazie am Straßenrand. Ab Ende Mai trotzen nur mehr hitzebeständige Pflanzen wie Thymian, Disteln, Keuschlamm (Mönchspfeffer) und die Meerzwiebel hartnäckig der intensiven Sonneneinstrahlung. Sie betören mit zarten Farben oder Blütenformen, wenn der Rest der Natur zu ruhen scheint.

▶ **Pflanzen der Küstenregionen:** Auch auf Kreta bleibt die zunehmende Verbauung der Küste nicht aus. Und dank der immer noch subventionierten Tierhaltung suchen die Schäfer in den Wintermonaten vermehrt Weideland in niedrigen Lagen auf. Unter beidem leidet die küstennahe Botanik erheblich. Übrig bleibt dann meistens in kalkhaltigen Böden der gelb- oder weiß blühende **Affodill** (Asphodelus fistulosus, Asphodeline lutea), die **Meerzwiebel** (Urginea maritima) und der markant schöne, aber üblen Geruch verbreitende **Drachen- oder Schlangenwurz** (Dracunculus vulgaris). Direkt am Ufer oder im

Dünensand wachsen vereinzelt Strandnarzissen, der gelb blühende Hornmohn, blaugraue Stranddisteln und gelb blühender Schneckenklee, dessen Blätter roh oder gekocht gegessen werden. Der beliebteste schattenspendende Baum am Strand ist die Tamariske. Ihre kleinen schuppenförmigen graugrünen Blätter besitzen die Fähigkeit, salzhaltige Feuchtigkeit ohne Schaden aufzunehmen; außerdem helfen tiefe Wurzeln beim Überdauern der langen Hitzeperiode. ■

Meerzwiebel

Dornenbibernelle

Brandkraut

▶ **Kulturpflanzen:** Kreta wird intensiv landwirtschaftlich genutzt. Außer im Gebirge oder unmittelbar an der Küste dominieren riesige Felder und Plantagen die Insel. Besonders fruchtbar sind dabei die mergeligen Böden in den Ebenen. Vorherrschend unter den Nutzpflanzen ist natürlich der Ölbaum (Olea europea). Medizinische Studien, zahlreiche Kochbücher und natürlich das Marketing unterstützen die internationale Beliebtheit des gesundheitsfördernden kretischen Olivenöls. Der Baum wurde schon in der Antike kultiviert und galt als Geschenk der Göttin Pallas Athene. Bis heute ist die Olive für die Kreter von vielfachem Nutzen: Die erste Pressung liefert das Speiseöl, die zweite dient zur Herstellung von Kosmetik- und Heilprodukten, und die Rückstände der dritten Pressung, sie wird „pirína" genannt, werden als Heizstoff verwendet.

Ebenfalls seit dem Altertum bekannt und kultiviert ist die Weinrebe (Vitis vinifera). Sie gilt als Schöpfung des Gottes Dionysos. Als Schattenspender deckt die rankende Pflanze noch heute so manchen kretischen Innenhof. Landwirtschaftlich angebaute Trauben werden je nach Sorte als Tafeltrauben geerntet, zu Rosinen getrocknet oder zu Wein weiterverarbeitet.

Rund um die Dörfer, aber auch im karstigen Gelände findet man die Johannisbrotbäume (Karuben-/Karobbaum, Ceratonia siliqua). Das

Gewicht „Karat" entspricht in etwa dem eines Karobsamens und wurde früher zum Wiegen von Gold und Edelsteinen verwendet. Die nahrhaften länglichen, braunen Früchte werden zur Tierfütterung verwendet. Sind die Samen gemahlen, dann bilden sie ein viel verwendetes Verdickungsmittel für die Lebensmittelindustrie: E 410. ∎

▶ **Pflanzen der subalpinen und alpinen Gebirgszone:** Die Waldgrenze auf Kreta liegt bei circa 1.600 m. Das Mittelgebirge ist in den unteren Lagen bis 1.000 m mit **Aleppokiefern** (Pinus halepensis) und **Hartkiefer** (Pinus brutia) bewachsen. In höheren Lagen bilden Eichen, Zypressen und Zedern den Baumbestand (Touren 6 bis 8, 19 und 27): Die immergrünen **Steineichen** (Quercus ilex) wachsen nur sehr langsam. Diejenigen Exemplare mit dickem Stamm sind demnach uralt. Die jungen Blätter sind beim Austrieb silbrigweiß und werden später dunkelgrün, Form und Blattrand sind sehr verschieden. Das sicherste Zeichen zum Identifizieren sind ihre Eicheln. Die ebenfalls immergrüne **Kermeseiche** (Quercus coccifera) ist die häufigste Eichenart Kretas. Ihre Blätter sind eiförmig, ledrig, stachelig und tief gezähnt. **Zypressen** (Cupressus sempervirens) und **Zedern** ergänzen das Bild des kretischen Waldes in allen drei Gebirgsstöcken der Insel. Ihre Wuchsform kann je nach Art zwergwüchsig, riesig und ausladend sein. In niedrigeren Lagen oder rund um Friedhöfe sind sie pfahlförmig und hoch; in dieser Gestalt gelten sie auch heute noch als Trauerbaum. In der alpinen und voralpinen Zone blühen nach der Schneeschmelze bis Ende Juni und bis in höchste Gipfelhöhen **Krokusse** (Crocus sieberi) und **Milchstern**, mehrere Sorten von **Wildtulpen** (Tulipa cretica und Tulipa idaeum), die kugelig wachsende **Dornenbibernelle**, die **Berberitze** (Berberis cretica), **Heidekraut** und der kleine gelb blühende **Aronstab** (Arum creticum und Arum ideaum; Touren 16 bis 18 im späten Frühling). Das dornige **Astracantha cretica**, ein Dornpolsterstrauch mit weißen Blüten ist eine endemische Pflanze des Ida-Massivs. **Malotira** oder Syrisches Gliedkraut (Sideritis syriaca) wird in den vielen Tavernen als „tsai tou vounou" (deutsch „Kretischer Bergtee") angeboten und schmeckt köstlich. Es wächst hauptsächlich in den Bergen Westkretas. ∎

▶ **Pflanzen der Phrygana:** Immergrünes, bis zu 1 m hohes Busch- und Strauchwerk kennzeichnet die besondere Macchia des östlichen Mittelmeeres. Auf Kreta werden große Flächen, oft Weideland, von ihr bedeckt. Die Vegetationsform besteht vor allem aus Kugelbuschgewächsen, die sich mit Stacheln gegen Hitze und Tierfraß wehren (nicht immer erfolgreich), daneben finden wir hier die Kräuter- und Gewürzpflanzen des mediterranen Raumes. Affodill und Meerzwiebel dominieren weite Phrygana-Hänge, denn beide werden von Schafen und Ziegen gemieden. Die **Meerzwiebel** (Urginea maritima) ist ein auffallendes Gewächs und gehört zur Familie der Hyazinthengewächse. Die lanzenförmigen breiten Laubblätter wachsen in Rosettenform und vertrocknen im späten Frühling komplett. Die Pflanze übersteht die Trockenzeit als Zwiebel, die oft weit aus der Erde ragt. Sie treibt dann im Spätsommer aus, und der reichblütige lilienartige, weiße Blütenstand wird bis zu 40 cm hoch. Die Zwiebel wird medizinisch bei Herzkrankheiten verwendet. Regional unterschiedlich verbreitet wächst die dunkelrosa blühende **Zistrose** (Cistus creticus). Aus ihr gewinnen die Kreter das begehrte Labdanum zur Duftstofferzeugung. Populäre Kräuter der Phrygana und bis 1.300 m hoch verbreitet sind der stark duftende **Salbei** (Salvia), **Thymian**, **Wasserdost** (Origano) und **Schopflavendel** (Lavandula stoechas). Alle vier Pflanzen sind regional unterschiedlich stark vertreten. Fast insel-allgegenwärtig ist das **Brandkraut** (Flomis fructicosa). Es ist dem Salbei nicht unähnlich und wird gerne mit ihm verwechselt, allerdings riecht es nicht aromatisch und blüht hellgelb. **Andorn** (Marrubium velutinum) ist ein krautiges Gewächs und verströmt sanften Geruch, seine weißen Blüten haben zehn Kelchblätter und stehen in Quirlen. (Als Tee hilft er gegen Ärger und Aufregung!) **Ginster** duftet zwar auch angenehm süßlich, ist aber giftig; die **Dornige Hauhechel** (Ononis spinosa) diente im Altertum zur Linderung von Zahnschmerzen. Von der Küste bis in die Gipfelregionen verbreitet ist die **Dornenbibernelle** (auch Becherblume; Sarcopoterium spinosum). Sie ist ein auffallender kugeliger Zwergstrauch mit kleinen roten Blüten, und die gefiederten Blättchen haben dornige Seitenzweige. Das Gestrüpp wird gerne getrocknet und als Zunder verwendet.

Mastixsträucher wachsen gerne in niedrigen Lagen. Das daraus gewonnene Harz ist auf Kreta als Kauharz und Räucherwerk beliebt. Unter und neben dem Phrygana-Gestrüpp wachsen im Winter jede Menge andere Wildkräuter und Wildblumen wie **Löwenzahn** (besonders beliebt ist der stachelige „stamnagathi", er steht auch hoch im Preis), **Gänseblümchen** und der **Kretische Aronstab** (Arum creticum). Auffallend an dieser schönen endemischen Pflanze ist nicht nur die kelchförmige gelb- bis cremefarbige, nach Zitrone riechende Blüte, sondern auch ihr Fruchtstand mit reifen und unreifen Beeren. Achtung: Die gesamte Pflanze ist giftig. Vereinzelt steht der **Gemeine Drachenwurz** (Dracunculus vulgaris), auch **Schlangenwurz** genannt, in der Landschaft. Er ist mit seiner purpurnen Blüte sehr auffallend und gehört ebenfalls in die Familie der Aronstabgewächse. Der Stängel ist gefleckt, der Blütenstand hat ein riesiges Hochblatt mit gewelltem Rand, der Blütenkolben ist verdickt und ragt über das große Hochblatt. Mit dem charakteristischen Aasgeruch lockt der Drachenwurz Fliegen zur Bestäubung. Die ganze Pflanze kann bis zu 1 m hoch werden. Oft zu sehen und sehr auffallend ist die **Alraune** (Mandragora officinalis). Die markante Blattrosette mit eiförmigen dunkelgrünen Blättern und violettem gestieltem Blütenstand erhebt sich kaum über den Boden. Im Mittelalter war die Halluzinationen bewirkende Pflanze als Flugwurz oder Hundswurz bekannt. Bitte nicht ausprobieren – alle Teile der Pflanze sind hochgradig giftig! ■

▶ **Pflanzen der Schluchten:** Durch die Unzugänglichkeit von Schluchten konnten endemische Pflanzen an ihren Steilwänden oder am Talgrund überleben. Aus Felsritzen und Spalten ragt so manch auffallendes Gewächs oder gar ganzes Gebüsch heraus, zu ihnen zählt u. a. die blau blühende Kretische Rutenglockenblume (Petromarula pinnata; Tour 4). Besonders erwähnenswert ist der „König der endemischen Heilpflanzen" Diktamus (Origanum dictamnus). Diese Pflanze wird heute auch großflächig als Tee angebaut. Der Kretische Ebenholzstrauch (Ebenus cretica; Touren 11 und 12) ist eine sehr dekorative endemische Leguminosenart.

Den Schluchtboden bewachsen diverse Wolfsmilcharten wie Euphorbia characias und die baumförmige Wolfsmilch Euphorbia dendroides (Tour 5), der Aronstab, der seiner Familie zugehörige Krummstab (Arisarum vulgare, auch Kappenaron genannt) und vieles andere mehr. An Bäumen findet man hier die Echte Feige (Ficus carica) und die Pistazienart Pistacia terebinthus. ■

▶ Pflanzen am Bachrand: Gerne wurzelt die Platane (Platanus orientalis) in der Nähe von Wasser (Touren 13, 19 und 34) und spendet in der heißen Zeit herrlichen Schatten. Des Weiteren findet man an sonnigen Stellen den im Hochsommer fliederfarbig blühenden Mönchspfeffer, auch Keuschlammstrauch (Vitex agnus castus) genannt (Tour 34; in Ostkreta gibt es auch einen weiß blühenden Strauch) und natürlich der Oleander (Nerium oleander). Er prägt auch an dem noch so kleinsten Bachlauf die mediterrane Landschaft und wächst vom Strand bis über 1.000 m hoch. Blüht er im Juni rosa, dann verzaubert er die vorsommerliche Trockenzeit (besonders viel Oleander sehen Sie

Kretischer Ebenholzstrauch

Wolfsmilch

auf Tour 21). Doch Vorsicht – er ist hochgradig giftig. Ferner wachsen an feuchten Stellen verschiedene Sorten von Johanniskraut (Hypericum) und der gelb blühende Klebrige Alant (Inula viscosa), der als stark bitterstoffhaltiges Gewächs seinen charakteristischen herben

Duft in die kretische Luft verströmt. An besonders sumpfigen Stellen wurden **Eukalyptusbäume** (Eukalyptus globulus) zum Entwässern gepflanzt. ■

▶ **Pflanzen am Weg- und Straßenrand:** An Feldrändern sieht man oft **Agaven** (Agave americana) mit auffallendem meterhohem Blütenstand und **Opuntien** (Opuntia ficus-indica), deren stachelige rote Früchte genießbar, aber mit Vorsicht zu ernten sind. An Straßen wachsen die üppigst gelb blühende **Silberakazie** (Acacia dealbata) und der **Essigbaum**, der auch **Persischer Flieder** genannt wird. Kaum zu übersehen ist der bis zu 3 m hohe gelb blühende Blütenstand des **Riesenfenchels** (Ferula communis), auch Riesenrutenkraut genannt (→ „Das Riesenkraut"). Auf Schuttstellen und an trockenen Plätzen wachsen gern das stark giftige **Bilsenkraut** (Hyoscyamus albus) sowie die essbare Pflanze **Portulak** (Portulaxa oleracea). Auch die nicht essbare **Spritzgurke** (Ecballium elaterium) mit gurkenähnlichen Blättern findet man häufig. Berührt man die reifen Samen, schießen diese raketengleich ab (Ausprobieren macht Spaß und ist erlaubt!). ■

▶ **Besonderheiten:** Kretas Orchideenvielfalt hat unter Orchideenfreunden einen großen Ruf, es wachsen in der seltsamen Wunderwelt die verschiedensten Erdorchideen von **Ragwurz** (Ophrys) bis **Knabenkraut** (Orchis). Doch sie sind nicht leicht zu finden, denn sie bevorzugen ganz bestimmte Standorte und verstecken sich gern im dornigen Gestrüpp der Phrygana. **Polygonum idaeum**, ein niedrig wachsender endemischer Strauch mit runden Blättern, ist in den Präfekturen Réthimnon und Iráklion zu Hause. Er wächst auf lehmigen Böden höherer Lagen bzw. der Hochebenen (Tour 16) und hat die Eigenart, die Zähne der Schafe beim Fressen golden zu färben. Das ist kein Märchen, sondern tatsächlich so! Der attraktive **Erdbeerbaum** (Arbutus andrachne) lässt sich in Westkreta (Touren 2 und 5) bestaunen. ■

Das Riesenkraut

Rund um die markante, fast 3 m hohe Pflanze Ferula communis (dt. Riesenrutenkraut oder Riesenfenchel) ranken sich viele Geschichten. Der feste dicke Stängel besitzt ein trockenes Mark, das ausgekratzt als Zunder dient. Aus der Mythologie ist bekannt, dass Prometheus in dem ausgehöhlten Ferula-Stängel die Glut aus Hephaistos' Schmiede versteckte und so den Menschen auf Erden das Feuer brachte. Bis Anfang des 20. Jh. war es auf den windigen Schiffdecks üblich, sich auf diese Prometheus-Art die Pfeife anzuzünden. Dionysos, der Gott des Weines, bediente sich ebenfalls des getrockneten Stängels – als Stützhilfe nach schwerem Gezeche – und krönte ihn mit einem an der Spitze aufgesetzten Pinienzapfen zum Symbol der Männlichkeit. Auch der berühmte antike Stafettenlauf benötigte den Riesenfenchel: Man lief von Ort zu Ort und übergab ein Stück Ferula-Stängel, gefüllt mit Glut – der Ursprung des Fackellaufes.

Tierwelt

Knochenfunde beweisen es – zu Kretas Fauna zählten bis vor 9.000 Jahren auch Elefanten, Flusspferde und kleinwüchsige Berglöwen. Durch die großen Wälder der kretischen Berghänge streiften endemische Wildziegen und Wildkatzen. Das ist lange her. Große und gefährliche Säugetiere gibt es schon seit der Antike nicht mehr. Die spätere Tierwelt wurde ebenso wie die Botanik durch die Zunahme der Besiedlung und durch die Landwirtschaft dezimiert. Heute bedrohen der Tourismus und das Freizeitverhalten den Rest. Die Kretische Wildziege ist kaum mehr vorhanden, die Meeresschildkröte wird manchmal schon beim Landgang zwecks Eiablage irritiert, die wenigen Adler, Rebhühner und Wildhasen werden von zu vielen Jägern gejagt. Wenigstens die Regierung muss sich inzwischen an die Umweltvorgaben der EU halten und setzt hie und da ein Zeichen. Hoffen wir für die Zukunft – und bitten alle Wanderer an dieser Stelle, sich achtsam und respektvoll in der Natur zu bewegen. ■

> **Tipps für Naturfreunde jeden Alters**
>
> Alles über Flora und Fauna des östlichen Mittelmeers erfahren Sie im **Naturhistorischen Museum in Iráklion**. Das Haus befindet sich an der Uferstraße Sofokli Venizelou Avenue (vom Hafen im Zentrum in Richtung Amoudára) in einem großen Gebäude mit grünem Dach. Für Kinder gibt es dort das **Stavros Diarchos Discovery Center**, wo sie die Wunder der kretischen Natur entdecken können. Tägl. 9–19 Uhr, Eintritt 8 €, Kinder 5 €.
>
> Allen, die schon zu Hause mehr über Kretas Flora und Fauna erfahren möchten, empfehlen die Autoren unbedingt die Webseite www.kreta-umweltforum.de.

▶ **Endemische Säugetiere:** Eigene Arten entwickelten sich, nachdem Kreta mit dem Ende des Messinischen Events (→ S. 12) wieder zur Insel geworden war. Die berühmteste Vertreterin der Insel-Gattungen ist die **Kretische Wildziege** (Capra aegagrus creticus). Dieses imposante Säugetier (Körperlänge bis 1,30 m und Schulterhöhe bis 80 cm) stammt von der in Asien beheimateten Bezoa-Ziege ab und wird regional auch als „kri kri" betitelt. Mit der Erschließung der Bergregionen wurde das Überleben für die Wildziege kritisch. Einheimische Viehhirten drangen mit ihren Schaf- und Ziegenherden immer weiter in ihren Lebensraum vor, es kam zur Vermischung der Rassen. Die Jagd – strengstens verboten – verkleinerte die Herden genauso wie der Run auf die Samariá-Schlucht mitten im Stammgebiet der Wildziege. Um den Bestand zu retten, wurden in letzter Zeit Wildziegen auf drei unbewohnten kleinen Inseln vor der Nordküste ausgesetzt. Möglicherweise komplett ausgerottet ist die **Kretische Wildkatze** (Felis silvestris cretensis). Wenn überhaupt, dann lebt sie noch in den Hochgebirgsregionen, wo 1996 die letzte männliche Katze gesichtet wurde.

Besser geht es dem **Kretischen Dachs** (Meles meles arcalus), der besonders im Süden Kretas noch häufig vorkommt. Sein Lebensraum sind die felsigen Gebirgs- und Küstenlandschaften. Er ernährt sich hauptsächlich von den zahlreichen Schnecken. Gefahr droht ihm heutzutage eigentlich nur durch den Autoverkehr – man sieht ihn öfter überfahren als lebendig.

▶ **Greifvögel:** Neben den vielen Bussarden, Falken und Habichten ist vor allem der **Gänsegeier** (Gyps vulvus; auch Weißkopfgeier) bemerkenswert. Er liebt die felsigen Gebirgszonen, und nicht selten haben Wanderer das Glück, ihn im majestätischen Flug (Flügelspannweite bis zu 2,70 m!) beobachten zu können. Hockt ein Geier in einer Mulde beim Aas, dann kann man seine Körperlänge von fast 1 m (Gewicht 4–6 kg) bewundern und vielleicht erkennen, wie er den langen beweglichen Hals tief in den Kadaver steckt. Der Kopf des Geiers ist spärlich bräunlich-weiß befedert, und seinen Hals schmückt eine markante weiße Halskrause. Seine Population ist auf Kreta vergleichsweise groß. Sehr selten sind dagegen **Bart- und Schmutzgeier** sowie **See- und Steinadler** anzutreffen. Hoffen wir, dass sich durch das neue Schutzgebiet in den Asteroússia-Bergen wieder mehr Nachwuchs einstellt (Touren 22 und 23). ∎

Gänsegeier

▶ **Reptilien:** Raschelt etwas im trockenen Gestrüpp, dann sind das meistens **Eidechsen** auf dem Weg zur Jagd oder ins Versteck, z. B. die grün schillernde Riesensmaragdeidechsen (Lacerta trilineata) oder die Ägäische Mauereidechse (Podarcis muralis). Seltener erblickt der Wanderer eine Schlange, doch es gibt sie. Verbreitet sind **Nattern**, darunter die schöne Leopardnatter (Zamenis situla), die Würfelnatter, die Balkan-Zornnatter und die Europäische Katzennatter. Die ersten drei sind ungiftig, können jedoch, wenn sie in die Enge getrieben werden, kräftig zubeißen. Letztere, die Katzennatter, zählt zu den giftigen Trugnattern. Durch ihre weit hinten im Rachen liegenden Giftzähne kann ihr Biss zwar schmerzen, aber nicht unbedingt gefährlich werden. Die beruhigende Auskunft des Naturhistorischen Museums in Iráklion (→ „Tipps für Naturfreunde ..."): **Es gibt auf Kreta keine Giftschlangen!**

Kleine **Bachschildkröten** (Mauremys caspica) kommen im Fluss bei Georgioúpolis vor. Die **Meeresschildkröte Caretta caretta** (dt. Unechte Karettschildkröte) ist ein besonders gefährdetes Reptil, da sie ihre Eier bevorzugt an sandigen Stränden ablegt. Auf Kreta gibt es östlich von Réthimnon und im Süden bei Mátala solche Plätze. Bitte seien Sie zwischen Juni und September besonders nachts unbedingt achtsam, denn Geräusche und Licht irritieren die Schildkrötenmütter

▶ **Skorpione:** Auf Kreta gibt es den kleinen, schwarzen Linné-Skorpion (Euscorpius carpathicus) und den selteneren bis zu 5 cm großen, weißlich-gelben Aristotelesskorpion (Mesobuthus gibbosus). Ersterer lebt normalerweise in Gemäuern und Holzstapeln oder unter Steinen und verirrt sich schon mal in ein gartennahes Zimmer. Bei beiden schmerzt der Stich ähnlich einem Wespenstich, ist aber nicht gefährlich.

> **Tipp:** Wanderer sollten ihre Schuhe, die gerne vor die Zimmertür oder auf die Veranda gestellt werden, vor dem Anziehen immer umdrehen und ausschütteln!

▶ **Insekten:** Besonders hübsch sind natürlich die **Schmetterlinge**, Admiral, Schwalbenschwanz, Zitronenfalter, Distelfalter und der endemische schwarz-weiß-rote Kretische Osterluzeifalter (Zerynthia cretica). Weniger populär sind dagegen die Kiefernprozessionsspinner (Thaumetopoea pinivora), vor allem ihre in Reih und Glied marschierenden Raupen, die für Kahlfraß verantwortlich sind und beim Menschen bei Hautkontakt Allergien auslösen können. Ebenfalls ausgesprochen unbeliebt ist die winzige Stechmücke, die auf Kreta **sknípa** genannt wird. So mancher Urlauber wird abends im Freien oder nächtens in den Zimmern von ihr malträtiert. Sie nähert sich geräuschlos dem Opfer, das manchmal allergisch auf die Stiche reagieren kann. Selbst die Einheimischen finden die Mücke so nervig, dass „sknípa" schon als Synonym für Lästigkeit in Liedern besungen wird. ■

Wanderheuschrecke

Ausrüstung und Verpflegung

▶ Für Kretas gebirgige Regionen sind gutes rutschfestes Schuhwerk und Teleskopstöcke für das Wandern auf Geröll und die steilen Abstiege unbedingt notwendig. Die Stöcke dürfen nur in der Nähe von Bienenstöcken (inselweit zunehmende Imkerei) nicht zum Einsatz kommen, Bienen reagieren darauf aggressiv! In den Rucksack sollte auch immer eine windfeste Jacke und ein (Fleece-) Pullover, denn der Temperaturunterschied zwischen Küste und Hochgebirge ist groß – auch im Sommer! Zipphosen mit abnehmbaren Beinstücken sind von Vorteil, da lange Hosen im Gestrüpp Kratzwunden vermeiden und kurze Hosen auf freien Wegstrecken bei warmem Wetter angenhm sind. Sonnenschutz ist Pflicht, und Regenschutz sollte in den Übergangsmonaten April und Oktober Platz auf jeden Fall in den Rucksack. Art und Menge des Proviants ist individuell natürlich unterschiedlich, vergessen sollte man ihn jedenfalls nicht – Gebirgs- und Meeresluft macht generell Appetit. Nehmen Sie unbedingt ausreichend **Trinkwasser** mit, Sie werden es bei dem heißen und trockenen Klima, wo Quellen je nach Winterniederschlag relativ schnell versiegen und schattenspendende Bäume rar sind, dringend nötig haben. Generell ist Leitungswasser auf ganz Kreta, mit Ausnahme des chlorhaltigen in Iráklion, unbedenklich trinkbar. Trinken Sie ausreichend, denn blauer wolkenloser Himmel ist zwar traumhaft schön, aber die Sonneneinstrahlung gnadenlos. Wasserflaschen sind auch in jedem Mini-Markt und Kiosk erhältlich. ■

Notfall und Notfallnummern

Für Notfälle sollte man ein aufgeladenes Handy mitnehmen. Am besten überprüfen Sie erst mal am Ausgangspunkt der Wanderung ihren Empfang, denn nicht alle Netze werden regional abgedeckt. In gebirgigen Regionen gibt es leider immer noch Funklöcher. Für die **Bergrettung** ist auf Kreta die Feuerwehr (Pyrovestiko Soma Ellada) zuständig. Sie ist unter der **Notrufnummer** ✆ **199** erreichbar. Alternativ wendet man sich an die **Polizei** (Astinomía) unter ✆ **100** bzw. der landesweiten Notrufnummer ✆ **166** oder wählt die **europaweite Notrufnummer** ✆ **112**, die **Pannenhilfe** hat die ✆ **104**.

In den größeren Städten Iráklion, Rethímnon und Chaniá gibt es **Krankenhäuser** und ausreichend Ärzte, die Englisch, Französisch oder sogar Deutsch sprechen.

Chaniá: Ágios Geórgios Hospital, Mourniés, ✆ 28210-22000.
Réthimnon: Krankenhaus in der Triantalídou Str. 17, ✆ 28310-27814 oder ✆ 28313-42100.
Iráklion: Venizélou Hospital, Knossoú Avenue, ✆ 2810-368000.

> Bei allen Gesprächen auf der Insel müssen die mit 2 beginnenden Ortsvorwahlen mitgewählt werden – auch innerhalb der jeweiligen Ortschaft. Die Ausnahme sind Mobilfunknummern, die in Griechenland mit 69 beginnen.

Universitätsklinik (außerhalb der Stadt in Richtung Voútes), ✆ 2810-392111, ✆ 2810-392100.
Íatriko Krítis (Medical Crete), privat geführtes medizinisches Zentrum in der Innenstadt, Elektra Building, Platía Eleftherías 45, ✆ 2810-342500.
Ágios Nikólaos: Krankenhaus in der Knossoú Str., ✆ 28410-66000.
Euromed S.A., K. Kazáni Str. 7, mehrsprachige Ärzte, 24 Std. Bereitschaft unter ✆ 28410-27551.
Ierápetra: Krankenhaus in der Kalimeráki 6, ✆ 28420-26766, ✆ 28423-40222.
Sitía: Krankenhaus in der Xerokamáres, ✆ 28433-40100.

In Kastélli (Kíssamos), Paleóchora (Nähe Soúgia), Vámos, Plakiás, Záros, Míres, Timbáki, Chárakas, Áno Viánnos und Zákros gibt es ein sog. Gesundheitszentrum (Health Center, Kéntro Igías) und Apotheken (Pharmakío, erkennbar an dem grünen Kreuz auf weißem Grund).

Die siedlungsarme Region im Süden Westkretas ist leider sehr schlecht bestückt mit Apotheken, obwohl sie den meisten Wandertourismus hat (in Agía Rouméli und Chóra Sfakíon gibt es ein kleines First Aid Center). Am besten nehmen Sie eine eigene Reiseapotheke mit (inkl. antiallergischem Mittel bei Insektenstichen wegen der stark zunehmenden Imkerei auf diversen Wanderrouten!); auch die Hilfsbereitschaft anderer Wanderer sowie der Einheimischen ist immens. ∎

Tourplanung und -durchführung

Jede Wanderung, auch die leichteste, erfordert eine gewisse Vorbereitung. Die angegebenen Zeiten sind reine Gehzeiten ohne Pausen. Nur Sie kennen sich selbst am besten, also teilen Sie ihren Tagesplan auch ganz persönlich ein. Sind Sie Hobbyfotograf und gehören zu den „Landschafts-Guckern", dann brauchen Sie wahrscheinlich länger als der sportliche Wandertyp „Bergläufer". Sind Sie Spätaufsteher, dann gelangen Sie unweigerlich in die große Mittagshitze. Wir raten Ihnen, früh aufzustehen, um genügend Zeit zu haben, die Wanderung und den Tag zu genießen. Achten Sie im Herbst (ab Oktober) auf die rasch kürzer werdenden Tage (→ Tabelle Tageslängen auf S. 10), die Dunkelheit bricht dann ohne lange Dämmerungszeit sehr plötzlich herein.

▶ **Standorte:** Kreta ist sehr weitläufig und jedes Gebiet erkundenswert. Je nachdem wo sich Ihr ausgewähltes Urlaubsdomizil befindet, ist ein Mietwagen von Vorteil oder verzichtbar. Nur an der Nordküste existiert ein gut ausgebautes öffentliches Busnetz, mit dem man auch die dortigen Wanderungen erreicht. Andere Regionen sind mit regelmäßigen Busverbindungen nicht gerade gesegnet, dort muss man oft auf Taxis zurückgreifen, Transfer durch Vermieter in Anspruch

Arbeitsplatz eines Fischers im Hafen von Soúgia

nehmen, per Anhalter fahren – auf Kreta absolut unproblematisch – oder einen Mietwagen nehmen. Zu bedenken ist: Wer seinen festen Standort im Süden Zentralkretas wählt und im Südwesten oder -osten wandern will, muss immer über den Norden (Iráklion) fahren.

Zentralkreta Nordhälfte

Iráklion mit seiner hotelreichen Vorstadt Amoudára und benachbarte, vom Massentourismus geprägte Küstenstädte wie Goúves, Liménas, Chersonísou, Mália und Síssi liegen verkehrstechnisch günstig für die Touren 26, 28, 29 und 30. Iráklion verfügt als Inselhauptstadt zudem über gute Verkehrsanbindungen in alle Teile der Insel. Stündlich verkehren von zwei Busbahnhöfen aus Überlandbusse in den Westen und in den Osten (Busbahnhof A Liménas am Hafen: Busse nach Réthimnon, Chaniá, Ágios Nikólaos) sowie mehrmals tägl. in den Süden (Busbahnhof B Chanióportas im Zentrum: Busse nach Agía Galíni, Mátala). Anógia liegt günstig für die Touren 16, 17 und 19.

Zentralkreta Südhälfte

Das ehemalige Fischerdorf Agía Galíni lebt heute hauptsächlich vom Tourismus und ist ein guter Ausgangspunkt für die Touren 13 und 18. Mehrmals tägl. bestehen Busverbindungen nach Iráklion und Réthimnon. Die Orte Mátala, Pitsídia, Kamilári, Sivas und Kalamáki liegen alle entweder an oder nahe der Küste. Sie sind optimale Standorte für die Touren 14, 15, 18, 20 und 21 sowie für Tour 19 (Teilwanderung Roúwas-Schlucht) und für Tour 17 (Teilwanderung Kamáres – Kamáres-Höhle und retour). Die lebendige ländliche Kleinstadt Zarós in schöner Umgebung ist einen Aufenthalt wert und optimaler Ausgangspunkt für die Touren 14, 15, 18, 19 und 20. Mátala und Pitsídia haben Busverbindungen nach Iráklion und Agía Galíni. Das kleine Bergbauerndorf Kapetanianá ist ein optimaler Standort für die Touren 22 bis 25. Busverbindungen gibt es von Iráklion bis Agíi Déka, dort können Sie sich nach Vereinbarung vom Besitzer der Bergpension Kófinas (→ „Bei den Autoren wohnen") abholen lassen. Mit einem eigenen Mietauto lassen sich auch alle weiteren Touren im Süden Zentralkretas (Touren 15, 18, 21, 20 und 26) von Kapetanianá aus starten. Günstig gelegen für Tour 25 ist Tsoútsouros.

Ostkreta Nordhälfte

Der kleine Ort Ágios Nikólaos liegt malerisch an der „kretischen Riviera" und ist touristisch bestens erschlossen. Er ist optimaler Ausgangsort für die Touren 31 bis 33, Busverbindungen gibt es von hier aus weiter in den Osten nach Sitía und Palékastro. Palékastro und Káto Zákros sind gute Ausgangsorte für die Touren Tour 34 und 35, Letzteres sehr klein und beschaulich.

Ostkreta Südhälfte

Ierápetra ist ein guter Standort für die Touren 27 und 33, Busverbindungen gibt es nach Ágios Nikólaos und Iráklion. Optimal für Tour 27 ist aber der nette Badeort Mírtos. Im Reisebüro Primatours gibt die Österreicherin Angela Panagopoúlou sehr freundlich Tipps zu Unterkünften und Autovermietung sowie zu geführten Wanderungen im Raum Mírtos (mobil ☎ 6974-127305).

Westkreta Nordhälfte

Réthimnon, die drittgrößte Stadt der Insel, liegt verkehrstechnisch günstig für die Touren 1 bis 3 und ist ein beliebtes Ausflugsziel für Stadt- und Nahurlauber. Es gibt stündlich Busverbindungen nach Iráklion, Chaniá und in den Süden (Plakiás, Agía Galíni). Chaniá war bis 1972 Inselhauptstadt, heute ist es die zweitgrößte Stadt und gilt mit seinem gut erhaltenen, charmanten Altstadtkern als die schönste

---

Übernachten und Essen in Zarós

Übernachtungs-Tipp: Hotel Kéramos im Zentrum mit unvergesslichem Frühstücksgebäck, ☎ 28940-31352, der Sohn spricht Deutsch, die Tochter Englisch, sehr hilfsbereit in Sachen Transfer.

Restaurant-Tipp: Veggéra, die Mama kocht (vegetarisch!), die Tochter Vívi bedient die Gäste, ☎ 28940-31730.

der Insel. Busverbindungen bestehen in den Westen nach Kastélli-Kíssamos und in den Süden (tägl. Paleóchora, Soúgia, Chóra Sfakíon). Die Stadt ist ein guter Standort für die Touren 4 und 5. Der beste Ausgangsort für Tour 5 ist jedoch die kleine ländliche Provinzstadt Kastélli, auch Kíssamos genannt, in der Bucht von Kíssamos.

Westkreta Südhälfte

Plakiás ist optimaler Standort für Tour 13. Von der überschaubaren Kleinstadt Paleóchora besteht täglicher Schiffsverkehr über Soúgia nach Agía Rouméli (Samariá-Schlucht) und nachmittags retour. Ab Mai tägl. Busverbindung auf die Omálos-Hochebene (zum Einstieg in die Samariá-Schlucht, Tour 10). Von Soúgia aus kann man die Touren 6 und 7 beginnen. Busverbindung wochentags 1x tägl. nach Chaniá. Loutró ist die Perle der Südküste. Beschaulich und bis jetzt noch autofrei, eignet sich der Ort als Ausgangsort für die Touren 8 und 9. Chóra Sfakion ist ein guter Standort für alle Wanderungen, die an der Küste entlangführen und deren Ausgangspunkte mit dem Schiff erreicht werden können (Touren 7 bis 9) sowie für die Touren 10 bis 12. Busverbindungen gibt es von Mai bis Okt. 2x tägl. nach Réthimnon und Chaniá. ■

▶ **Touristeninformation von zu Hause aus:** Bei den Büros der Griechischen Zentrale für Fremdenverkehr (GZF) erhält man sämtliche Informationen rund um den Urlaub in Griechenland bzw. auf Kreta.

Deutschland

60311 Frankfurt am Main, Neue Mainzer Str. 22, ✆ 004969/25782729, info@gzf-eot.de.
10789 Berlin, Wittenbergplatz 3 a, ✆ 004930/2176262/-63, info-berlin@gzf-eot.de.
20354 Hamburg, Neuer Wall 18, ✆ 004940/454498, info-hamburg@gzf-eot.de.
80333 München, Pacellistr. 2, ✆ 004989/222035/-6, info-muenchen@gzf-eot.de.

Österreich

1010 Wien, Opernring 8, ✆ 00431/5125317, grect@vienna.at.

Schweiz

8001 Zürich, Löwenstr. 25, ✆ 00411/2210105, eot@bluewin.ch.

Griechenland

11521 Athen, EOT, Tsoha Str. 7, ✆ 210-8707000, info@gnto.gr, www.gnto.gr (Greek National Tourism Organisation). ■

Rast an der Gipfelkapelle auf dem Pislorítis (Tour 16)

▶ **Touristeninformation vor Ort:** In den EOT-Informationsbüros (EOT = griechisches Fremdenverkehrsamt) liegen Broschüren und Informationsmaterial zu Kreta bzw. den einzelnen Städten aus, man erhält Auskünfte zu Öffnungszeiten und eventuell sogar Busfahrpläne.

> Telefonauskunft in Griechenland ✆ 11888

Iráklion: EOT, Dikeosinis Str. 10, gegenüber dem archäologischen Museum, ✆ 2810-2462-98/-99, Mo–Fr 8–14.30 Uhr.
Réthimnon: EOT in einem Pavillon an der Strandpromenade, ✆ 28310-29148, März bis Ende Okt. Mo–Sa 8–14.30 Uhr, im Sommer auch länger geöffnet.
Chaniá: EOT im Rathaus, Kydonías Str. 29, ✆ 28210–92624, Mo–Sa 9–14 Uhr.
EOT im Megáron Panthéon, bei der Platía 1866, ✆ 28210-92943, Mo–Fr 11–14 Uhr.
Ágios Nikólaos: EOT an der Brücke zwischen Voulisméni-See und Hafen, ✆ 28410-22357, tägl. 8.30–21.30 Uhr. ■

▶ **Spezielle Internetseiten für Kreta-Wanderer:** Informatives zur Wanderurlaubsgestaltung auf Kreta und sowie Wissenswertes über die Insel findet man z. B. auf folgenden Seiten:

www.korifi.de: Homepage des Wanderferienveranstalters Korifi Tours auf Deutsch mit Infos zum Wandern und Klettern auf Kreta sowie geführten Touren auf der ganzen Insel.
www.kreta-umweltforum.de: Insider-Informationen zu Kretas Flora, Fauna, Umwelt, Geologie und mehr auf Deutsch.
www.cretanadventures.com: Homepage des Outdoor- und Abenteuerreiseveranstalters auf Englisch. Viele Angebote wie z. B. Trekking-, Rad-, Reit- Kanu- und Höhlentouren.

www.archelon.gr: Homepage der Meeresschildkröten-Schutzorganisation Archelon, viele Informationen zur Meeresschildkröte Caretta caretta.
www.poseidon.hcmr.gr: Homepage des griechischen Wetterdienstes, aktueller Wetterbericht auf Englisch.
www.freemeteo.com: Deutschsprachige Seite mit Vorhersagen speziell zum Hochgebirgswetter.
www.eoshanion.gr: Webseite des Alpenvereins/Sektion Chaniá mit Infos zur Kallérgi-Hütte (→ Tour 10).

▶ **Taxi:** Die meisten Wanderungen liegen abseits der Hauptverbindungsrouten und somit unerreicht von regelmäßigem Busverkehr. In den jeweiligen Tourinfo-Kästen finden Sie alle notwendigen Infos bezüglich Transfer zu den Ausgangspunkten der Wanderungen per Taxi. In kleineren Orten gibt es meistens nur ein oder zwei Taxis. Lassen Sie sich vom Zimmerwirt eines bestellen, dann passt auch der Preis. Bei Stadtfahrten muss das Taxameter eingeschaltet sein, von 5 Uhr bis Mitternacht gilt Tarif 1 (0,68 €/km), nachts und außerhalb der Stadtgrenzen gilt Tarif 2 (1,19 €/km). Bei Fernfahrten gelten Fixpreise, z. B. vom Flughafen Iráklion nach Iráklion Innenstadt 10–15 €; Crete Taxi verlangte 2014 nach Mália 39 €, nach Ágios Nikólaos 67 €, nach Agía Galíni 85 €, nach Mátala 75 €, nach Plakiás 118 €, nach Réthimnon 85 €, nach Chaniá 175 €. Auf www.cretetaxi.net gibt es detaillierte aktuelle Preise für alle Destina-

> **Hallo Taxi!**
> Iráklion ✆ 2810-210102.
> Réthimnon ✆ 28310-23000, ✆ 28310-25000.
> Chaniá ✆ 28210-98700.
> Ágios Nikólaos ✆ 28410-24000.
> Crete-Taxi ✆ 0697-0021970 und ✆ 0694-5027933, www.cretetaxi.gr.

tionen auf Kreta ab Heraklion. In den größeren Städten gibt es Funktaxi-Zentralen (→ „Hallo Taxi!"). ■

▶ **Boot:** Von Paleóchora tägliche Fähre von April bis Ende Oktober morgens 1x bis Agía Rouméli (Samariá-Schlucht) und nachmittags retour. Von Chóra Sfakíon aus ebenfalls von April bis Ende Oktober vormittags 1x bis Agía Rouméli und nachmittags zurück. Die letzte Fahrt macht das Schiff nach Loutró (18 Uhr). Von dort startet es dann um 9.30 Uhr nach Chóra Sfakíon. Für Autotransfer und aktuellen Fahrplan am besten die Internetseite www.anendyk.gr aufrufen (auch englisch; immer auf dem neuesten Stand, inkl. Busplan für die Region Chania-Omalos-Sfakia unter „Information"). Auskünfte über den Schiffsverkehr erteilt auch das Hafenamt in Chóra Sfakíon (✆ 28250-91292) und in Paleóchora (✆ 28230-41214) oder die Schifffahrtsgesellschaft ANENDYK Maritime SA in Chaniá (✆ 28210-95511). ■

> **Busbahnhöfe**
>
> Iráklion, Busbahnhof A Liménas ✆ 2810-221765 (für Westkreta), ✆ 2810-246530 (für Ostkreta); Busbhf. B Chanióportas ✆ 2810-255965 (für Zentralkreta Süd).
>
> Chaniá ✆ 28210-93306, -91288 (englisch).
>
> Réthimnon ✆ 28310-22212, ✆ 28310-35100 (englisch).
>
> Ágios Nikólaos ✆ 28410-22234.
>
> Sitía ✆ 28430-22272.

▶ **Bus:** Das Busnetz der KTEL Kritis A. E. deckt die Insel, in vier Distrikte (Nomós) gegliedert, fast komplett ab. KTEL Iráklion/Lassíthi ist für Zentralkreta und den Osten (Nomós Iráklion, Nomós Lassíthi) zuständig, KTEL Chaniá/Réthimnon für den Westen (Nomós Chaniá, Nomós Réthimnon). **Iráklion** ist die Drehscheibe, die Busse fahren von dort nach Westen und Osten vom Busbahnhof A Liménas ab (beim Hafen) und in den Süden Zentralkretas vom Busbahnhof B Chanióportas (im Zentrum, am Ende der Kalokerinoú Str., ca. 100 m nach dem Stadtmauertor). Die Stadtbusse sind blau. Kommen Sie z. B. mit dem Stadtbus Nr. 1 (Airport) vom Flughafen, dann steigen Sie hier an der Haltestelle Chanióportas aus. Befinden Sie sich im Zentrum, nehmen Sie den Stadtbus Nr. 6 zur Haltestelle Chanióportas. Vom **Flughafen Iráklion** fährt von 6 bis 23 Uhr alle 0:20 Std. der Stadtbus Nr. 1 ins Zentrum bzw. von dort zum Flughafen. Vom **Flughafen Chaniá** fahren Busse um 7.15, 10.30 und 19.30 Uhr ins Zentrum, von dort zum Flughafen um 6, 9 und 18 Uhr. Alle Busabfahrtszeiten und Preise finden Sie auch auf www.bus-service-crete-ktel.com. Achtung – es gibt einen Sommer- und einen Winterfahrplan. Am besten, man erkundigt sich immer zusätzlich vor Ort oder ruft direkt am Busbahnhof an (→ „Busbahnhöfe", S. 27). ■

▶ **Abfahrtszeiten für die Wandertouren:** Die Zeiten entstammen den Angaben der Internetseite für Busverbindungen auf Kreta www.bus-service-crete-ktel.com. Vor Ort erhalten Sie in jedem Busbahnhof den aktuellen Plan für ganz Kreta. Wir empfehlen unbedingt, zusätzlich nach den für die jeweilige Wanderung relevanten Abfahrtszeiten zu fragen – Änderungen der Fahrpläne sind insbesondere im April/Mai und von September bis Anfang Dezember saisonal bedingt möglich. Preisänderung nicht ausgeschlossen.

> Die hier angeführten Busabfahrtszeiten sind vom Sommer 2015 und dienen nur zur Orientierung; die Fahrpläne unterliegen saisonaler Änderung → www.bus-service-crete-ktel.com.
>
> Die Busabfahrtszeiten sind speziell auf Wanderer zugeschnitten und auf Fahrten am Morgen und am Nachmittag begrenzt (ausführlicher dargestellt werden Fahrpläne für Orte, die in Tournähe liegen und sich für Übernachtungen gut eignen).

Tour 1
Réthimnon – Arkádi: Mo–Fr 6, 10.30, 14.30 Uhr, Sa/So 10.30, 14.30 Uhr, zurück Mo–Fr 7.10, 12, 16 Uhr, Sa/So 12 und 15:30 Uhr; 2,80 € einfach, Fahrtzeit ca. 0:20 Std.

Tour 2
Keine Busverbindungen.

Tour 3
Réthimnon – Arméni: Mai bis Mitte Okt. tägl. 7 und 10.30 Uhr; 2,20 € einfach, Fahrtzeit ca. 0:15 Std.
Áno Valsamónero – Réthimnon: Mo–Fr 14.15, 17.15 Uhr, Sa/So 14 Uhr, Mitte Okt. bis April fährt der Bus jeweils eine halbe Stunde später; 2,10 € einfach, Fahrtzeit ca. 0:25 Std.

Tour 4
Chaniá – Stavrós: Mo–Fr 6.50, 10, 14.15 Uhr, zurück Mo–Fr 7.20, 10.30, 14.45 Uhr; 2,10 € einfach, Fahrtzeit ca. 0:30 Std.

Tour 5
Chaniá – Kastélli (Kíssamos): tägl. 6.30, 07.15 (Sa/So 7.30), 8.30, 10, 11, 12, 13 (Sa/So 13.30), 14.30, 15.30, 16.30, 17.30, 18.30, 19.30, 21 Uhr, zurück tägl. 6, 7, 7.30 (nicht Sa/So), 8, 8.30, 9.30, 10.30, 11.30, 12.30, 14, 15.30, 16.30, 17.30, 18.45 Uhr (nicht Sa/So); 4,70 € einfach, Fahrtzeit ca. 0:45 Std.

Tour 6
Winterfahrplan: Chania – Soúgia: Mo/Mi/Fr 7, 13.45 Uhr, zurück Mo/Mi/Fr 7, 15.30 Uhr; 7,10 € einfach, Fahrtzeit ca. 2 Std.
Sommerfahrplan: Chaniá – Agía Iríni – Soúgia: Mo–Sa 13.45 Uhr, So 7.30 Uhr, zurück Mo–Sa 7, 18.15 Uhr, So 12, 18.15 Uhr (Abfahrt jeweils nach Eintreffen der Fähre von Agía Rouméli); 7,10 € einfach, Fahrtzeit ca. 2 Std.
Agía Iríni – Soúgia: Mo–Sa ca. 14.45 Uhr (besser schon um 14.30 Uhr am Parkplatz der Iríni-Schlucht warten); 3,80 € einfach, Fahrtzeit ca. 0:50 Std.

Touren 7/8/9
Chaniá – Sfakiá (Chóra Sfakíon): Mo–Sa 8.30, 14 Uhr, zurück Mo–Sa 7, 11, 18.45 Uhr; 7,60 € einfach, Fahrtzeit ca. 2 Std.

Réthimnon – Vrísses – Sfakiá (Umsteigen in Vrísses): tägl. 7, 13 Uhr, zurück tägl. 7, 11, 18.45 Uhr; 7,30 € einfach, Fahrtzeit ca. 2 Std.
Iráklion (Busbahnhof A) – Réthimnon – Vrísses – Sfakiá: Linienbusse bis Réthimnon: Iráklion – Réthimnon stündl. ab 5.30 bis 18.30 Uhr, zurück stündl. ab 7.45 bis 19.45 Uhr, dann 21.15 und 22.15 Uhr; 7,60 € einfach, Fahrtzeit ca. 1:30 Std. Réthimnon – Sfakiá (Umsteigen in Vrísses): tägl. 7, 13 Uhr, zurück tägl. 7, 11 (Juni, Juli, Aug.), 18.45 Uhr; 7,30 € einfach, Fahrtzeit ca. 2 Std.

Tour 10

Chaniá – Omalós: Mai bis Mitte Okt. tägl. 7.45, 14 Uhr; 6,50 € einfach, Fahrtzeit ca. 0:45 Std.
Réthimnon – Omalós (Samariá Gorge): Mai bis Mitte Okt. tägl. 7, 12 Uhr; 15,70 € einfach, Fahrtzeit ca. 1:45 Std.
Soúgia – Omalós: (Mai bis Okt.) 7 Uhr; 4,70 € einfach, Fahrtzeit ca. 1 Std.
Anópoli – Sfakiá (Chóra Sfakíon): Mo–Fr 6.30 Uhr; 1,40 € einfach, Fahrtzeit ca. 0:20 Std.
Sfakiá (Chóra Sfakíon) – Chaniá: Mo–Sa 7, 11, 18.45 Uhr; 7,60 € einfach, Fahrtzeit ca. 2 Std.
Sfakiá – Réthimnon → Abfahrtszeiten Touren 7/8/9.

Tour 11

Busverbindungen in die Sfakiá → Abfahrtszeiten Touren 7/8/9, dann in Ímbros aus- bzw. einsteigen; 3,30 € einfach, Fahrtzeit ab Vrísses ca. 0:30 Std.

Touren 12

Keine Busverbindungen.

Tour 13

Plakiás – Préveli: nur von Mai bis Okt. 1x tägl. um 11 Uhr, retour um 17.30 Uhr (im Juli/Aug. 3x tägl.); 2,30 € einfach, Fahrtzeit ca. 0:40 Std.
Réthimnon – Plakiás: tägl. 6.15 (nicht So/So), 8.30*, 10.30*, 14.15, 16.30* Uhr, zurück tägl. 7 (nicht Sa/So), 9.30*, 11.15*, 15, 17.30* Uhr; 4,50 € einfach, Fahrtzeit ca. 0:40 Std. (* = Sommerfahrplan).

Touren 14/15

Keine Busverbindungen.

Wanderer in den Weißen Bergen (Tour 10)

Tour 16

Iráklion (Busbahnhof B) – Anógia → Abfahrtszeiten Tour 19, zurück Mo–Fr 7.30, 10, 14, 17.30 Uhr, Sa 8, 13.30, 17.30 Uhr, So 15 Uhr; 3,80 € einfach, Fahrtzeit ca. 1 Std.
Réthimnon – Anógia → Abfahrtszeiten Tour 19, zurück Mo–Fr 7, 15.45 Uhr; 4,90 € einfach, Fahrtzeit ca. 1 Std.

Tour 17

Iráklion (Busbahnhof B) – Anógia → Abfahrtszeiten Tour 19.
Réthimnon – Anógia → Abfahrtszeiten Tour 19.
Zarós – Míres → Abfahrtszeiten Tour 20.
Míres – Iráklion (Busbahnhof B) → Abfahrtszeiten Tour 20.

Tour 18

Réthimnon – Lohriá Mo–Fr 14.15 Uhr, zurück 16.15 Uhr, Halt in Kouroútes ca. 0:50 Std. später; 6,40 € einfach.

Tour 19

Iráklion (Busbahnhof B) – Anógia: Mo–Fr 9, 12, 14.15, 16.30 Uhr, Sa 7, 12, 16.30 Uhr, So 14 Uhr; 3,80 € einfach, Fahrtzeit ca. 1 Std.

Wandern auf Kreta

Keine Bushaltestelle, sondern Ikonostasen am Ortsrand von Pírgos

Réthimnon – Anógia: Mo–Fr 5.30, 14 Uhr; 5,50 € einfach, Fahrtzeit ca. 1 Std.
Zarós – Míres → Abfahrtszeiten Tour 20.
Míres – Iráklion (Busbahnhof B): alle 1–2 Std. ab 6.50 bis 20.30 Uhr; 5,50 € einfach, Fahrtzeit ca. 1 Std.

Tour 20

Iráklion (Busbahnhof B) – Zarós: Mo–Fr 13.30 Uhr, zurück Mo–Fr 7 Uhr; 4,80 € einfach, Fahrtzeit ca. 1 Std.
Míres – Zarós: 1x tägl., Abfahrtszeit erfragen (KTEL MIRES, ☎ 28920-22371); 2,10 € einfach, Fahrtzeit ca. 0:20 Std.
Míres – Iráklion (Busbahnhof B): alle 1–2 Std. ab 6.50 bis 20.30 Uhr; 5,50 € einfach, Fahrtzeit ca. 1 Std.

Tour 21

Keine Busverbindungen.

Touren 22/23

Regelmäßige Busverbindungen von Iráklion nach Agía Galíni, Mátala und Míres, in Agíí Déka aussteigen.
Iráklion (Busbahnhof B) – Míres: alle 1–2 Std. zwischen 6.30 und 20 Uhr, Halt in Agíí Déka ca. 0:50 Std. später; 5,50 € einfach, Fahrtzeit 1:15 Std.

Tour 24

Iráklion (Busbahnhof A) – Pírgos – Mesochorió: Mo–Fr 12,14, 16.30 Uhr, Sa 12, 14 Uhr, So 7.30 Uhr, zurück Mo–Fr 7, 13.30 Uhr, Sa 7, 13.30 Uhr, So 14.15 Uhr; 5,60 € einfach, Fahrtzeit ca. 1 Std.

Tour 25

Keine Busverbindungen.

Tour 26

Iráklion (Busbahnhof A, Zustieg auch im Zentrum an der Platía Elefterías Nähe archäologisches Museum möglich) – Archánes: Mo–Fr: halbstündl. bis stündl. ab 6 bis 21 Uhr, Sa ab 7 bis 19 Uhr, So 7, 11, 14, 17 Uhr, zurück Mo–Fr halbstündl. bis stündlich ab 6.30 bis 21.30 Uhr, Sa ab 7.30 bis 20 Uhr, So 7.30, 12, 15, 18 Uhr; 1,90 € einfach, Fahrtzeit ca. 0:20 Std.

Tour 27

Keine Busverbindungen.

Touren 28/29

Iráklion (Busbahnhof A) – Lassíthi-Hochebene: Mo–Fr 13 Uhr, So 7.30 Uhr, zurück Mo–Fr 6.30 Uhr, So 14 Uhr; 6,50 € einfach, Fahrtzeit ca. 1:30 Std.
Ágios Nikólaos – Lassíthi-Hochebene: nur Do 13.30 Uhr, zurück nur Do 15 Uhr; 5,50 € einfach, Fahrtzeit ca. 1:30 Std.

Tour 30

Iráklion (Busbahnhof A) – Lassíthi-Hochebene → Abfahrtszeiten Touren 28/29.
Ágios Nikólaos – Lassíthi-Hochebene: → Abfahrtszeiten Touren 28/29.
Kastélli – Iráklion (Busbahnhof A): Mo–Fr 15 Uhr, Sa 13.30 Uhr, So 15 Uhr; 3,80 € einfach, Fahrtzeit ca. 1 Std.

Tour 31

Ágios Nikólaos – Kritsá: mehrmals täglich zwischen 7 und 20 Uhr, zurück zwischen 7 und 17.10 Uhr; 1,60 € einfach, Fahrtzeit ca. 0:20 Std.

Tour 32

Ágios Nikólaos – Kritsá – Kroústas: Mo–Fr 7, 10.15, 13.30, 14.30 Uhr, Sa 7, 16 Uhr, Juni bis Aug. tägl. 6, 10.15 Uhr, zurück Mo–Fr 14.50 Uhr, Sa 16.30 Uhr, Juni bis Aug. 14.50, 16.50 Uhr, Sa/So 16.50 Uhr; 2 € einfach, Fahrtzeit ca. 0:40 Std.

Istrón – Ágios Nikólaos: tägl. mehrmals zwischen 13 und 17,30 Uhr; 1,60 € einfach, Fahrtzeit ca. 0:20 Std.

Tour 33

Ágios Nikólaos – Sitía: tägl. 8.30 Uhr, Juni bis Aug. Mo–Sa 6.15, 8 Uhr, So 8 Uhr, Halt in Kavoúsi ca. 0:45 Std. später, zurück tägl. 14.30, 16 Uhr, der Bus hält in Kavoúsi ca. 1 Std. später; 4,40 € einfach, Fahrtzeit ca. 0:45 Std.

Tour 34

Sitía – Palékastro – Zákros: Mo, Di, Fr 6, 14.30 Uhr, zurück Mo, Di, Fr 7 und 15.30 Uhr (Juni bis Aug. 16 Uhr); 4,10 € einfach, Fahrtzeit ca. 1:30 Std.

Südküste des Asteroússia-Gebirges

Káto Zakrós – Zakrós: nur Juni bis Aug. Mo, Di, Fr 15.45 Uhr; 1,60 € einfach, Fahrtzeit ca. 0:20 Std.

Tour 35

Keine Busverbindungen. ■

▶ **Straßen-, Land- und Wanderkarten:** Sehr gute Straßen- und Wanderkarten hat der griechische Verlag Anávasi herausgebracht. Sie können online auf www.anavasi.gr bzw. www.mountains.gr bestellt oder in der Buchhandlung Road Editions in Iráklion (im Zentrum in der Fußgängerzone, Chandakos Str. 29) gekauft werden. Von Anávasi gibt es auch den „Crete Atlas" für Kreta im Maßstab 1:50.000, außerdem werden drei Teilabschnittskarten als Straßenkarten im Maßstab 1:100.000 (Lassíthi, Chaniá, Iráklion/Réthimnon) und Wanderkarten (1:25.000) angeboten. Weiter neu im Verlagsangebot sind Wanderkarten für folgende Gebiete: Asteroússia Phaistos (Touren 21, 22, 23, 24) Auflage 2015 ISBN 9789609412360, Dikti-Mt.Selena (Touren 27, 28, 29, 30, 31) Auflage 2014 ISBN 9789609412315.

Die Karten in diesem Wanderführer sollten für die beschriebenen Touren ausreichen, für die Hochgebirgstouren (Touren 6, 7, 10, 16, 17, 18 und 19) sind zusätzlich diese Wanderkarten empfehlenswert (alle 1:25.000 bzw. 1:30.000):

Hochgebirgskarten aus dem Anávasi Verlag: Samariá – Soúgia Paleóchora, Auflage 2014, ISBN 978-960-8195-851 (Touren 6 und 7); Lefká Óri, Sfakiá, Páchnes, Auflage 2015, ISBN 978-960-9412-193 (Tour 10); Psilorítis, Mount Ída, Auflage 2013, ISBN 978-960-8195-905 (Touren 16 bis 19).

Blick auf Kamáres und den Golf von Timbáki (Tour 17)

Übersichtskarten für alle anderen Wanderungen auf der Insel gibt es außerdem vom Harms-IC-Verlag (Kreta, 1:100.000; Blatt 1, Westen, Aufl. 2013, ISBN 978-3-927468-33-7 und Blatt 2, Osten, Aufl. 2015, ISBN 978-3-927468-34-4. ■

▶ **Wege und Markierungen:** Kretas Wege und Pfade sind großteils steinig und geröllig sowie nicht immer gut erkennbar. Durch die große Anzahl von Schaf- und Ziegenherden entwickeln sich oft Trittspuren, die vom Normalweg ablenken können. Außerdem neigen kretische Schäfer neuerdings vermehrt dazu, Weideflächen großräumig einzuzäunen, was den Wegverlauf verändern könnte. In den letzten Jahren wurden inselweit viele unbefestigte Fahrwege angelegt, unterstützt durch EU-Fördermittel. Sie werden hauptsächlich von Schäfern, Imkern und Jägern frequentiert. Auf ihnen lässt es sich bequem laufen, doch leider hat diese vehemente Bautätigkeit Einfluss auf die Tourbeschreibung – rechnen Sie deshalb immer mit Änderungen bei der Straßen- und Wegführung! Als Markierungen findet man Steinmännchen sowie rote oder blaue Punkte auf Steinen, manche sind jedoch schon recht verblichen. Der europäische Fernwanderweg E4 wurde durch gelbschwarze Stangen mit Schildchen, auf denen „E4" steht, gekennzeichnet. Der Wind hat allerdings vielerorts die Schildchen gelockert oder abgerissen. Generell gilt: Wanderungen auf Kreta erfordern einen gewissen Orientierungssinn!

> Die gebirgige Insel ist „stein-reich" und die Beschaffenheit von Kretas Wegen und Hirtenpfaden in den Bergen meistens geröllig. So mancher Wanderer kommt besonders bei steilen Abstiegen ins Rutschen. Vorsicht ist auch den Geübten geboten!

▶ **Literaturtipps:** Bärtels, Andreas: Pflanzen im Mittelmeerraum. Ulmer, 2. Aufl. 2003. Der Autor beschreibt nicht nur die Pflanzen, sondern auch ihre wirtschaftliche und kulturgeschichtliche Bedeutung.

Mehr Informationen zu allen Orten der Insel finden Sie im Reisehandbuch **Kreta** von Eberhard Fohrer. Sie erhalten es im Buchhandel oder unter www.michael-mueller-verlag.de. In diesem Reiseklassiker (20. Aufl. 2015) finden Sie alles über die Landschaften, die Inselorte und ihre Geschichte sowie zahllose praktische Tipps: die besten Quartiere, tolle Restaurants und alle Sehenswürdigkeiten.

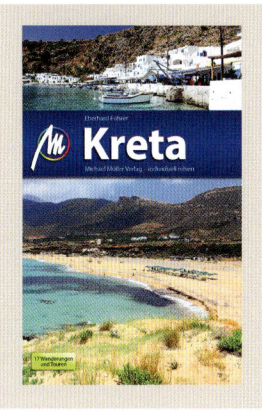

Baumann, Hellmut: Die griechische Pflanzenwelt in Mythos, Kunst und Literatur. Hirmer, 3. Aufl. 1993. Ein wunderbares, antiquarisch erhältliches Buch für alle, die nicht nur am Aussehen der Pflanze interessiert sind.

Chaniótis, Ángelos: Das Antike Kreta. C. H. Beck, 2004. Gut lesbare Einführung in die Geschichte und Kultur Kretas vom 3. Jh. v. Chr. bis zur Spätantike.

Dürr, Hans Peter: Tränen der Göttinnen. Die Reise der Minoer ans Ende der Welt. Wunderhorn, 2008. Als der Autor für einen seiner Romane recherchierte, entdeckte er Spuren der Minoer im nordfriesischen Wattenmeer. Dieses Buch erzählt von seinen Forschungen.

Eckhardt, Klaus: Tote trinken keinen Raki. Balistier 2002. Der erste Fall des Ják Anatólis. Weitere Kreta-Krimis des Autors: In Agia Galini wartet der Tod, Todesflug am Ida, Der Teufel aus den Weißen Bergen.

Jahn, Ralf und Schönfelder, Peter: Exkursionsflora für Kreta. Ulmer, 1995. Reich bebildertes Fachbuch.

Karystiáni, Ioánna: Schattenhochzeit. Suhrkamp, 2003. Die Autorin erzählt von Hirtenfamilien in der Sfakiá, von Ausgewanderten und Vendetta.

Scheunemann, Egbert: Rebellen auf Kreta. Books on Demand, 2. Aufl. 2008. Der Politologe und Philosoph Scheunemann erzählt von Freundschaft, wildem Denken und wundersamen Erlebnissen auf der Insel.

Sieber, Franz Wilhelm: Kreta 1817. Ein historischer Reisebericht. Verlag Dr. Thomas Balistier, 2001. Der Arzt und Naturforscher Sieber bereiste die Insel zu einer Zeit, als sie noch eine Provinz des Osmanischen Reiches war.

Wunderlich, Hans Georg: Wohin der Stier Europa trug. Anaconda, 2007. Der Autor überdenkt Sir Arthur Evans' Interpretation einer einst prachtvollen minoischen Kultur und stellt Gegensätzliches fest. ∎

* Vom Kloster und „Nationalheiligtum" Arkádi nach Píkris

17 km südöstlich im Hinterland von Réthimnon steht auf einer Hochebene das berühmte Kloster Arkádi, das von außen wie eine Festung wirkt, innen aber von besonderer baulicher Schönheit ist. Sein Museum beschäftigt sich ausführlich mit der Geschichte des Klosters und mit dem Drama, das hier im 19. Jh. stattfand (→ „Heldenhaftes Arkádi").

▶▶ Die Wanderung beginnt am Klostervorplatz **1**. Ungefähr 150 m auf der Hauptstraße in Richtung Eléfthernа passieren wir links ein grau verzinktes Gittertor und folgen nun dem Feldweg bis zur ersten Gabelung **2**. Nach links gelangt man in ca. 0:15 Std. zu der auf dem Hügel stehenden Kapelle mit schönem Rundblick – wir halten uns jedoch rechts und erblicken in Kürze eine Wasserzisterne. Unser Weg geht an dieser Zisterne **3** vorbei; bald haben wir das erste Mal eine herrliche Aussicht auf die Nordküste.

Nun geht es leicht bergab, bei der nächsten Gabelung halten wir uns geradeaus. Nach gut 10 Min. gabelt sich der Feldweg erneut **4**, ein Rastplatz lockt mit schöner Aussicht und Bänken, wir halten uns links

Durchs Tor zur Kirche des Klosters Arkádi [1]

Keine Feldweg-Deko für Vegetarier

hinunter. Bald gelangen wir in den Schatten der ersten Eichen, Zypressen und Johannisbrotbäume und zweigen an der nächsten Gabelung **5** bei einem markanten kleinen Felsen halblinks in die Einfahrt zu einem umzäunten Gartengelände ab. Auf einer Lichtung mit schön angelegten Terrassen wachsen Orangen, Mandarinen und Äpfel. Die Quelle, der der Ort seine Fruchtbarkeit verdankt, befindet sich auf der obersten Steinterrasse unter den ausladenden Ästen von Platanen. Hohe alte Bäume, unter denen zartes Farnkraut wurzelt, begrenzen den zum Kloster Arkádi gehörenden Obstgarten, in seiner Mitte strahlt eine weiß gekalkte Kapelle **6** aus dem 15. Jh. etwas Heiliges aus.

Wir kehren zur Gabelung **5** zurück und wandern den Fahrweg links bergab, vorbei an einem weiteren Quellort **7**, auch hier spenden riesige Eichen wunderbaren Schatten. Der Weg führt weiter hinunter, vorbei an feuchten Stellen mit Büschen des Klebrigen Alants. Bemerkbar macht sich die im Frühling gelb ▶

Länge/Gehzeit: 5,6 km, ca. 2 Std.
Charakter: kinderfreundliche und unschwierige Streckenwanderung immer hügelabwärts auf kräutergesäumten Feldwegen, vorbei am Obstgarten des Klosters Arkádi bis Píkris.
Markierung: keine, dennoch einfache Orientierung.
Ausrüstung: auch mit Sportschuhen möglich.
Verpflegung: Trinkwasser im Kloster **1**. Am Anfang in Arkádi nüchternes Lokal mit Souvenirshop; in Píkris (Tour-Ende) kleine Taverne Kóstas (auch 2 Zimmer), ☎ 28310-83312, mobil 6977-701090.
Hin: mit dem Auto in Réthimnon nach Osten halten, dann Beschilderung, ca. 15 km. Mit dem Bus Réthimnon – Arkádi tägl. 6, 10.30, 14.30 Uhr (zurück 15.30 Uhr), Fahrplan → S. 28; 2,70 €.
Zurück: ab Píkris mit dem Taxi, ca. 15 €, Taxizentrale Réthimnon, ☎ 28310-23000 oder ☎ 28310-25000.

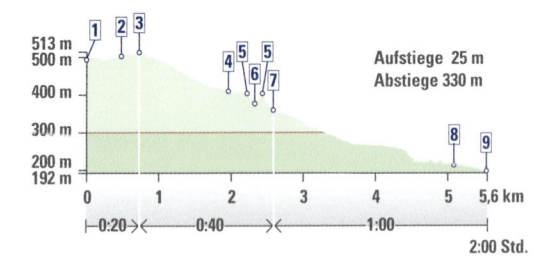

▶ blühende Pflanze auch gerne mit einem eigenartig beißenden Geruch. Ein weiterer Rastplatz (Milia) links vom Weg lädt nochmals zur Pause ein. Dann folgen wir dem breiten Fahrweg weiter, am Wegesrand stehen Erdbeerbäume.

Bei der nächsten Abzweigung **8** halten wir uns in der grünen Landschaft mit Bäumen und hoher Macchia geradeaus weiter, bei der folgenden Gabelung ebenfalls geradeaus, und bald sind wir am Ortsanfang von **Píkris** **9**, einem schönen Dorf mit sehenswertem, recht gut erhaltenem altem Kern aus venezianischer Zeit. In der kleinen Taverne bei Kóstas und Tínas können wir ein Taxi rufen. ■

„Heldenhaftes" Arkádi

Wie eng auf Kreta Kirche und Volk verbunden waren, spürt man nirgendwo so hautnah wie im Kloster Arkádi. Hier ereignete sich in den Augen der Kreter der „heldenhafteste" aller Kämpfe für die Freiheit der Insel. Die Festlandgriechen hatten die Unabhängigkeit von den Osmanen bereits 1821 erreicht, aber Kreta stand nach wie vor unter türkischer Besatzung. Der Widerstand wuchs und wurde von Jahr zu Jahr heftiger. Die Klöster und ihre Äbte zählten dabei zu den wichtigsten Verbündeten, indem sie den Kämpfern Unterschlupf boten und die Waffen finanzierten. Als militärische Widerstandsnester waren sie natürlich jedem türkischen Pascha von Réthimnon ein Dorn im Auge.

Nach Tagen der Belagerung wurde Arkádi am 9. November 1866 von der türkischen Armee gestürmt, und die im Kloster verschanzten Männer, Frauen und Kinder sperrten sich gemeinsam mit dem Abt Gabriel im Pulvermagazin ein. Auf sein Zeichen hin wurde ein Schuss in ein Pulverfass gefeuert, und es kam zur todbringenden Explosion. Doch auch dieses tragische Ereignis brachte noch keine sofortige Wende in der Geschichte. Erst 30 Jahre danach, im Jahr 1898 zogen die letzten Türken ab, und Kreta gehörte den Kretern. Alljährlich wird nun am 8. November Kretas „Nationalfeiertag" mit großer Prozession zum Kloster und feierlichen Messen begangen. Kloster mit Museum tägl. 9–20 Uhr, Okt. bis April 10–17 Uhr, Eintritt 2,50 €.

Map labels

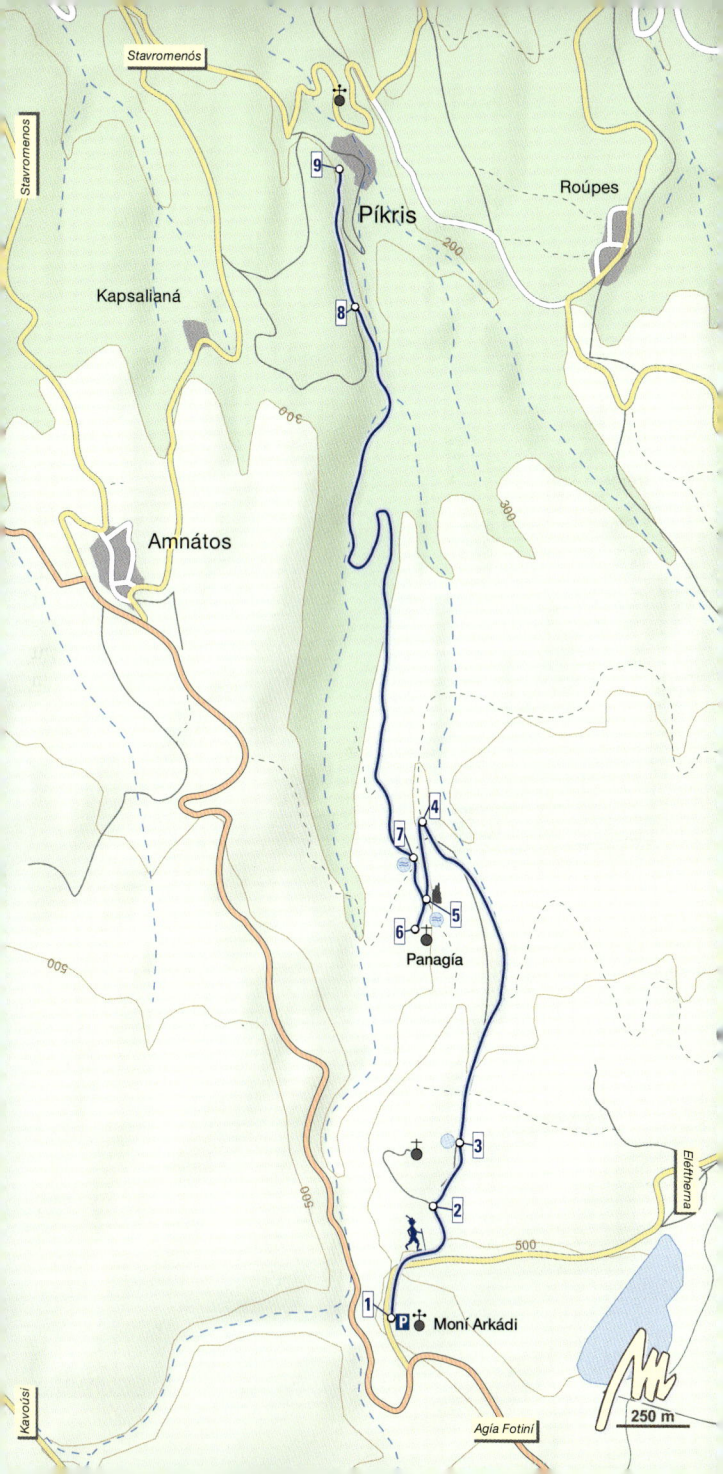

- Stavromenós
- Stavromenos
- Roúpes
- Píkris
- Kapsalianá
- Amnátos
- Panagía
- Kavoúsi
- Moní Arkádi
- Eléftherna
- Agía Fotiní

250 m

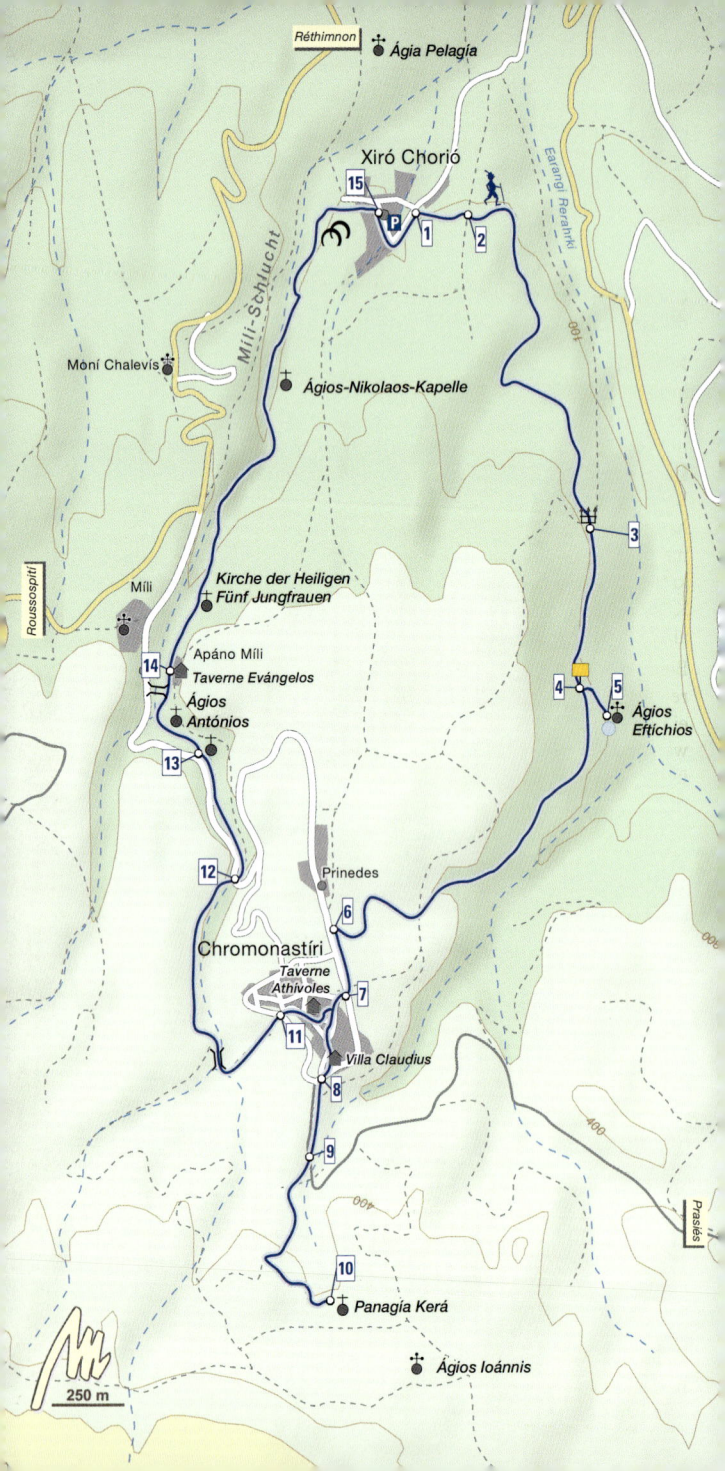

Réthimnon ✛ Ágia Pelagía

Xiró Chorió

Moní Chalevís

Míli-Schlucht

Ágios-Nikolaos-Kapelle

Roussospíti

Míli

Kirche der Heiligen Fünf Jungfrauen

Apáno Míli
Taverne Evángelos
Ágios Antónios

Prinedes

Chromonastíri

Taverne Athivoles

Villa Claudius

Ágios Eftíchios

Prasiés

Panagía Kerá

✛ Ágios Ioánnis

250 m

** Rundtour zu den Wassermühlen der Míli-Schlucht

Diese landschaftlich abwechslungsreiche Rundwanderung führt in das schöne Hinterland von Réthimnon. Über Feldwege, die mit Wildkräutern gesäumt sind, wandern wir nach Chromonastíri (mit Abstecher zur Panagía-Kerá-Kirche) und durch die grüne Míli-Schlucht zum Ausgangspunkt Xiró Chorió zurück.

▶▶ Wanderbeginn ist das kleine Dorf **Xiró Chorió**, nur wenige Kilometer südöstlich der Stadt Réthimnon. Kurz nach dem Ortsanfang parken wir das Auto an der ersten Abzweigung nach links und beginnen die Wanderung auf dem Betonweg (Odos Agioú Panteleímona) **1**, der den Hügel aufwärtsführt. Kurz darauf kommen wir zu einer Kreuzung **2**, rechts und links biegen hier Feldwege ab, wir aber halten uns geradeaus und wandern, ohne die Richtung zu ändern, nach Osten. Die Landschaft wirkt üppig mit Olivenbäumen und kretischer Macchia aus Zistrosen, Wolfsmilch und Ginsterbüschen. Kräuterliebhaber können auf dieser Wanderung auch wilden Origano am Wegrand pflücken.

Beim nächsten Abzweig, der rechts hochführt, passieren wir ein Gatter **3** und halten uns weiter geradeaus. (Auf der gegenüberliegenden Hangseite kann man die neue Trasse der Straße in das Amári-Becken erkennen.)

Wir folgen dem Fahrweg, bis wir an der linken Seite eine Tafel **4** mit der Aufschrift „Ágios Eftíchios" sehen und machen auf dem kleinen, nach links hinunterführenden Pfad einen Mini-Abstecher, um die sehenswerte **Kirche Ágios Eftíchios** **5** mit ihren Fresken aus dem 11. Jh. zu besichtigen. Neben der Kirche, die zu den bedeutendsten byzantinischen Sakralbauten ganz Kretas zählt, befindet sich an einem alten Gebäudekomplex eine Wasserstelle.

Nach dem Besuch gehen wir auf gleicher Strecke zurück und folgen unserem Fahrweg links weiter, bis wir schließlich auf die Asphaltstraße **6** treffen. Wir halten uns links bis zum ▶

Länge/Gehzeit: 11,4 km, ca. 3:50 Std.
Charakter: abwechslungsreich, aber unschwierig, in der Schlucht schattig.
Markierung: in der Míli-Schlucht nach **13** roter Pfeil.
Ausrüstung: Sportschuhe mit gutem Profil reichen, Sonnenschutz.
Verpflegung: Brunnen bei der Kirche **5** sowie bei den ersten beiden Kapellen in der Míli-Schlucht. In Chromonastíri Kafenía sowie die Taverne Athívoles (Dorfplatz); Taverne Evángelos in der Schlucht (letztes Drittel).
Hin & zurück: kein Bus; mit dem Taxi ab Réthimnon bis Xiró Chorió einfach ca. 15 €. Zentrale in Réthimnon ☏ 28310-23000 und ☏ 28310-25000.
Per Pkw von Réthimnon auf der Old Road nach Osten; in Perivólia landeinwärts Richtung Amári (leicht übersehbar), durch die Unterführung der New Road und geradeaus weiter (beim Schild „Chromonastíri" nicht nach rechts!). Bald danach rechts nach Xiró Chorió (ca. 2 km).
*-Variante für Kinder: das letzte Drittel in der Míli-Schlucht. Einstieg auf der Straße bei **13**. Dazu fährt man aus Richtung Réthimnon auf der Bundesstraße nach Chromonastíri.

▶ Ortsanfang von **Chromonastíri** 7 und durchwandern die nette Ortschaft, um auf kleinen Betonwegen den lohnenden **Abstecher zur Panagía-Kirche** (0:50 Std.) zu machen. Beim Hauptplatz halten wir uns dazu an der linken Seite des kleinen ethnologischen Museums vorbei, sehen dann rechts die Dorfkirche und halten uns beim Brunnen wieder nach links. Hier folgen wir einem Weg, der an der Rückseite der renovierten **venezianischen Villa Claudius** (das Gebäude beherbergt nun ein Heeresmuseum) vorbeiführt, bis wir im spitzen Winkel auf eine breite Asphaltstraße 8 treffen, an der wir geradeaus weitergehen. Wenig später folgen wir der Hinweistafel „Panagía Kerá" 9 nach rechts auf einen Betonweg, der uns zur Kirche führt.

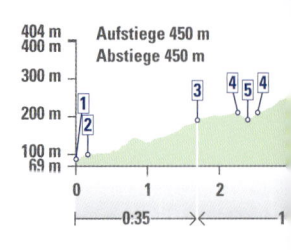

Bei der nächsten Kreuzung geht es nach links, bei der übernächsten Kreuzung gleich wieder links, und so erreichen wir die romantisch in einen Olivenhain eingebettete Kirche **Panagía Kerá** 10. Aufgrund von Freskenfragmenten in der Aspis datiert man ihre erste Bauphase ins 11. Jh.

Wir kehren zurück zur Ortsmitte von **Chromonastíri**. Wer möchte, kann sich hier in der netten Taverne Athívoles von Várdis stärken. Er kocht vorzügliche kretische Spezialitäten, und er hilft auch weiter, sollte der Weg durch die kleine Ortschaft zu verwirrend sein: Hinter dem Lokal geht es zuerst nach links, vor der Kirche hält man sich rechts hinunter, kommt auf eine breitere Dorfgasse und bleibt auf dieser, bis diese in eine Querstrasse einmündet. Diese wird überquert (rechts der bergab führenden Gasse steht ein neu renoviertes Haus mit Treppen) 11.

Wir folgen dem kleinen, etwas unregelmäßig gepflasterten Weg hinunter. Mit Brombeergestrüpp stark verwachsen, führt der steinige Pfad an alten Gartenterrassen entlang. Nach dem Passieren einer kleinen Brücke halten wir uns auf dem Feldweg nach rechts hinauf, bis links ein unbefestigter Fahrweg einmündet. Hier zweigen wir rechts ab und gehen nun auf dieser Piste noch 500 m bis zur Asphaltstraße 12 vor, die von Réthimnon heraufführt.

Nach einem kurzen Stück sieht man auf der rechten Seite eine kleine weiß getünchte Ikonostase (Miniaturkirchlein als Gedenkstätte) 13. Hier verlassen wir die Straße rechts hinunter auf einer steilen Betontreppe (mit neuem Holzgeländer) zum krönenden Finale unserer Wanderung, dem Tal der Mühlen in der **Míli-Schlucht**.

Im stark eingeschnittenen Talgrund geht es an der **Kapelle Ágios Antónios** vorbei, weiter verläuft der Weg am Rande und zeitweise im Bachbett unter riesigen Bäumen. Wir kommen an einer Betonbrücke vorbei (Ausstieg zur Asphaltstraße) und bleiben auf der rechten Seite des Bachbettes bis in den verlassenen Ort **Apáno Míli** 14. Hier führt

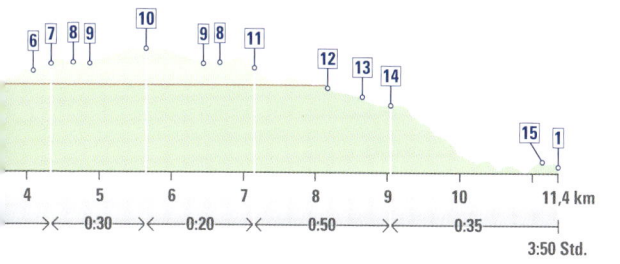

Vangelis, Sohn eines Müllers, im ehemaligen Elternhaus nun die Taverne Evángelos. Sie lädt an diesem schönen, fast wie verwunschen wirkenden Ort mit ihrer großen Terrasse zum Einkehren ein. Gegenüberliegend auf der anderen Hangseite erkennt man die Reste des großen Herrenhauses (Villa Archontikó) des venezianischen Steueraufsehers, der von den Müllern die Abgaben für das gemahlene Getreide einnahm.

Wir wandern ca. 10 Min. weiter und gelangen zur kleinen **Kirche der Heiligen Fünf Jungfrauen** („Ágii Pénte Parthénes") mit dem winzigen Friedhof. Die Kirche liegt oberhalb des Talgrundes, und der Platz erlaubt einen schönen Blick auf das Kretische Meer im Norden. Wir verlassen das Kirchengelände und halten uns rechts bergab. Auf diesem Wegstück sehen wir auf beiden Seiten des Baches

Bergabführende Gasse bei **11**

die stark von Efeu und Wildem Wein zugewachsenen Ruinen der einst über 30 Wassermühlen. Jetzt queren wir mehrmals das ganzjährig Wasser führende Bachbett, folgen dem Weg durch die Ruinen der Siedlung **Káto Míli** hinunter und passieren erneut den Bach. Rechts oberhalb steht die kleine **Agía-Paraskeví-Kapelle**, nur wenige Meter vom Weg entfernt. Die Schlucht wird nun von gelblichen Sandsteinwänden begrenzt. Etwa 10 Min. später kommen wir an zwei verlassenen Wohnhöhlen vorbei.

Am Ende der Schlucht treffen wir auf eine Betonstraße **15**, der wir steil rechts hinauf folgen und erreichen nach etwa 5 Min. Xiró Chorió Wir passieren den Dorfplatz mit der weiß gestrichenen Kirche, folgen der Straße nach rechts und kommen in wenigen Minuten wieder zum Auto **1**. ∎

** Von Arméni zur genuesischen Burgruine Bonripári

Reizvolle und beschauliche Wanderung in der näheren Umgebung von Réthimnon, teilweise sehr schattig und mit schönem Rundblick von den übrig gebliebenen genuesischen Steinwällen aus dem 13. Jh.

▶▶ Etwa 9 km südlich von Réthimnon befindet sich rechts der Bundesstraße (braune Tafel mit gelber Schrift „Minoan Cemetery") die **minoische Nekropole von Arméni**. Dort am Parkplatz **1** ist unser Wanderbeginn. Wir folgen der Straße am Parkplatz vorbei noch ein kurzes Stück zu Fuß weiter und verlassen sie nach einem eingezäunten Areal bei einer Gabelung **2** nach links.

Auf beschaulichen Feldwegen, gesäumt von hohem Farn und Brombeergesträuch, geht es weiter durch waldiges Gelände. Hier stehen die für diese Region charakteristischen Mooseichen. Bei der folgenden Abzweigung halten wir uns geradeaus, dann gehen wir bei einem kleinen Gehöft links. Kurz darauf zweigen wir bei der Weggabelung **3** vor einer alten, verwachsenen Brücke nach rechts ab. Wir folgen nun dem teilweise mit Apfelbäumen gesäumten Feldweg, bis die Asphaltstraße nach Kástelos im Blick erscheint.

Dieser kleinen, wenig befahrenen Asphaltstraße folgen wir rechts in die Ortschaft **Kástelos** hoch. Links liegt die Taverne Kástelos. Wir

Vom genuesischen Wehrturm sieht man das Dorf Monopári

wandern weiter in den Ort hinein bis zur kleinen Platía (mit blauen Postkästen) und biegen beim Strommast ❹ links ab. Einem Betonweg bergab folgend, geht es nach einem kurzen Stück rechts ab. Beim nächsten Abzweig (links führt ein kleiner Betonweg hinauf) geht es wieder leicht abschüssig nach rechts und vorbei an einem alten Ziehbrunnen bis zu einer weiteren Gabelung. Hier überqueren wir das kleine Bachbett ❺ nach rechts und halten uns leicht bergauf, links liegt jetzt der Friedhof.

Minoischer Friedhof Armeni

Die große Nekropole aus spätminoischer Zeit (etwa 1400 v. Chr.) wurde erst 1969 per Zufall entdeckt. Die in Stein gehauenen Grabkammern der minoischen Familien erreichte man über nach Osten ausgerichtete Gänge, die Tonsarkophage befinden sich z. T. im Archäologischen Museum von Réthimnon.

Ebenfalls links befindet sich nun ein großes Gehöft. Hinter dem Stallgebäude verlassen wir die Betonstraße und wandern auf dem Feldweg links hinunter. Bald ist eine kleine Betonbrücke zu überqueren, und kurz darauf gelangen wir wieder auf eine breitere unbefestigte Fahrstraße ❻, wo wir uns nach links wenden.

Links steht ein einzelnes Haus. Etwa 20 m nach der Toreinfahrt zu diesem Grundstück zweigt ein Feldweg nach links ab, diesem folgen wir nun durch schön angelegte Felder und Olivenhaine, gesäumt von Mooseichen und einigen großen Lorbeerbäumen. An allen folgenden Wegabzweigungen halten wir uns rechts und passieren mehrere Zaungatter, bis wir schließlich zu einem romantischen Rastplatz mit einer gemauerten Wasserstelle und der neu renovierten doppelschiffigen **Kapelle Agía Paraskeví** ❼ aus dem 10./11. Jh. kommen. Dicht belaubte Eichen und Platanen überdachen diesen vollkommen stillen Ort. Rund um die Kirche erkennt man Reste früherer Gebäude.

Ein paar Schritte vom Kirchenvorplatz entfernt, treffen wir auf eine Fahrstraße und gehen nach links. (Rechts führt uns der Weg zurück nach Kastelos → „Kleine Kirchenrunde".) Wir passieren den Parkplatz und folgen der ▶

Länge/Gehzeit: inkl. Rundgang bei der Burgruine 9,6 km, 3:30 Std.
Charakter: unschwierige und schöne Wanderung auf Feldwegen.
Markierung: vereinzelt rote Punkte zwischen ❼ und ❽.
Ausrüstung: Sportschuhe mit gutem Profil reichen, Sonnenschutz.
Verpflegung: Wasser und Proviant mitnehmen; Wasserstelle bei der Agía-Paraskeví-Kirche ❼; Taverne Kástelos nahe ❹ im gleichnamigen Ort; Kafeníon in Áno Valsamónero.
Hin & zurück: mit dem Bus von Réthimnon nach Arméni (Linie nach Spíli/Agía Galíni oder Plakiás), tägl. mehrmals, ca. 1,80 €, zurück von Áno Valsamónero nach Réthimnon tägl. (außer Sa) 14.15, 17.15 Uhr, So 14.30 Uhr; 1,80 € (Fahrplan → S. 28). Ansonsten per Mietauto und Taxi; Taxizentrale Réthimnon ✆ 28310-23000 oder ✆ 28310-25000, ca. 15 €.

Westkreta Nordhälfte/bei Réthimnon

▶ Piste. Nach wenigen Metern führt links ein Feldweg ab, rechts findet man an einem Baum einen roten Punkt. Er weist uns ein kurzes Stück gerade aus weiter bis zu einem Zaungitter, das wir passieren. Sofort danach folgen wir einem sehr verwachsenen Feldweg **8** nach links (roter Punkt auf Stein). Hier blühen Schopflavendel, Zistrose, Thymian und Erika. Links von uns verläuft ein Zaun. Wir lassen uns von der hohen Macchia, die den Feldweg fast vollkommen bedeckt, nicht irritieren. Schließlich treffen wir auf einen Gitterzaun, den wir passieren. Dahinter wird der Fahrweg endgültig zum Pfad. Wir wandern auf ihm bergauf, bis wir wieder auf einen breiteren unbefestigten Fahrweg stoßen und diesem nach links folgen. Jetzt erwartet uns eine neu errichtete Barrikade (im September 2014 musste die Autorin diese Zaunbarriere übersteigen – Vorsicht, dann glückt es!).

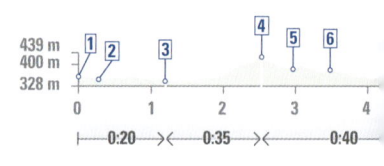

Links mündet in Kürze eine steile Piste **9** ein, dieser folgen wir nun bergab, sie führt uns zu einem großen Stallgebäude (Achtung: freilaufende Hunde!). Wir umrunden den Bau, durchqueren einen Pferch und folgen der jetzt ansteigenden Feldstraße. Der Wegrand wird gesäumt vom hohen Riesenrutenkraut. Die Steinwälle mit den drei Wehrtürmen auf dem Hügel vor uns rücken näher.

Bald verlassen wir die Feldstraße nach links **10** und folgen einem kleinen Pfad hinauf zu den **Resten der früheren Burg** aus dem 13. Jh. Sie zählt zu den wenigen Wehranlagen, die von den Genuesern errichtet wurden, bevor die Insel an Venedig fiel und lange Zeit einer der wichtigsten Posten der Seerepublik im östlichen Mittelmeer war.

Schön ist es, die Anlage auf dem weiten Plateau zu umrunden: Die Aussicht auf die Bucht von Georgioúpolis, die Weißen Berge und auf den höchsten Inselberg Psilorítis (2.456 m) im Osten ist wunderbar.

Varianten

Kleine Kirchenrunde: Von [1] bis zur Agía-Paraskevi-Kirche [7], dann rechts halten. Der Betonweg führt in ca. 0:20 Std. bis zu [6] zurück. Dort biegt man dann wieder rechts und läuft auf derselben Strecke ca. 0:20 Std. hoch ins, die man bereits vom Abschnitt [4] bis [6] kennt. Bei einer Einkehr in der Taverne von Vassili gibt's Stärkung für den Rückweg von [4] zur Nekropole [1] (ca. 0:45 Std.).

Burgblick-Runde: Mit dem Auto bis Monopári, das Auto beim Abzweig der Schotterpiste links parken und zur Burg hin und zurück wandern (gesamt ca 1:45 Stunde).

Lange Runde: Wenn man mit unserer Tourbeschreibung in Áno Valsamónero [11] angekommen ist, läuft man auf der wenig befahrenen Asphaltstraße die 4 km nach Kastélos, von dort dann die Strecke ab [4] zurück bis zum Auto bei [1]; insg. ca. 1:30 Std.

Tour 3 ** 45

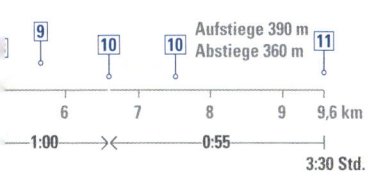

| 9 | 10 | 10 | Aufstiege 390 m Abstiege 360 m | 11 |

6   7   8   9   9,6 km
—1:00— >< —0:55—
                        3:30 Std.

Ein Bachbett mäandert in der Tiefe um mehrere Erhebungen der Umgebung. Für den Festungshügel mit seinen zu dieser Seite senkrecht abfallenden Steilwänden (Achtung beim Rundgang!) ein natürlicher Wassergraben.

Nun kehren wir wieder zum Fahrweg zurück **10** und gehen nach links in Richtung Westen auf die Häuser von Monopári zu, durchqueren nach 20 m ein großes Gittertor und bleiben auf dieser Straße immer geradeaus, bis wir auf die Asphaltstraße gelangen, die durch den kleinen ländlichen Ort **Monopári** führt. Hier gehen wir rechts hinauf durch die Ortschaft hindurch und erreichen nach etwa 0:15 Std. **Áno Valsamónero** **11**. Dort kann im Kafeníon, das mitten im Ort auf der linken Seite liegt, ein Taxi für die Rückfahrt nach Réthimnon bestellt werden. (Oder man läuft auf der wenig befahrenen Straße die 4 km nach Kastélos, von dort dann die Strecke ab 4 zurück bis zum Auto bei 1; insg. ca. 1:30 Std.). ■

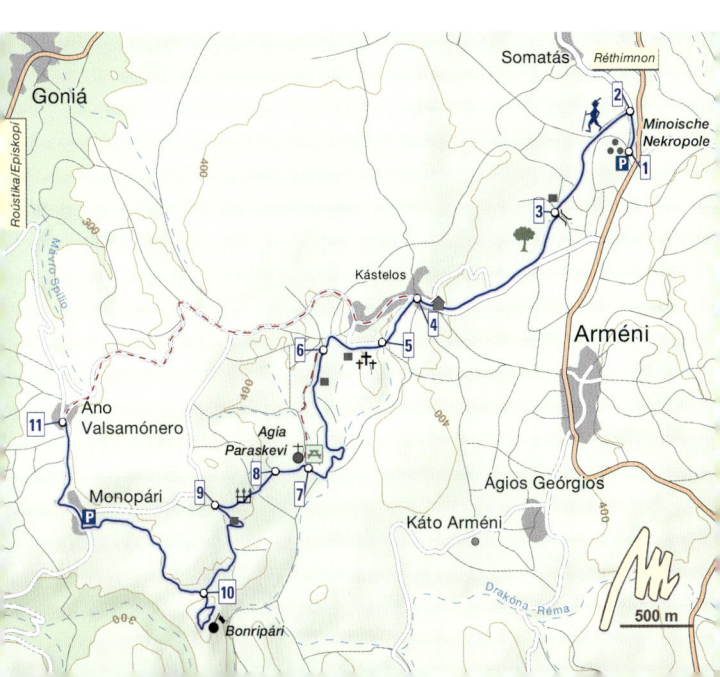

Hunde-Schicksal

Frei laufende, verwilderte Hund sind leider auf ganz Kreta anzutreffen. Hier hilft oft nur bücken und nach einem Stein greifen, auch Werfen ist erlaubt. Das erschreckt sie ausreichend.

*** Vom Kloster Gouvernéto zum Küstenort Stávros

Bei dieser Wanderung zu den schönsten Kulturstätten auf der Akrotíri-Halbinsel lassen sich Kultur und Bewegung sehr gut verbinden. Man entdeckt dabei drei ganz unterschiedliche Klöster der Präfektur Chaniá, eine kleine Tropfsteinhöhle und die Eremitenhöhle des Heiligen Johannes.

Die Halbinsel, auf der auch der internationale Flughafen und die Nampfi-Nato-Basis liegen, hat in den letzten Jahren einen enormen Bauboom erlebt. Umso beschaulicher wird es, wenn wir die Abzweigung zum **Kloster Agía Triáda** nehmen und durch die lange Zypressenallee zum wohl schönsten Klostergebäude Kretas fahren. Das prächtige Bauwerk stammt aus dem 17. Jh. Die kleine Asphaltstraße zieht sich links davon noch 4 km hinauf in die karge Hügelkette.

▶▶ Am Parkplatz des von hohen Mauern eingeschlossenen **Klosters Gouvernéto** **1** beginnt unsere Tour. Wie eine Festung thront es in dem kleinen Hochtal, die Größe zeugt von seiner einstigen Bedeutung. Gouvernéto wurde im 16. Jh. von den Mönchen des Klosters Katholikó errichtet, das näher zur Küste lag und unter den häufigen Piratenüberfällen litt. Hinweisschilder markieren den Eingang. Wir treten ein und passieren auf dem neu gepflasterten Weg das eingezäunte Klostergelände

> **Wichtig für Klosterbesucher**
>
> Kloster Agía Triáda (Tsangarólon), an der Anfahrtsstrecke, tägl. 9–19 Uhr, Okt. bis April 14–16 Uhr geschlossen, Eintritt 2 €, www.agiatriada-chania.gr. Toll ist der Klostershop mit biologischem Wein, Olivenöl und Kosmetik, z. T. aus eigener Produktion. Das Kloster Gouvernéto **1** wird neu renoviert (9–12 und 17–19 Uhr, Mi und Fr zu).

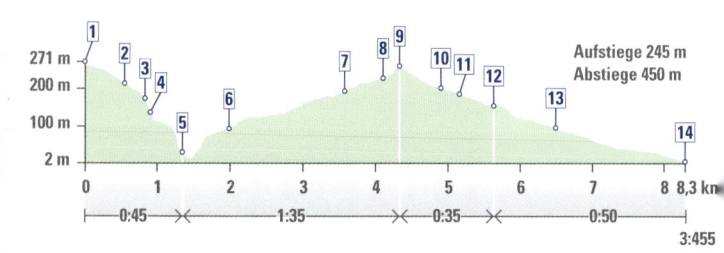

Nach wenigen Metern verlassen wir das schön bewachsene Gelände beim Ausgang, dort beginnt der neu angelegte, sehr breite und mit Steinen gepflasterte Weg und führt uns in etwa 0:15 Std. zur kleinen **Tropfsteinhöhle Arkoudiótissa** **2**, auf Deutsch Bärenhöhle. Innen steht ein Stalagmit, der einem Bären ähnelt und somit für den Namen verantwortlich ist. Der schwarze Ruß stammt von den vielen Kerzen der Pilger, die alljährlich am 7. Oktober in einer feierlichen Prozession hierherziehen. Bereits in der Antike wurde an dieser Stelle Artemis, die Göttin der Jagd, verehrt. Auf der linken Höhlenseite befindet sich im Fels die kleine Marienkapelle aus dem 16. Jh.

Wir folgen dem bestens ausgebauten Weg weiter hinunter, bald erblicken wir rechts ein rundes Steinhaus ▣. Gepflasterte Stufen führen uns hinunter zum verlassenen alten **Kloster Katholikó** ▣. Wenige Meter vor dem Gebäudekomplex liegt links im Fels der niedrige Eingang in die **Eremitenhöhle des Heiligen Johannes** (ihr Zugang ist ein alter Wasserlauf). Das Kloster Katholikó beeindruckt durch seine eigenwillige Lage, vollkommen eingebettet in Schlucht und Fels. Die Mauern rechts vom Weg gehören zum einst stattlichen Wohngebäude der Mönche, vor uns blicken wir auf den vor der Höhlenkirche getrennt stehenden Campanile. Doch am imposantesten wirkt der hohe, sich brückenähnlich über den Schluchtgrund spannende Wehrbau, der einst zur Verteidigung gegen die einfallenden Piraten errichtet wurde.

Wir laufen nun über die „Brücke" zum linken Rand, dort weist – etwas versteckt im niedrigen Gebüsch – ein blauer Punkt hinunter ins Bachbett.

Entscheiden wir uns für den **Abstecher zur Küste** (hin/zurück ca. 0:40 Std.), dann gehen wir nun unter der „Brücke" durch und folgen dem grobschottrigen und trockenen Wasserlauf nach Nordosten zur Küste. Nach ca. 0:15 Std. erreichen wir die winzige Bucht mit felsigem Strand ▣. Ein Stück weiter nach links entdeckt man den Steinbruch, aus dem das Material für die Klöster der Gegend stammt. Zurück nehmen wir denselben Weg bis unter die Steinbogenbrücke hindurch. Für den Weiterweg nach Stávros steigen wir jetzt nicht mehr zur Klosterkirche Katholikó auf, sondern halten uns rechts ▣ im Bachbett aufwärts und folgen den blauen Punkten (ab hier vereinzelt auch kleine rote Punkte).

Nach 200 m verlassen wir das Bachbett mit den Markierungen rechts hinauf, um einen Abbruch zu umgehen. Nach wenigen Metern Umweg geht es wieder im ▶

Länge/Gehzeit: 8,3 km, ca. 3:45 Std. inkl. Strand-Abstecher.
Charakter: technisch unschwierige, im zweiten Teil schattenlose Streckenwanderung.
Markierung: kleiner blauer Punkt ab ▣.
Ausrüstung: feste Schuhe mit gutem Profil; Taschenlampe für die Höhle und Badesachen (in Stávros schöner Sandstrand).
Verpflegung: Wasser und Proviant mitnehmen. Etliche Tavernen am Tour-Ende in Stávros, darunter die Gartentaverne Elena, 100 m vom Strand entfernt.
Hin: Zum Kloster per Mietauto oder Taxi (ab Chaniá ca. 15 €) Linienbus Chania – Agía-Triáda – Chordaki Mo/Mi/Fr 6.30 Uhr, 2,30 €, Chania-Flughafen mehrmals stündl., ab Flughafen mit Taxi nach Agía Triáda, ca. 5 €.
Zurück: Linienbus Stávros – Chaniá mehrmals tägl.; 2,10 € (Fahrplan S. 28). Taxi von Stávros nach Chaniá ca. 20 €, nach Gouvernéto 15 €, Taxizentrale ☏ 28210-98700.
∗**-Sportschuh-Variante,** auch für Kinder: von Gouvernéto ▣ bis Katholikó ▣ und auf gleichem Weg zurück in 1:20 Std.

Auf dem Weg zur Bärenhöhle [2] hat man die Nordküste im Blick

▶ erdigen Bachbett weiter. Knorrige Karobbäume und Mastixgebüsch verleihen dieser Etappe Schatten und Zauber. Nach etwa 0:30 Std. ab dem Kloster Katholikó verlassen wir bei einem blauen Punkt auf Stein **7** das Bachbett und folgen dem weiterhin blau markierten Weg, der uns unter alten Bäumen auf ein kleines Hochtal führt. Die wilde Landschaft mit ihrer Macchia erfreut das Auge, besonders im Frühling, wenn Ginster und Brandkraut gelb blühen. Bald sehen wir in etwa 80 m Entfernung eine restaurierte Anlage, die zu den Klöstern gehört. Wir halten uns aber noch vor ihr nach links, dem Tal folgend.

Jetzt muss man sehr genau nach den blauen Punkten sehen, um nach 300 m und gut 10 Min. nach dem Blick auf die Anlage den einladend vor uns liegenden Pfad bei einer blauen Markierung **8** zu verlassen und scharf nach links auf den Hügel zuzuhalten. Aufmerksam folgen wir den blau markierten Steinen auf die höchste Stelle **9** auf 260 m und sehen südwestlich darunter ein sehr schönes Tal.

Der Weg hinab ist gut erkennbar und markiert. Nach etwa 10 Min. im Talboden sieht man auf der linken Seite eine Wasserzisterne **10**. Danach führt der Weg etwas rechts oberhalb des Bachbetts weiter. Wir kommen zu einer zweiten Zisterne **11**, ab der es leicht hinuntergeht. Wir erreichen den Talboden, in dem zwei Täler zusammentreffen, und folgen dem rechts vor uns liegenden Tal hinunter. Etwa 10 Min. und 500 m ab der zweiten

Zisterne verlassen wir das Bachbett **12** und gehen rechts hinauf. Hier beginnt ein sehr schöner, zum Teil gepflasterter Fußweg mit Mastixsträuchern und Johannisbrotbäumen. Der Weg ist sehr gut zu erkennen. Nach ca. 10 Min. erreichen wir schon das Ende der Schlucht und sehen die Küste.

Bald danach beginnt rechts ein unbefestigter Fahrweg, dem wir folgen. Wir erreichen eine Gabelung **13**, bei der wir uns geradeaus halten. Kurz darauf macht die Piste einen scharfen Knick nach links. Wir bleiben auf diesem Fahrweg bis zur Asphaltstraße, wo wir vor den ersten Gebäuden von **Stávros** rechts abbiegen.

Bald kommen wir zur kleinen, sandigen **Trahíli-Bucht** **14**, die sich an den markanten Felsabbruch des 340 m hohen Vardiés schmiegt. Stávros ist eine weite Streusiedlung mit vielen Sommerhäusern, die bei den Einheimischen sehr beliebt ist und permanent wächst. Anthony Quinn in der Rolle des „Alexis Zorbas" brachte dem Ort Berühmtheit, denn einige Szenen wurden 1964 hier gedreht. In manchen Tavernen findet man Fotos von damals! Von hier können wir nun den Bus nach Chaniá nehmen oder ein Taxi bestellen. ■

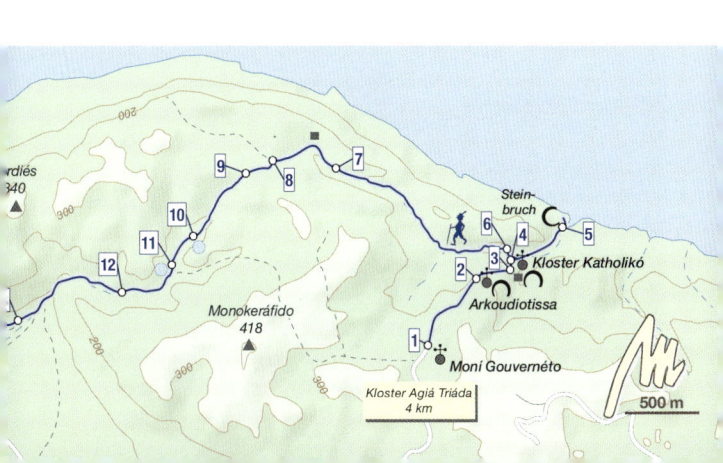

Der Campanile des Klosters Katholikó 4

** Durch die Tsichlianá-Schlucht zum antiken Polirrinía

Schon die Anfahrt über die schmale kurvenreiche Straße durch die hübschen, im üppig Grünen versteckten Dörfer ist Balsam für die Augen. Dann führt die schöne und unschwierige Wanderung auf abwechslungsreichen Wegen zu den Ruinen der antiken Dorer-Stadt Polirrinía.

▶▶ Wir beginnen unsere Tour ca. 250 m außerhalb von **Sirikári** am großen Platz, der für die neue Kirche Ágios Konstantínos planiert wurde und an dem man auch parken kann. Der Blick zurück zum kleinen Dorf Sirikári und in die sich nach Norden zur Küste hinstreckende Tsichlianá-Schlucht ist grandios.

Gleich rechts neben der Holztafel **1** mit dem Hinweis auf den EU-subventionierten Weg und einer Skizze zum Wanderverlauf öffnen wir ein Gittertor. Dahinter befinden wir uns auf alten Terrassen mit Feldern und fruchtbaren Gärten, die oft durch unattraktive Zaungitter vor den Ziegen geschützt werden. Im ersten Wegstück, bei dem wir ca. 200 m recht steil in den Talgrund absteigen, helfen einige mit Holzpflöcken abgestützte Stufen über unwegsames Gelände. Im Spätsommer ist die Wanderung ein kulinarisches Erlebnis, denn dann sind Feigen, Walnüsse und Mandeln reif, und der Wanderer darf ruhig zum Kosten zugreifen. Der Weg führt an großen Kastanien- und Erdbeerbäumen vorbei.

Die Steinbogenbrücke kurz vor dem Ende der Schlucht

Bald treffen wir auf einen Feldweg, an dem Telefonmast **2** vor uns ist ein kleines Hinweisschild aus Holz befestigt. Wir folgen dem Feldweg rechts weiter, der uns zu einem einsam gelegenen Gehöft führt. Wir gehen direkt am überdachten Hauseingang vorbei und halten uns beim dahinterliegenden kleinen Nebengebäude rechts, dort ist ein Holzschild auf der Hausmauer montiert. Der Weg ist deutlich sichtbar. Bei unserer Wanderung folgten uns neugierig die rund um den Bauernhof frei weidenden Hausziegen. Am Weg sind nun einige Zaungitter, die wir passieren (bitte wieder schließen).

Schließlich erreichen wir den Talboden, unser Abstiegspfad trifft nun auf einen kleinen Weg **3**, ein Stein ist mit einem roten Punkt markiert. Wir halten uns rechts in Richtung Norden und vernehmen deutlich (zumindest im Frühjahr) das Rauschen des Baches. Leider nur für kurze Zeit, denn das Wasser wird wenig später in Rohre geleitet. Die Felswände, die das Bachbett säumen, rücken in der **Tsichlianá-Schlucht** nicht so nahe, wie man es von anderen kretischen Schluchten gewöhnt ist, daher hat auch die Vegetation viel Platz. Riesige Platanen wurzeln teilweise direkt im Bachbett, am Rande stehen große Eichen.

Nach kurzer Zeit kommen wir an einen schönen Rastplatz **4**, wenige Meter von den Steinbänken und Tischen entfernt gibt es eine gemauerte Wasserstelle. Langsam erreicht nun auch die Sonne den Schluchtboden, der Weg zieht sich gut sichtbar und in bester Beschaffenheit durch die Macchia.

Wenn wir die kleine steinerne Bogenbrücke vor uns sehen, sind wir auch schon fast am Ende des Pfades, wir gelangen zu einer Pumpstation **5**, vor uns beginnt jetzt die Schotterstraße. Bei der ersten Gabelung halten wir uns ▶

Länge/Gehzeit: 5,8 km, 2:40 Std., dazu 0:30 Std. für den Aufstieg zur antiken Akropolis.
Charakter: schöne, einfache Streckenwanderung bis zu den Füßen der dorischen Stadtanlage. Anfangs in der Schlucht auch im Sommer schattig, ab der Schluchtmitte sonniger, im kurzen Aufstieg auf Asphalt zum Dorf an sonnigen Tagen sehr heiß.
Markierung: Tafel am Weganfang, unterwegs kleine Holztafeln und z. T. rote Markierung auf Steinen.
Ausrüstung: Sportschuhe sind ausreichend, unbedingt an Sonnenschutz denken.
Verpflegung: Wasserhahn an der neuen Kirche in Sirikári beim Parkplatz; Wasserstelle in der Schlucht **4**; Taverne Odysséas in Polirrinía, von April bis Okt. tägl. geöffnet, ☏ 28220-23331.
Hin & zurück: kein Busverkehr direkt nach Sirikári! Mit dem Linienbus tägl. fast stündlich von Chaniá nach Kastélli (Fahrplan → S. 28). Taxi von Kastélli nach Sirikári ca. 25 €; zurück von Polirrinía nach Kastélli 15 €. Taxi in Kastélli ☏ 28220-22224 und -22254, mobil 6946-143595. Telefonhäuschen am Parkplatz vor dem Dorfausgang nahe der Taverne Odysséas. Wer selbst mit dem Auto unterwegs ist, parkt gleich in Polirrinía und fährt von dort mit dem Taxi bis Sirikári (ca. 35 €, vorbestellen).
Sportliche Variante (aber nur per Pkw machbar): bis Sirikári fahren, dort parken und hin und zurück wandern (ca. 5:30 Std.).
Kinderfreundliche Variante: Start der Wanderung in Polirrinía und so weit laufen, wie es Spaß macht.

Reste der antiken Hügelstadt Polirrinía

▶ rechts, ab hier laufen wir nun auf breiten Feldwegen, die von riesigen Olivenbäumen gesäumt sind, auf Polirrinía zu. Bald können wir auch einen ersten Blick auf den weiter oben liegenden Ort werfen, der mit alten und neu gebauten Häusern den Hügel umspannt.

Vorbei an großen Hydranten und vielen schwarzen Bewässerungsschläuchen, die teilweise quer über die Straße gespannt werden, kommen wir an die nächste Abzweigung **6**. Hier biegen wir links ein, folgen dem Feldweg, biegen wieder links ein (rechts geht es zu einem Haus mit rotem Dach inmitten hoher Zypressen) und halten uns ein kurzes Stück bergauf.

Bei der nächsten Abzweigung wandern wir rechts hinunter und sehen dann vor uns einen weiteren Feldweg, den wir schließlich rechts berg-

Die Ruinen des antiken Polirrinía

7 km von der Küste entfernt befindet sich auf der 417 m hohen Bergspitze eine alte Stadtanlage der Dorer. Die letzten Jahrhunderte vor unserer Zeitrechnung konnten die Eroberer aus dem Norden hier in sicherer Lage über die Region herrschen. Die herrliche Aussicht von der Akropolis ist unverändert, aber von ihr selbst gibt es nicht mehr viel zu sehen. Wer in der hohen Macchia die Augen offen hält, sieht Teile von Zyklopenmauern und vereinzelte Reste von Tempeln und Grabstätten. Unter den vielen kretischen Stadtstaaten der konfliktreichen hellenistischen Periode besaß die Pólis Polirrinía Rang und Namen. Anders als den kretischen Póleis Knossós und Kydonía gelang es Polirrinía, sich aus den Kämpfen mit den Römern herauszuhalten: Taktisch klug nannten sie den Anführer der römischen Truppen in einer Ehreninschrift „Retter und Wohltäter". Die Stadt blieb verschont und unzerstört.

Von der Gipfelspitze aus gut erkennbar ist ein Teil der Mauer des venezianischen Kastells aus dem 14. Jh.

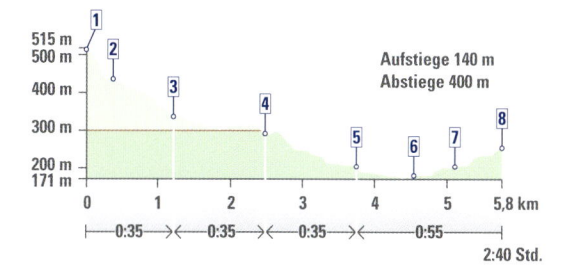

auf gehen. Fast haben wir es nun geschafft, denn nach ca. 150 m gelangen wir auf die Asphaltstraße **7** und müssen uns hier links bergauf halten. Mittags oder bei wolkenlosem Himmel ist es auf dem letzten recht steilen Wegstück sehr heiß.

Wir erreichen nun die Bundesstraße von Kastélli nach Polirriniá und halten uns rechts und sind kurz danach auf dem großen Parkplatz **8** des Dorfes. Hier lockt eine schattige Taverne mit üppig blühenden Blumen in netten, bunt gestrichenen Töpfen.

Wer noch mehr wandern und entdecken möchte, kann nach einer Stärkung die großflächige Hügelanlage der **antiken Stadt Polirriniá** besichtigen. Dazu ist ein Aufstieg von weiteren 190 Höhenmetern nötig (etwa 0:30 Std.). Der Weg durch das Dorf ist beschildert (braune Täfelchen mit gelber Schrift). Oder Sie laufen ab dem Parkplatz 8 zum Ortsanfang (Richtung Kastélli) vor und halten sich rechts auf der kleinen steilen Asphaltstraße zur Kirche der 99 Heiligen. Hier beginnt der Fußweg zur Hügelspitze. Am schönsten und schattigsten ist dieser Aufstieg am späten Nachmittag. ■

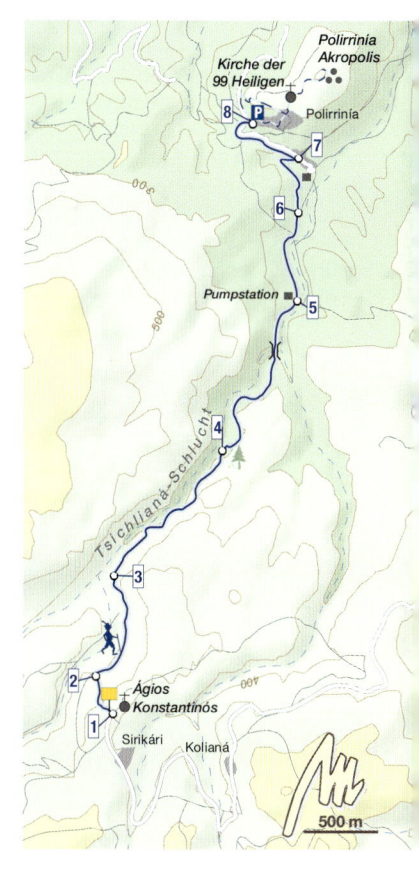

*** Von Koustogérako hinauf in die westlichen „Lefká Óri"

Die herrliche Bergtour führt uns teils mit Blick auf die Provinz Sélino, teils durch schönes Waldgebiet heran an den Hochgebirgsstock der Weißen Berge.

„Basislager" für das Unternehmen ist Soúgia, das mit seinem großen Kieselstrand wunderbar an der südlichen Küste Westkretas liegt. Von hier nehmen wir ein Taxi (am Vorabend bestellen) und lassen uns zum Ausgangspunkt der Wanderung nach **Koustogérako** bringen.

▶▶ Im diesem Örtchen, 500 m hoch über dem Meer gelegen, folgen wir am Hauptplatz **1** einem gut sichtbaren E4-Zeichen in südöstlicher Richtung links den betonierten Fahrweg hinauf. Nach ca. 80 m sehen wir rechts der Straße eine schöne, neu gemauerte Brunnenstelle, der Weg ist noch gut beschattet von Bäumen.

Insgesamt ca. 0:25 Std. nach dem Start treffen wir auf ein Gittertor **2**, ebenfalls mit einem E4-Schild gekennzeichnet. Der unbefestigte Fahrweg zieht sich nun kurvenreich ins Gebirge hoch.

Ungefähr 0:50 Std. nach Wanderbeginn kürzen wir die Piste das erste Mal ab, indem wir nach links oben dem E4-Zeichen **3** folgen und über eine kurze Holztreppe in ein kleines Waldstück gelangen. Kurz darauf treffen wir wieder auf den Fahrweg und halten uns links. Nach ca. 100 m gibt es eine weitere Möglichkeit zur Abkürzung, danach treffen wir erneut auf die Fahrstraße und überqueren sie. Weiter geht es wieder über mehrere Holztreppen hoch.

Rechts hinter Livadás erahnt man schon die Iríni-Schlucht

Tour 6 ★★★ 55

Am Ende dieser Abkürzung sehen wir oberhalb von uns einen aus Holz gebauten Pavillon und die schiefergedeckte **Kapelle Agía Ekateríni** 4, die wir in Kürze erreichen. Dieser schön gepflegte Ort auf 857 m lädt zum Rasten ein. Am Platz befindet sich eine Zisterne, rechts daneben setzt sich unser Weg fort.

Nun folgen wir gut platzierten E4-Zeichen, kurz danach ist der Maultierpfad teilweise gepflastert und führt in ein Bachbett hinab, das nur bei heftigen Regenfällen Wasser führt. Im Bachbett 5 angekommen, halten wir uns mit den E4-Markierungen nach links hinauf. Der Einschnitt des Bachlaufes verbreitert sich zu einem Tälchen, der Weg führt durch gerölliges Gelände weiter. Wir befinden uns in einem lichten Kiefernwald mit alten Bäumen.

Knapp 0:30 Std. und 90 Höhenmeter nach der Durchquerung des Bachbettes liegt quer über unserem Weg eine große umgestürzte Kiefer mit einem an den Stamm genagelten E4-Zeichen. Nach nur ca. 100 m gabelt sich der Weg. **Achtung!** Das ist die **Schlüsselstelle** der heutigen Wanderung:

Wir halten uns jetzt an dieser Stelle nach links – auf die linke Bachbettseite zu. Erkennungspunkt ist ein Baum 6, in dessen Astgabel mehrere Steine gelegt wurden! (Die E4-Markierungen, die gut sichtbar auf Bäume genagelt sind, führen weiter nach rechts, über den **Gíngilos** (2.080 m) nach Omálos – ein steiler anstrengender Weg mit mehreren, zum Teil sehr ausgesetzten Stellen!) Wir folgen also bei diesem Baum mit der steingefüllten Astgabel den ersten roten Markierungen und gehen auf einen Steinpferch zu, der Weg führt links oberhalb des Steinpferches weiter und zieht sich einen Kammrücken nach oben.

Ab dem höchsten Punkt des Kammes 7 ist guter Orientierungssinn gefordert, die roten Punkte werden weniger, die Steinmännchen sind zwar in kurzen Abständen gesetzt, aber in der Landschaft nicht immer leicht erkennbar. Konzentriert Ausschau nach den Steinmännchen ▶

Länge/Gehzeit: 14,5 km, ca. 6:40 Std.
Charakter: mittelschwere Bergtour, Ausdauer und Orientierungssinn sind bei dieser abwechslungsreichen Streckenwanderung erforderlich. Auf unbefestigten Fahrwegen und Hirtenpfaden geht es auch durch bewaldetes Gebiet, Abstieg über einen alten, teils gepflasterten Weg nach Agía Iríni.
Markierung: kleine rote Punkte auf Steinen, teilweise Steinmännchen, E4-Zeichen.
Ausrüstung: knöchelhohes festes Schuhwerk, Wanderstöcke, wetterfeste Jacke für Frühling und Herbst. Aktueller Wetterbericht unter www.freemeteo.com. Kartentipp → S. 31.
Verpflegung: Wasser mitnehmen, nachfüllen bei der Zisterne an der Kirche Agía Ekateríni 4. Zwei Minimärkte in Soúgia. Taverne (nur Snacks) in Agía Iríni.
Hin: Taxi von Soúgia bis Koustogérako, Vaggélis Paterákis, ☎ 6977-745160 (mobil), ca. 20 €.
Zurück: tägl. Linienbus ab Agía Iríni nach Soúgia, ca. 14.45 Uhr, Halt am Parkplatz an der Bundesstraße, in der Nähe der Info-Tafel, im Frühling/Herbst So kein Bus (Fahrplan → S. 28).

▶ halten! Der Weg verläuft für kurze Zeit oberhalb eines großen und weitläufigen Felsabbruches weiter. Bis zur Straße 10 zur Omalós-Hochebene werden wir im weiten Bogen an den westlichen Flanken des **Psiláfi** (1.984 m) entlangwandern.

Hinter dem Felsabbruch folgt ein Wegstück – wieder mit roten Markierungen –, das sich mit moderater Steigung durch eine kleine Senke zieht. Auf dieser Passage haben wir einen wunderbaren Aus-

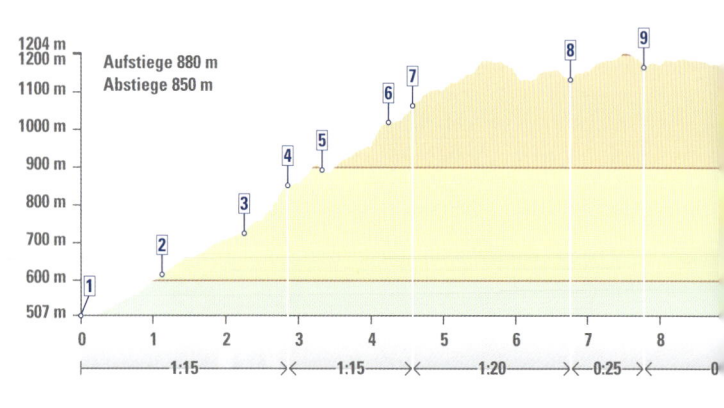

Tour 6 ✻✻✻   57

Kiefern auf dem Weg zur Omálos-Hochebene

blick auf das weit unter uns liegende Örtchen Koustogérako, auf die tiefen imposanten Einschnitte der Iríni-Schlucht sowie die umliegenden Gipfeln der zur Westküste hin auslaufenden Hügelkette.

Weiter geht es nun in nördliche Richtung über mehrere leichte Auf- und Abstiege. Wieder eine Senke **8** passierend, sieht man auf einer großen Felsplatte einen schwarz-gelben Pfeil, der nach links hinaufzeigt. Wir folgen diesem, sehen im weiteren Wegverlauf auch noch rote Markierungen und Steinmännchen. Bald treffen wir auf einen unbefestigten Fahrweg, der zu einer Unterkunft des griechischen Alpenvereins führt (nur für Mitglieder). An der Stelle, wo der Weg auf diese Piste **9** trifft, steht ein einbetonierter Holzpfahl. Hier geht es weiter auf dem Fahrweg leicht bergauf, vorbei an einem Sendemast nach Norden. ▶

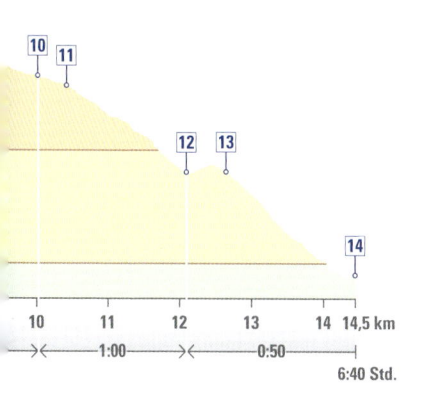

▶ Gut 0:30 Std. und 2,3 km nach dem Holzpfahl erreichen wir die Asphaltstraße **10**, die von Chaniá auf die Omálos-Hochebene führt. Wir gehen ein kurzes Stück (ca. 400 m) links die Teerstraße entlang nach unten, bis wir links einen Parkplatz **11** mit mehreren Holzbänken erkennen können. Hinter der Steinmauer beginnt jetzt der breite, alte Verbindungsweg, auf dem wir weiterwandern. Zunächst führt er uns unter großen Zedern und Zypressen moderat abwärts an der südöstlichen Flanke des **Trouli** (1.458 m) entlang.

> ### Weiter durch die Iríni-Schlucht
>
> Die unschwierige Wanderung auf gutem, EU-subventioniertem Wanderweg durch die wald- und vegetationsreiche Schlucht ist bis Soúgia ca. 12 km lang. Im eigentlichen Schluchtbereich wandert man dabei ca. 2:30 Std., am Schluchtausgang folgt ein Teerstück von 2,5 km bis zur Brücke über das Flussbett, ab hier kann man dann die letzten 2 km entweder durch das trockene Flussbett (grobe Kiesel) oder auf der Bundesstraße nach Soúgia laufen. Wer diese Schluchtwanderung am nächsten Morgen anschließen möchte, kann in **Epanochóri**, 1 km westlich des Einstiegs in die Iríni-Schlucht, übernachten (Taverne Zaridákis mit Zimmer direkt neben der Straße, schöner Blick zur Küste, ✆ 28230-51330).

Etwa 0:25 Std. nach der Straße müssen wir ein kleines steiles Geröllfeld queren. Hier wurde ein Teil des Weges beim Bau der oberhalb verlaufenden Straße nach Omálos verschüttet, **Vorsicht** ist geboten! Über zwei gut angelegte und gepflasterte Serpentinen gelangen wir nun in ein schönes kleines Hochtal. An einem Abzweig, an dem ein kleines Holzschild **12** auf einen Pfad nach links weist – dieser „Partisanenweg" führt durch das steile und enge Fygoús-Tal direkt in die Iríni-Schlucht –, halten wir weiter auf unserem breiten Weg geradeaus auf den kleinen Pass zu. Links von uns liegt der Gipfel des 962 m hohen Piroús.

Auf der Passhöhe angelangt, erwartet uns eine herrliche Aussicht auf den westlichen Küstenstrich Kretas. Unter uns, in einem schönen Waldgebiet eingebettet, liegt nahe der Ortschaft Agía Iríni unser Ziel, nämlich der offizielle Einstieg in die Iríni-Schlucht. Nach einem kurzen Stück Pflasterweg **13** zeigen sich im weiteren Wegverlauf deutliche Erosionsschäden.

An der Grenze zum Waldgebiet angelangt, führt uns der hier gut erhaltene, breit gepflasterte Maultierweg unter großen Johannisbrotbäumen und Steineichen dem schönen bewaldeten Taleinschnitt mit unserem Ziel zu. Vorbei an einem kleinen Gehöft, bei dem wir uns links halten, kommen wir zu einer kleinen Brücke. Hier geht es nach rechts hinauf, und wir

Alles aufgezeichnet?

Tour 6 ✷✷✷   59

erreichen die Asphaltstraße mit der Bushaltestelle nach Soúgia und Chaniá. Die idyllisch und schattig gelegene Taverne **14** für die notwendige Stärkung liegt 100 m links unterhalb der Bundesstraße beim **Zugang in die Iríni-Schlucht**. ■

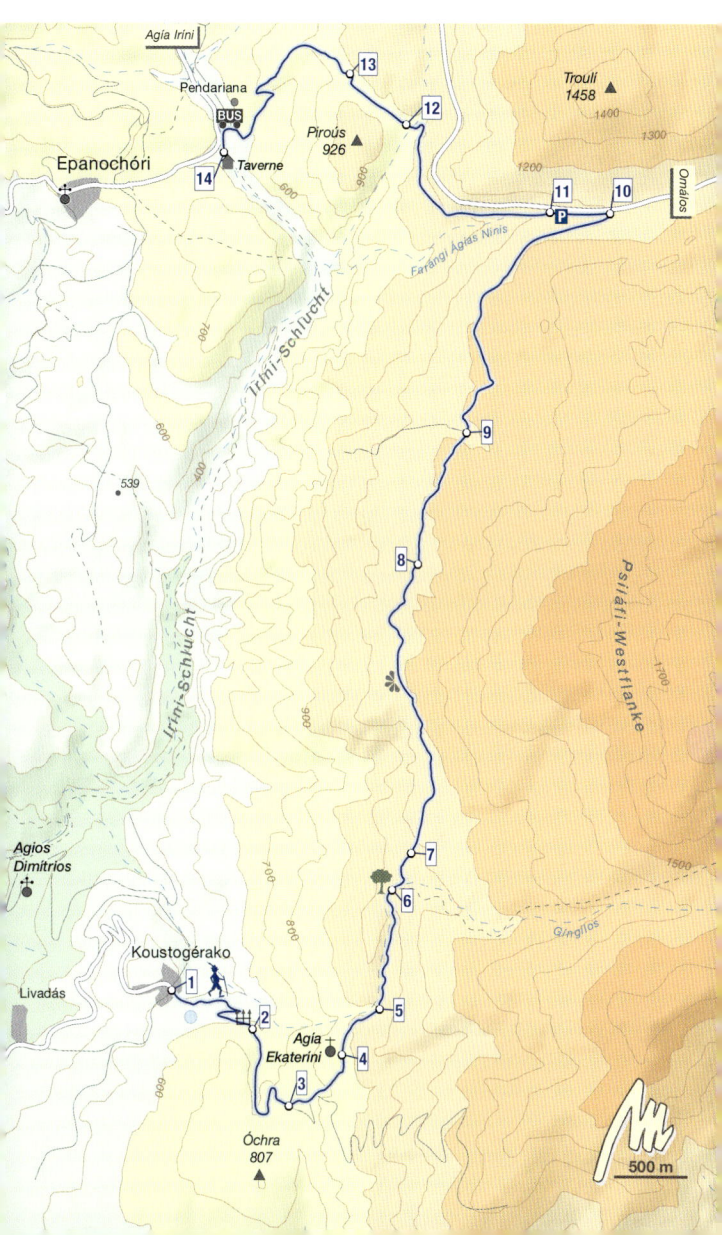

**** „Wildes Kreta" zwischen Soúgia und Agía Rouméli

Die Wanderung zählt zu den Königstouren der Insel und führt in prächtiger Küstengebirgslandschaft an einsamen, unzugänglichen Stränden vorbei bis nach Agía Rouméli.

Die Strecke macht aber nur Spaß, wenn Sie die unbedingt erforderliche Kondition und genügend Wandererfahrung mitbringen!

▶▶ Begonnen wird in dem von Individualurlaubern gern besuchten kleinen Küstenort Soúgia. Bei der Bushaltestelle **1** am Strand halten wir uns in Richtung Osten und folgen einer kleinen Betonstraße links das Flussbett hinauf, bis wir eine Holztafel **2** erreichen, auf der „Políthymos" (der Name einer Taverne) steht und ein Auge aufgemalt ist. Hier verlassen wir die Betonstraße nach rechts in das trockene Flussbett hinein, durchqueren es und erreichen einen unbefestigten Fahrweg, dem wir ein kurzes Stück folgen. Bald geht es links an einem kleinen Gehöft mit einem roten Ziegeldach vorbei, und hier sehen wir nun die ersten E4-Zeichen.

Nach einem kurzen Stück auf einem Pfad treffen wir wieder auf einen Fahrweg **3**, halten uns rechts und laufen auf dieser Piste bergauf weiter, bis sie auf einem kleinen Plateau **4** endet.

Nun folgen wir dem gut erkennbaren Weg, der mit Steinmännchen und Punkten markiert ist, für die nächsten 2 km nach Osten. Unterwegs gibt es einen blau markierten und nach links abzweigenden Pfad – bitte ignorieren, er führt nach Koustogérako. Vor uns machen wir bereits die runde Bergkuppe mit der Profítis-Ilías-Kapelle auf dem Kap Tripití aus, dessen höchste Erhebung bis auf 405 m aus dem Meer ragt. Wir sind hier von weitverästelten Mastixbüschen, windgebeug-

Gut eingelaufen – die Samariá-Schlucht

Agía Rouméli ist wie der Nachbarort Loutró nur per Schiff oder zu Fuß zu erreichen. Die seit Jahrzehnten vom Wandertourismus lebenden Familien sorgen in den Sommermonaten für das leibliche Wohl der erschöpften Tagesausflügler, die ab 14 Uhr zu Tausenden die kleinen Asphaltgassen herunterströmen, denn die Samariá-Schlucht, die berühmteste aller kretischen Schluchten, ist ein absolutes Muss fast eines jeden Kreta-Urlaubers! Aber was viele Reisebüros leider meistens verschweigen oder umschreiben – die Schluchtwanderung ist kein harmloser Spaziergang! Der mühsame Abstieg (1.200 Höhenmeter) auf der knapp 18 km langen Wanderung in mindestens 5:30 Std. kann für so manchen Untrainierten sehr peinvoll oder gar ungesund werden. Nicht zu unterschätzen ist dabei auch die Hitze in den Sommermonaten. Und viele nehmen für dieses unvergessliche Erlebnis noch bis zu 4 Std. Anfahrt in Kauf. Alles in allem – den Urlauber erwartet ein schöner, aber anstrengender Ausflugstag.

ten Kiefern und durch Ziegen kleinwüchsig gehaltenen Steineichen umgeben. Der Weg zieht sich wildromantisch und moderat an der Küste entlang, wir kommen an einem durch Waldbrand zerstörten Gebiet vorbei und erreichen einen kleinen Sattel mit sehr hohen und schönen Bäumen, die zum Rasten einladen. Von hier aus geht es in Serpentinen auf einem schönen Maultierpfad in die schattenreiche **Keratídias-Schlucht**, am Talboden angelangt (ca. 10 Min. ab dem Sattel) führt der Weg wieder links nach Osten weiter. Bald kommen wir an einem kreisrunden steingesäumten Dreschplatz (griech. „alóni") vorbei. Andere Zeugen des früheren Getreideanbaus sind die Steinmauern der einzelnen Terrassenfelder. Schroffe Höhlen im rötlichgrauen Kalkgestein verleihen der Landschaft ein wildes Flair.

Nach kurzer Zeit sehen wir in einer Bucht vor uns die doppelschiffige **Ágios-Antónios-Kapelle** liegen. Unser Weg führt uns oberhalb dieser Bucht an einem Abbruch entlang weiter. Nachdem wir die Bucht rechts hinter uns gelassen haben, kommen wir zu einem E4-Zeichen, das an einem Baum **5** hängt, außerdem wurde ein Steinmännchen als Markierung gesetzt. Hier ist der Abzweig für den Abstieg zur Kapelle Ágios Antónios.

(Wer will, kann von 5 das kurze Stück absteigen, und hat so die Möglichkeit, bei der Kirche unten nochmals Wasser aufzufüllen – leider mit salzigem Geschmack. Die Quelle befindet sich auf dem kurzen betonierten Weg zur Bootsanlegestelle auf der linken Seite, fast in Meereshöhe. Wer sich über das klippige Gelände wagt, kann sich im Meer erfrischen.) ▶

Länge/Gehzeit: 18,2 km, 11 Std.; evtl. Übernachtung am Dómata-Strand 9. Zeitlich ist die Tour nur zwischen Mai und Anfang Okt. zu schaffen, dann werden die Tage zu kurz und die Dunkelheit setzt bereits ab 18 Uhr ein.

Charakter: höchst anspruchsvolle Tour mit mehreren Auf- und Abstiegen. Ab Mai herrschen hohe Temperaturen, das Trinkwasser, das man mitnehmen muss, belastet zusätzlich. Zwischen Tripití 8 und Rouméli 12 sind **Orientierungssinn und Trittsicherheit** notwendig. Setzen Sie jemanden über die geplante Tour in Kenntnis: Es ist zu bedenken, dass es im Fall von Verletzung oder Wassermangel keine Hilfe gibt.

Markierung: kleine blaue, auf Steinen gemalte Punkte, Steinmännchen, E4-Zeichen.

Ausrüstung: knöchelhohe Bergschuhe, Wanderstöcke, Kopfbedeckung, Wetterjacke, Alufolie fürs Notbiwak, evtl. Zelt und Schlafsack. Aktueller Wetterbericht unter www.freemeteo.com. Kartentipp → S. 31.

Verpflegung: Die Regenwasserzisterne in Pikilássos bietet nach normalen Wintern bis in den Sommer trinkbares Wasser. Zisternen außerdem bei der Kapelle Ágios Nikólaos nahe 8 am Tripití-Strand und 0:15 Std. später am Sendóni-Strand. **Mind. 5 l Wasser pro Person sind Pflicht**, an ausreichend Essen denken!

Hin & zurück: Linienbus von Chaniá nach Soúgia, im Sommer tägl. 14 Uhr, sonst nur Mo–Sa (Fahrplan → S. 28).

Fähre (Fahrplan → S. 26) von Agía Rouméli nach Soúgia und Chóra Sfakíon, ab April bis Ende Okt. tägl. am Nachmittag. Wer mit dem Schiff nach Soúgia zurückfährt, muss vor 17 Uhr am Hafen sein.

Westkreta Südhälfte/Weiße Berge

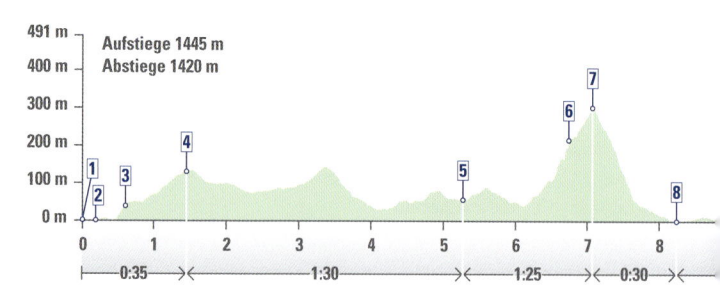

Aufstiege 1445 m
Abstiege 1420 m

▶ Die Tour verläuft jedoch auf dem Weg weiter unter hohen Bäumen. Wir steigen über eine erste Geröllhalde auf und gelangen zu einer zweiten Halde mit einem starken Abbruch, den wir rechts umgehen können, und erreichen erneut ein sehr schönes Waldgebiet mit hohen Bäumen. Im oberen Teil des Weges treffen wir auf die Quelle Voukilási **6** – auch Pikilázi genannt, die im Sommer aber nur spärlich bis gar nicht fließt (evtl. mit den Blechstreifen, die neben der Quelle liegen, eine Rinne basteln, damit sich das Wasser besser sammelt).

Wir folgen dem steilen Pfad weiter hinauf und erreichen einen aus Stein gemauerten Bildstock, der eine Ikone beherbergt. Bald darauf kommen wir zu einem Sattel mit einer weiteren Steinsäule **7**. Hier sehen wir rechter Hand die ca. 100 Höhenmeter unterhalb des Gipfels **Profítis Ilías** liegenden Ruinen des türkischen Kastells.

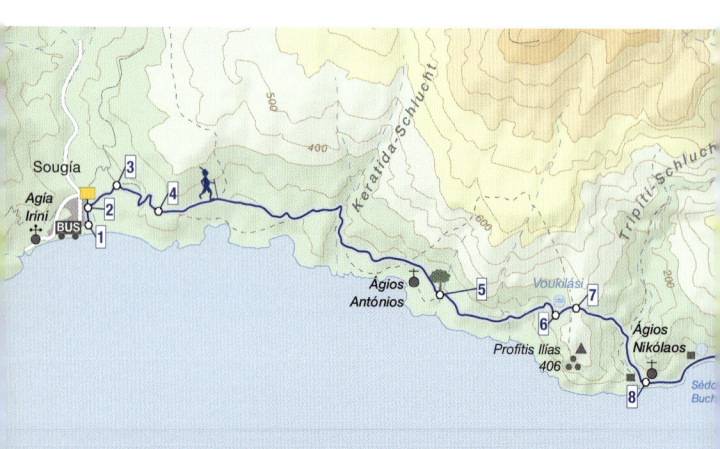

Tour 7 ★★★★ 63

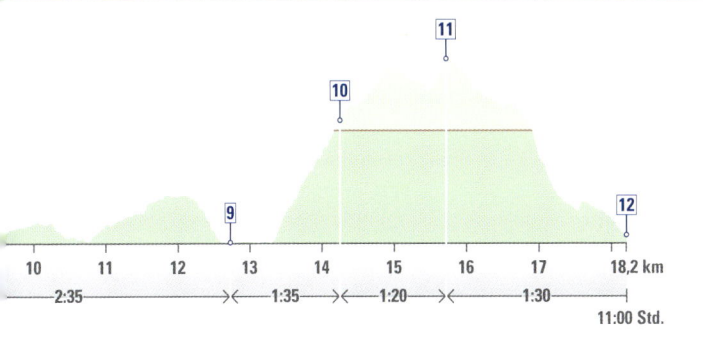

(Der Gipfel des Profítis Ilías und die gleichnamige Gipfelkapelle wären in ca. 0:15 Std. (einfach) ab 7 erreichbar. Oben gibt es nochmals Wasser, denn rechts unterhalb der Kirche befindet sich eine Zisterne, die das Regenwasser vom Kirchendach auffängt. Im Frühling ist es noch gut trinkbar, im Sommer und Herbst würden wir davon abraten.)

Vom Sattel mit der Steinsäule 7 geht es jetzt auf einem zum Teil recht geröllligen Pfad im Zickzack zur **Tripití-Schlucht** hinunter, die in fast 2000 m Höhe zwischen den Gipfeln von Strifomádi und Gíngilos ihren Anfang hat. Wilder Thymian verbreitet hier besonders während der Blüte im Frühsommer sein ganzes Aroma. Wenn wir den Grund der Schlucht erreichen, halten wir uns nach rechts in Richtung Meer. Man sieht rechts ein neu gebautes Haus und die Bootsanlegestelle 8. Imker bringen zur Blütezeit des Thymians auch gerne ihre Bienenvölker ▶

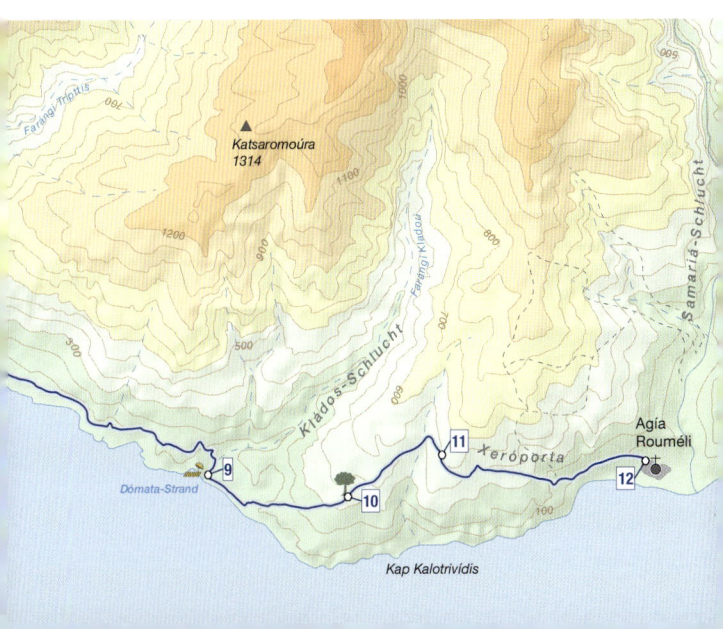

Zum Träumen schön: der Blick zurück zur Dómata-Bucht

▶ hierher und die bunt gestrichenen Bienenkästen setzen schöne Farbkleckse in der steinig kargen Landschaft.

Links des Hauses steht unter einer Felswand die **Kapelle Ágios Nikólaos**, unmittelbar neben der Kapelle gibt es eine umzäunte Zisterne, aus der man mit einem Kübel Wasser (trinkbar) heraufholen kann. Eine weitere Zisterne befindet sich rechts am Meer (beim letzten Besuch hat sich dieses Wasser als nicht sehr schmackhaft erwiesen). Die Zisternen sollten nach dem Öffnen immer gut abgedeckt werden.

Unser Weg führt direkt an der Kapelle durch ein großes Felsentor hindurch. Alternativ geht man zum Strand vor und dann in Richtung Osten weiter. Über Klippen und Felsbrocken erreicht man nach etwa 0:15 Std. die **Sedóni-Bucht**. Oberhalb des Strandes stehen Fischerhütten mit eingezäunten Gärten, hier gibt es ebenfalls wieder eine Zisterne (auch diese ist eingezäunt) mit sehr gutem Trinkwasser, unterhalb der Hütten tritt an einem größeren Felsen Süßwasser mit salziger Beimischung aus. Achtung – das sind die **letzten Wasserstellen vor Agía Rouméli**! Am letzten Haus vorbei, folgen wir den gut erkennbaren E4-Markierungen hinauf – immer an der Küste entlang – und passieren eine Stelle, wo über mehrere Felsklippen eine Art Treppe gebaut wurde. **Vorsicht**: Hier geht es steil hinunter!

> **Angenehme-Träume-Tipp**
> Wer glaubt, sich für einen Tag genügend angestrengt zu haben und die nötige Ausrüstung dabeihat, findet am Dómata-Strand ⑨ einen paradiesischen Flecken zum Übernachten. Unter der Voraussetzung natürlich, dass genug Wasser mitgenommen wurde, denn es gibt hier sowie im weiteren Wegverlauf keine Wasserstelle.

Tour 7 ✳✳✳✳   65

Vor uns liegt nun ein sehr schöner Wegverlauf, in der Umgebung lassen sich noch alte Terrassenanlagen erkennen. Wir erreichen ein erstes Kap. Etwa 1:40 Std. nach dem Bootsanleger am Ausgang der Tripití-Schlucht geht es in steilen Serpentinen bergauf auf das nächste Kap zu, das die riesige Kladoú-Schlucht begrenzt. Der Weg ist nur teilweise gut erkennbar. An einer Stelle, an dem E4-Zeichen stehen, wurde er mit Holzbalken etwas präpariert. Sollte man ihn trotzdem verlieren, hält man sich einfach leicht landeinwärts in das breite Flussbett der **Kladoú**-Schlucht hinunter und dann nach rechts in Richtung Meer, so gelangt jeder unweigerlich an den schönen graukiesigen **Dómata-Strand** **9** mit der senkrecht abfallenden Kieswand. Ein perfekter Ort zum Übernachten (→ „Angenehme-Träume-Tipp"), um zu baden oder sich wenigstens die Füße zu erfrischen.

Wir gehen nach links in Richtung Strandende, wo wir oberhalb ein E4-Zeichen sehen, dem wir folgen. Auf der folgenden Etappe von mindestens 2 Std. haben wir einen Aufstieg von fast 500 m vor uns. Es geht jetzt sehr steil und leidvoll schattenlos nach oben, wir passieren zwei kleine offene Wasserzisternen, die mit Ästen und zum Teil mit Plastikplanen abgedeckt sind (nur im Notfall nach Desinfektion mit Micropur trinken!). Es ist angebracht, ab hier sehr gut auf den Weg zu achten, er verliert sich immer wieder in der niedrigen Macchia. Wer das Gefühl hat, vom Weg abgekommen zu sein, dem sei angeraten, so weit zurück zu gehen, bis er sich sicher genug fühlt, wieder auf dem Hauptweg zu sein. Auf keinen Fall zu weit nach rechts gehen, um den vermeintlich leichteren Weg in Küstennähe zu nehmen, sondern unbedingt auf die höchste Stelle des **Kaps Kalotrivídis** zusteuern. Nur so kann man die rechts liegenden großen und unpassierbaren Felsabbrüche einer weiteren Schlucht umsteigen.

Wir folgen der E4-Markierung hinauf, bis wir vor uns einen markanten einzelnen Baum mit einem E4-Zeichen **10** sehen. An einem kleinen Kamm senkt sich der Pfad leicht, und wir befinden uns jetzt wieder in einem schönen lichten Waldgebiet mit großen Aleppokiefern. Vor uns ist eine kleine Ebene, an deren Ende der Weg eine weitere Schlucht quert. Danach geht es wieder steil in Serpentinen rechts bergauf, und nach ca. 1:20 Std. ab 10 erreichen wir auf 491 m den ▶

▶ höchsten Punkt **11** dieser Wegpassage. Wahrscheinlich geht es jedem Wanderer an dieser Stelle so wie den Autoren: Er atmet auf! Aber nur kurz – jetzt wird es nämlich richtig anstrengend, denn nun steht uns der lange und steile Abstieg nach Agía Rouméli bevor!

Stetig geht es nun die nächsten 1:30 Std. auf dem gut erkennbaren Weg steil und die Knie beanspruchend bergab. Die Vegetation besteht aus zum Teil windverkrüppelten Bäumen und niedriger Macchia. In Richtung Osten erlaubt der Hang nun eine wunderbare Aussicht, an klaren Tagen reicht der Blick bis zu den kleinen Inseln Paximádia und auf Kretas südlichstes Gebiet, das Kap Líthino. Auf dem Hang der Xeróporta (sehr treffend: „Trockene Türe") wird es nun sehr gerölig. Bitte auf den Weg konzentrieren, er führt in mehrere große Serpentinen jetzt steil nach Agía Rouméli hinunter.

Geschafft! Gleich geht's hinunter nach Agía Rouméli

Ist der Abstieg dann fast geschafft, brauchen wir nur mehr dem Weg ca. 100 m oberhalb der Abbruchkante zur Bucht von Agía Rouméli hinunterfolgen. Die Häuser und Tavernen leuchten dem müden Wanderer entgegen, der Pfad verläuft das letzte Stück unter mehreren schönen Kiefern und endet am Gitterzaun **12** beim oberen Ortsanfang von **Agía Rouméli**. Vor uns breitet sich der kleine Ort mit seinen vielen neu gebauten, verlockenden Tavernen aus und lockt zur wirklich verdienten Einkehr.

Besonders schön sitzt man nach dieser Küstenkönigstour bei Andreas in der Taverne Tarrá direkt vorne am Meer. Wer in den Nachmittagsstunden dort eintrifft, kann nun mit den unzähligen Tagesausflüglern (in den Sommermonaten sind es einige Tausend), die die berühmte Samariá-Schlucht durchwanderten und dabei 1.200 Höhenmeter aus dem Hochgebirge zum Meer abgestiegen sind, den großen Durst löschen. Doch Agía Rouméli leert sich rasch, wenn das Fährschiff „Daskalogiánnis" die sichtbar erschöpften Urlauber am späten Nachmittag nach Chóra Sfakíon zu den dort wartenden Bussen bringt. Und Plötzlich wird es ruhig, eine zauberhafte Stille und eine wohlige Atmosphäre legen sich über den tagsüber so viel besuchten Ort. Es lohnt sich also, über Nacht zu bleiben. ∎

*** Von Agía Rouméli ins malerische Örtchen Loutró

Die äußerst attraktive Küstenwanderung mit übersichtlichem Wegverlauf bringt uns vorbei an der großartigen Kirche des Heiligen Paulus nach Loutró. Ab Mai ist es an der Küste sehr heiß, dann lieber morgens ganz früh aufstehen!

▶▶ In der Ortsmitte von **Agía Rouméli** folgen wir der kleinen Betonstraße **1** in Richtung Osten und halten auf das breite Flussbett zu. Dieses wird zwischen der alten venezianischen Brücke und dem Meer überquert. Bis in den Sommer hinein kann der Wasserstand des Flusses so hoch sein, dass Sie die Wanderschuhe ausziehen müssen.

Dann geht es mal sandig, mal steinig auf großen Kieseln in Meeresnähe an der Küste entlang in Richtung Osten. Wir passieren ungefähr auf halber Strecke zur Kapelle Ágios Pávlos den Schluchtausgang der **Eligías-Schlucht**, die parallel zur Samariá-Schlucht sehr steil zum Meer abfällt. Ein kleines Wegstück geht es etwas steiler hinauf, hier streifen wir den fast bis zur Küste herabreichenden Wald aus alten hohen Aleppokiefern und den sehr ähnlichen Kalabrischen Kiefern. Nach kurzer Zeit sehen wir das architektonisch großartige Steinbauwerk aus dem 11. Jh., das dem Heiligen Paulus geweiht ist, vor uns liegen. Und bald darauf haben wir **Ágios Pávlos 2** auch schon erreicht (→ „Zwischenstation Ágios Pávlos", S. 70).

Nach einer Pause führt unser Weg dann oberhalb der Kapelle über eine steile Sanddüne ins nahe Waldgebiet, die Kiefernbäume verströmen einen hochintensiven ätherischen Geruch.

Wir folgen jetzt vorübergehend der Stromleitung, die über die Berge kommend der Küste entlang weiter nach Agía Rouméli führt. An einer Wegkreuzung **3**, an der ein Weg steil hinauf nach Ágios Ioánnis abzweigt, halten ▶

Länge/Gehzeit: 13,7 km, 4:50 Std.
Charakter: landschaftlich reizvolle, unschwierige Tour fast durchgehend in Meereshöhe, jedoch schattenlos und mit einer etwa 100 m langen ausgesetzten Passage über Klippen, die **Schwindelfreiheit** erfordert (nach 7, Umgehung ist möglich). Von Mai bis Sept. sind hohe Temperaturen keine Seltenheit.
Markierung: kleine rote und gelbe Punkte auf Steinen, E4-Zeichen.
Ausrüstung: knöchelhohe feste Bergschuhe, Wanderstöcke, Kopfbedeckung (zwingend).
Verpflegung: reichlich Wasser mitnehmen sowie Proviant. Tavernen in Ágios Pávlos (Wasserstelle), in der Mármara-Bucht sowie in Líkos, Fínix und Loutró.
Hin & zurück: täglicher Fährverkehr zwischen Paleóchora/Soúgia, Agía Rouméli, Loutró und Chóra Sfakíon. Fährfahrplan nach Chóra Sfakíon → S. 26. Außerdem Bootstaxi zwischen Chóra Sfakíon und Loutró 1x tägl. von Mai bis Okt., ab Chóra Sfakíon 10.10 Uhr, an Loutró 11 Uhr, retour ab Loutró 17 Uhr, an Chóra Sfakíon 17.30 Uhr, pro Fahrt und Person 6 €. Melden sich mehrere Personen als Gruppe an, fährt Bootseigner Nikos Deligiannákis (✆ 69786 45212) auch zwischendurch mal.

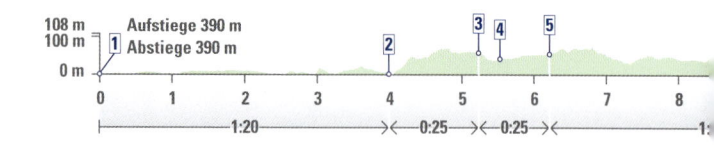

▶ wir uns geradeaus auf dem unteren Weg weiter, der uns nach ein paar Minuten zu einer Zisterne **4** führt. Die Autoren empfehlen, das Wasser nur in äußersten Notfällen zu trinken!

Danach steigt der Weg moderat an, man hat zwischen den Bäumen wunderschöne Ausblicke auf das glasklare Wasser der Küste. Die vielen unterirdischen Wasserläufe aus den Bergen färben speziell an diesem Küstenstrich das Meer türkis bis ultramarin.

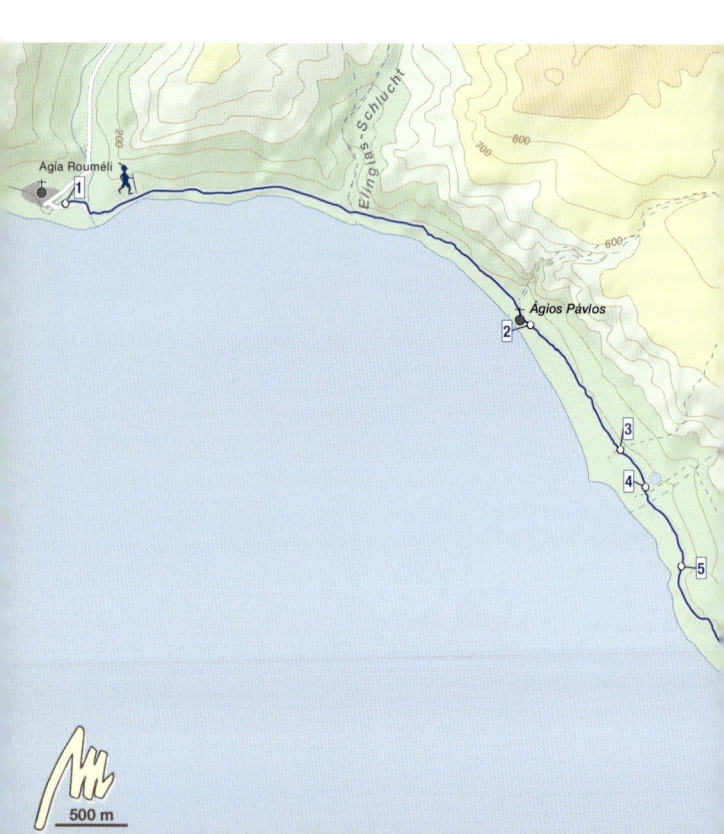

Ab dem Waldrand **5** wird es trocken und schattenlos. Nur mehr vereinzelte Oliven- und Johannisbrotbäume, erlauben dem Wanderer etwas Erholung. Wir halten uns für die nächsten 1:40 Std. knapp oberhalb der Küste auf dem gut erkennbaren Weg an der Südflanke des Vígla, bis wir zum steinigen Abstieg **6** kommen und nun über einen felsigen Weg zur Taverne oberhalb der Mármara-Bucht absteigen.

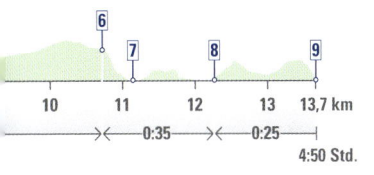

In dieser Bucht endet die **Arádena-Schlucht**. Schauen wir nach links, erkennen wir hinter uns den tiefen Einschnitt mit den steilen Felswänden. Der kleine Kiesstrand der **Mármara-Bucht 7** mit seinen schönen, durch die Brandung ausgewaschenen Marmorformationen lockt zum Baden. Gäste der nahe gelegenen Pensionen aus Fínix (Fínikas) und Loutró sonnen sich auf den Kieseln und schwimmen im glasklaren Wasser, mehrmals täglich legen hier während der Saison kleine Boote an. (Wer die Tour abbrechen und zurückfahren möchte, kann sich in der Taverne nach einer Mitnahmemöglichkeit erkundigen.) ▶

Zwischenstation: Ágios Pávlos

Ende der 90er-Jahre hat sich hier Geórgios niedergelassen und ist in der Zwischenzeit mit seiner Taverne Saint Paul bereits eine richtige „Institution" für Bergwanderer geworden. Jeder, der kreuz und quer durch das teilweise unwegsame wilde Hochgebirge läuft, trudelt hier irgendwann mal ein und kann sich dann mit Gleichgesinnten austauschen. Geórgios (oder moderner: „Yórgos") füllt für die vorbeikommenden Wanderer auch gerne die leeren Wasserflaschen mit kaltem Quellwasser auf, das direkt unterhalb der Kirche aus dem Sand strömt. Sein lobenswerter Beitrag zum Umweltschutz! Es lohnt sich, in seiner urigen Taverne für einen kleinen Imbiss einzukehren.

▶ Wir wandern auf Felsplatten oberhalb des Strandes weiter – inzwischen gibt es auch eine sehr gute Markierung – und bleiben auf dem gut erkennbaren Weg oberhalb der Klippe: Hier sollte man auf einer kleinen Passage von ca. 100 m Länge **schwindelfrei** sein, denn der Weg verläuft nun etwas luftig auf felsigen Geländeterrassen nahe der Klippen, die 50 m hoch aus dem Wasser ragen. (Umgehen kann man dieses Wegstück, indem man sich ab der Mármara-Bucht nach Nordosten links bergauf hält und so nach mehreren kleinen Serpentinen die Piste erreicht, die von Livadianá nach Loutró führt).

Nach einem kurzen Abstieg, bei dem wir auch zum Teil die Hände benötigen, erreichen wir wieder ein Strandstück **8**, das wir nun entlangwandern. Linker Hand kommt eine kleine Taverne, dann geht es

Kapelle mit Trinkwasserversorgung: Ágios Pávlos ⟨2⟩

Tour 8 ✱✱✱ 71

Zur Materiallieferung legt die Fähre ausnahmsweise auch in Ágios Pávlos an

zwischen mehreren Gebäudekomplexen (Pensionen und Tavernen) der neu entstandenen Siedlung **Líkos** hindurch, der Weg ist markiert.

Ein weiterer Hügel muss jetzt überquert werden, es geht etwas steiler durch felsiges Gelände hinauf, teilweise wurde der Weg mit Steinstufen präpariert. Schließlich erreichen wir einen kleinen Sattel, von dem der gut erkennbare Weg wieder hinunterführt. Auf der rechten Seite liegt nun die neue Siedlung **Fínix**, in antiker Zeit befand sich hier der Hafen der römischen und später byzantinischen Stadt Phoenix.

Wir bleiben oberhalb der Ortschaft und überqueren einen Fahrweg. Es folgt ein kleiner Anstieg, bei dem wir auf den östlich gelegenen Hang zuhalten. Nach kurzer Zeit können wir bereits die Ruinen des venezianischen Kastells von Loutró erblicken. Links am Kastell vorbei, erreichen wir über mehrere Treppen den Ortsanfang **9** des malerischen **Loutró** und erfreuen uns an der Postkarten-Idylle „Griechenland-pur". ■

Was Wein und Terpentin gemeinsam haben

Die ursprünglich aus Gegenden östlich des Mittelmeeres stammende und auch auf Kreta sehr häufig vorkommende Kiefernart Pinus halepensis (Aleppokiefer) wird in einigen Regionen Griechenlands angezapft – und das nicht nur zur Terpentinherstellung. Ihr Harz wird als Konservierungsmittel dem griechischen Weißwein zugefügt, der so einen eigentümlichen Geschmack bekommt und landesweit als Retsína bekannt ist. Retsína wird im Sommer eiskalt getrunken und passt hervorragend zum reichhaltigen Angebot an griechischen Vorspeisen sowie Fisch.

** Von Loutró in den Hauptort der Region Sfakiá

Fast könnte man diese reizvolle Küstenwanderung als ausgedehnten Spaziergang bezeichnen, wäre da nicht ein kleines Wegstück zu passieren, an dem Schwindelfreiheit gefordert ist. Der an dieser Stelle nur fußbreite Pfad wurde bereits im Altertum so imposant aus dem Fels gehauen.

▶▶ Wir verlassen die Ortschaft **Loutró** bei den letzten Häusern an der Mole **1** nach Nordosten. Auf mehreren Betontreppen laufen wir nach oben, durchqueren ein Gatter und sehen vor uns ein Natursteingebäude, das wir links umgehen. Hier gibt es einen Abzweig links hinauf nach Anópoli, wir halten uns aber geradeaus oberhalb der Küste nach Osten. Der Wegverlauf ist moderat in der Steigung und bestens erkennbar, dreht man sich um, gibt es immer wieder großartige Blicke auf das malerische Loutró, die jeder gerne innerlich oder fotografisch festhalten wird. Doch aufpassen, der meistens nur fußbreite Pfad ist an mehreren Stellen oberhalb des Meeres (ca. 30 bis 50 m) etwas **ausgesetzt**!

Etwa 1 Std. nach Loutró queren wir ein kleines Strandstück, und nach wenigen Minuten steht rechts des Weges nun die schön gelegene

> **Weiter wandern ab Loutró**
>
> Zum Beispiel nach Anópoli (600 Höhenmeter, ca. 2 Std.) und von Anópoli aus in das Dorf Arádena, (ca. 1 Std.). Vom Dorf Arádena geht es weiter durch die gleichnamige Schlucht bis zur Mármara-Bucht (ca. 2:30 Std.) und dann zurück nach Loutró (ca. 1 Std.) …

Tour 9 ✱✱ 73

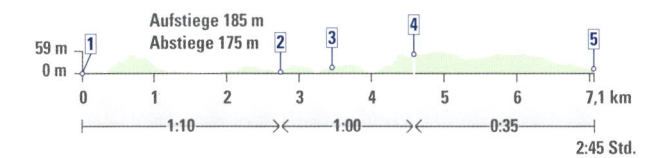

Kapelle Tímios Stavrós ❷. Mehrere Sitzgelegenheiten laden zum Rasten ein. Setzen wir den Weg fort, dann lockt nach einigen Minuten die Stelle für das absolute Urlaubstraumfoto: Wir stehen auf der Kuppe, und unter uns liegt der von hohen massiven Felswänden gesäumte **Gliká-Nerá-Strand** (englisch Sweetwater Beach). Der Anblick ist prächtig, meistens ist das Wasser der Bucht türkis- bis smaragdfarben. Doch Vorsicht beim Weitergehen, der kurze Abstieg zum Strand hinunter ist steil und steinig. Am Anfang der Bucht gibt es eine eigenwillig auf einem Felsen im Meer gebaute Mini-Taverne. (Ab Mai organisiert der Inhaber den Bootstransfer für Sonnenanbeter aus Loutró und Umgebung.)

Wenn man dem langen Strand weiter folgt, kann man linker Hand mehrere aus dem grobschottrigen, kieseligen Ufer ausgehobene, fast 1 m tiefe Löcher ❸ erkennen. In ihnen sammelt sich das hier unterirdisch ▶

Länge/Gehzeit: 7,1 km, 2:45 Std.
Charakter: schöne, relativ kurze und technisch unschwierige, aber absolut schattenlose Wanderung, fast durchgehend in Meereshöhe, allerdings ist an einer Stelle **Schwindelfreiheit erforderlich**. Von Mai bis September sind hohe Temperaturen keine Seltenheit. Attraktiv auch für Kinder, allerdings müssen die Eltern an den wenigen ausgesetzten Stellen unbedingt besonders aufpassen!
Markierung: Steine mit rotem Punkt, E4-Zeichen.
Verpflegung: genug Wasser mitnehmen, ab Mai Mini-Taverne in der Sweetwater-Bucht ❸, Taverne am Ilingás-Strand zwischen ❹ und ❺.
Hin & zurück: Fährverkehr zwischen Agía Rouméli und Chóra Sfakíon, gut ausgebauter Busverkehr ab/nach Chóra Sfakíon (meist als „Sfakiá" abgekürzt), Fahrplan → S. 28. Außerdem Bootstaxi zwischen Chóra Sfakíon und Loutró (mit Halt Gliká Nerá/Sweetwaterbeach) 1× tägl. von Mai bis Okt., ab Chóra Sfakíon 10.0 Uhr, an Loutró 11 Uhr, retour ab Loutró 17 Uhr, an Chóra Sfakíon 17.30 Uhr, pro Fahrt und Person 6 €. Melden sich mehrere Personen als Gruppe an, fährt Bootseigner Nikos Deligiannákis (✆ 6978645212) auch zwischendurch mal.

vorkommende Süßwasser. Dieses Wasser ist genießbar, auch wenn es manchmal leicht salzig schmeckt. Nach einer Pause, die bestimmt jeder einlegt, um im frischen, glasklaren Wasser der Bucht zu schwimmen, folgen wir dem Strand in Richtung Osten.

> **Tipp**
> Hotel und Taverne Ilingás: schöne Übernachtungsmöglichkeit beim Ilingás-Strand zwischen 4 und 5, ☏ 28250-91239.

Wir steigen vorbei an großen Felsblöcken, achten auf die roten Markierungen und treffen nach einigen Minuten auf die alte römische Weganlage und bald darauf auf ihre imposanteste Passage. Hier, wo der schmale Pfad zum Teil aus einem überhängenden Fels herausgeschlagen wurde, ist es wichtig, **schwindelfrei** zu sein. Wer sich nicht scheut, hat einen tiefen Blick auf die Klippen und die perlweiße, felsenumtosende Gischt (eine Umgehung ist nicht möglich).

In mehreren zum Teil sehr steilen Serpentinen erreichen wir die Asphaltstraße **4**. Wir halten uns nach unten und folgen für den Rest der Strecke der Küste. Etwa 1 km nach 4 bietet sich noch eine letzte schöne

Die Passage im Fels

Einkehr- und Bademöglichkeit beim **Ilingás-Strand** (→ Tipp). Der weiße Kieselstrand der Badebucht ist über das Hotelgelände zu erreichen. Bis in den Hafenort **Chóra Sfakíon** **5**, dem Hauptort der Region Sfakiá, sind dann noch ca. 1,5 km auf leider schattenlosem Asphalt zu laufen. ■

Stolz, stolzer, Sfakianí

Sfakiá, so heißt die raue und unwegsame Bergregion der südlichen Lefká Óri (dt. „Weiße Berge"). Das unwirtliche Gebiet war während der vielen Besatzungen Kretas immer ein ideales Rückzugsgebiet für die Kämpfer, die den venezianischen und türkischen Herrschern trotzten.

Noch heute werden diese tapferen Männer in zahlreichen Liedern besungen. Im 2. Weltkrieg, als Kreta auch auf dem Luftweg erobert und plötzlich Kriegsschauplatz geworden war, setzten die Palikária („jungen Krieger") diese Tradition fort. Die männliche Bevölkerung der Sfakiá, Sfakianí genannt, strotzt heute noch vor Stolz angesichts der Taten ihrer Vorfahren. Die Kehrseite: Mit dem gleichen Stolz wird hier bis in die Gegenwart die Ehre der Familie blutrünstig verteidigt. Familien, die einer Vendetta entgehen wollen, müssen im Prinzip immer noch die Heimat verlassen und sich weit entfernt neu ansiedeln.

Mit Sicherheit die besseren Kletterer ▲

Gliká Nerá alias Sweetwater Beach ▼

**** Quer durch die Weißen Berge nach Anópoli

Eine echte Königstour von der Omalos-Hochebene durch die Hochgebirgswüste der Lefká Óri – ein unvergessliches Unternehmen für trainierte Bergwanderer mit guter Kondition. Gewandert wird teils auf unbefestigten Fahrwegen, teils auf steinigen Hochgebirgspfaden und bis zur Katsivéli-Alm auf dem E4. Mit zwei Übernachtungen und ausreichend Verpflegung ist die Tour wunderbar zu machen.

▶▶ Wir beginnen unsere Bergwanderung am Einstieg Xilóskalo (dt. „Holztreppen") in die **Samariá-Schlucht**: 50 m vor dem Kartenverkaufshäuschen beginnt links ein gut markierter Wanderweg **1** zur Kallérgi-Hütte. Der problemlos zu findende Pfad windet sich anfangs steil durch niedrige Macchia hinauf.

Nach ca. 0:30 Std. treffen wir auf eine unbefestigte Straße **2**, die grob in die Flanken des **Koukoulé** (1.631 m) hineingeschlagen wurde und zur Hütte führt. Wir folgen der Piste nach rechts hinauf und erreichen nach ca. 0:30 Std. die in traumhafter Lage erbaute **Kallérgi-Hütte 3**. Der Blick auf die hohen Gipfel der Weißen Berge, auf den mächtigen Gíngilos (2.090 m) auf der gegenüberliegenden Seite und den tief unter uns liegenden Einschnitt der berühmten Samariá-Schlucht ist gigantisch, besonders bei Sonnenuntergang oder in einer hellen Sommervollmondnacht.

Die Zisterne 13 und das Steinhäuschen bei Rousiés

Frühmorgens laufen wir nun gut 200 m den unbefestigten

Auf der Kallérgi-Hütte 3

Die Hütte wurde vom Griechischen Bergsteigerverein Anfang der 70er-Jahre errichtet. Sie ist von Mai bis Okt. geöffnet, von Nov. bis März nur Sa/So. Es gibt mehrere Zimmer mit Stockbetten und ein großes Matratzenlager. **Reservierung** äußerst ratsam, ✆ 28210-44647 (Reservierung auch unter www.kallergi.net (Ch. Paterakis oder Ch. Baladimas). Am Abend wird für alle Gäste ein Menü gekocht. Leicht möglich, dass auch feuchtfröhlicher Hüttenzauber geboten wird, da die Hütte auch gerne von Nicht-Wanderern besucht wird. Für genug Proviant zum Wandern muss bereits vorab vorgesorgt werden, denn weder auf der Omalos-Hochebene noch auf der Kallérgi-Hütte gibt es einen Minimarkt. **SOS & Infos:** Giorgos Drakoulakis (Hotel Neos Omalos), ✆ 6977647905, Christos Paterakis (Management im Winter), ✆ 6973400077, sowie Christoforos Baladimas (im Sommer), ✆ 6976585849.

Fahrweg zurück und halten uns vor dem Sattel bei der Abzweigung rechts. Auf der gut sichtbaren Piste kürzen wir manche Serpentinen auf einem mit Holztreppen präparierten Weg ab und folgen dem breiten Fahrweg moderat bergab. Laut Straßenplanung soll er die kleine Omálos-Hochebene im Norden mit Anópoli im Süden verbinden. Naturschützer versuchten das zu verhindern – ohne Erfolg. Doch reicht das Geld bis jetzt nicht aus, um die Strecke endgültig fertigzustellen. Und alle Bergfreunde sind sich einig, dass den Göttern dafür Dank gebührt! Nichts gegen den Straßenbau hat jedoch der moderne Schäfer mit seinem Allrad-Pickup, denn so lässt sich die sommerliche Hochalm einfach leichter bewirtschaften.

Etwa 0:55 Std. nach der Kallérgi-Hütte stoßen wir auf einem Sattel auf die nächste Gabelung **4**. Die Stelle nennt sich Poriá (dt. „Durchgang"), wir halten uns hier auf der Piste nach rechts oben. Das E4-Zeichen ist gut erkennbar. Kurz darauf sehen wir auf der linken Seite einen Holzpavillon **5** – wir verlassen hier den Fahrweg und folgen dem sehr gut markierten Steig weiter. Im Juni blüht hier gelb das Malotíra-Kraut – ein kleines Wunder in der hochalpinen Zone jenseits der Baumgrenze. (Diese Pflanze wird übrigens als Griechischer Bergtee, „tsaí tou vounoú", angeboten.)

Wir durchqueren eine kleine Senke und erreichen 1 Std. nach dem Holzpavillon einen kleinen Sattel **6** auf 1.847 m, wo wir uns nach rechts hinauf halten. Vor uns erkennen wir bereits den Gipfel des Melindaoú (2.133 m), unser Weg hinauf ist mit Doppelstangen gekennzeichnet. ▶

Länge/Gehzeit/Etappen: insgesamt 32 km, 13:25 Std., erste Übernachtung auf der Kallérgi-Hütte **3**, zweite im Biwak auf der Katsivéli-Alm **10** oder im Steinhaus Rousiés **13**.

Charakter: 2 Tage lange, anstrengende Hochgebirgstour auf unbefestigten Fahrwegen und steinigen Pfaden. **Sehr gute Kondition ist unbedingt erforderlich.**

Sicherheitstipps: Empfohlen von Mitte Mai bis Anfang Okt., danach werden die Tage schnell kürzer und die Dunkelheit setzt früh ein. Je nach Winter liegt bis Ende Mai in den Mulden und an diversen Hängen Schnee. In der Nacht ist ganzjährig Frost möglich. Die Tour sollte nur bei wirklich beständiger Schönwetterlage unternommen werden. Aktueller Wetterbericht unter www.freemeteo.com.

Markierung: rote oder blaue Markierung auf Steinen, E4-Zeichen bis **10**.

Ausrüstung: feste knöchelhohe Wanderschuhe, Wanderstöcke, hochgebirgstaugliche Kleidung, Kopfbedeckung, Biwakausrüstung, Alufolie als Kälteschutz. Kartentipp → S. 31.

Verpflegung: warme Mahlzeiten auf der Kallérgi-Hütte **3**, der restliche Proviant muss vorher gekauft und mitgenommen werden. Ausreichend Trinkwasser mitnehmen, zu den wenigen Möglichkeiten unterwegs (→ „Wassermitnahmepflicht!").

Hin: Mai bis Okt. Réthimnon – Omálos tägl. 6.15 und 7 Uhr, Chaniá – Omálos tägl. 7.45 Uhr; ab Mitte Mai bis Mitte Okt. fährt auch ein Bus aus Paleochóra auf die Omalós-Hochebene. Nimmt man den Frühbus von Soúgia nach Chaniá, dann steigt man unterwegs um und gelangt so auf die Omalós-Hochebene.

Zurück: Linienbus von Anópoli nach Chaniá Mo–Fr 6.40 Uhr oder mit dem Taxi von Anópoli nach Chóra Sfakíon ca. 25 €, ☏ 28250-91269 oder ☏ 28250-91129.

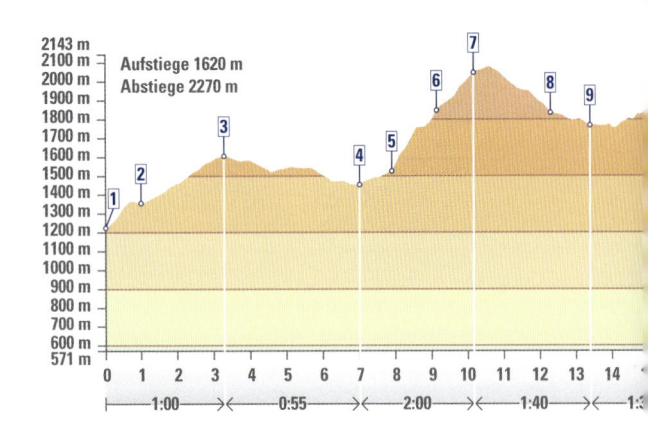

Westkreta Südhälfte/Weiße Berge

Aufstiege 1620 m
Abstiege 2270 m

▶ Wir überschreiten einen weiteren Sattel **7** vor dem **Melindaoú** (über den Westgrat links könnte man den Gipfel in ca. 0:20 Std. erreichen). Unsere Route führt rechts in einer Senke unterhalb des Melindaoú weiter. Die Stangen werden wieder weniger, da die Schäfer sie gerne als Zaunstangen verwenden, um die Brunnen zu schützen. Die Markierungen werden ebenfalls weniger, die Wegspur ist jedoch noch gut erkennbar.

Wir erreichen nach etwa 1 Std. ab **7** eine Senke namens Plakoséli **8** mit einem offenen Brunnen (kein Trinkwasser! → „Wassermitnahme-

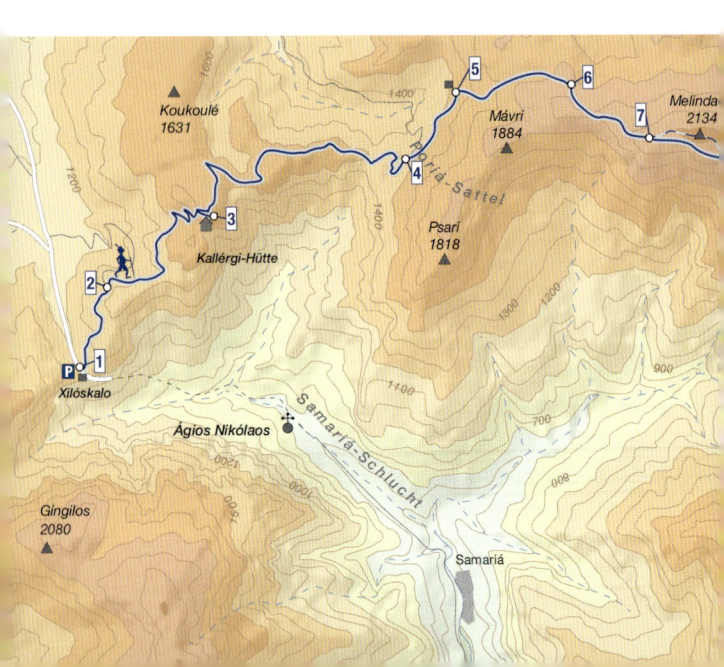

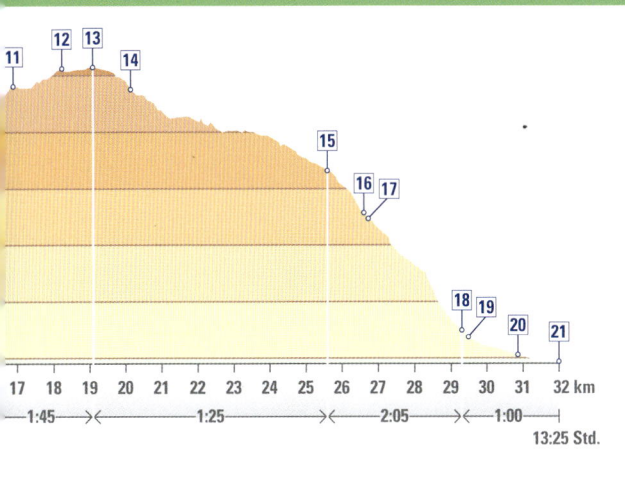

17 18 19 20 21 22 23 24 25 26 27 28 29 30 31 32 km				
←1:45→	←1:25→	←2:05→	←1:00→	
				13:25 Std.

pflicht!"). Der Weg führt rechts weiter und nach 0:40 Std. auf eine winzige Alm **9**, die die Einheimischen **Mitáto Piroú** nennen. (Etwas abseits des Weges stehen hinter der links liegenden Bergkuppe Sennhütten, die im Sommer von sehr gastfreundlichen Bauern bewirtschaftet werden.) Wir halten uns rechts, nach Süden, und den nächsten kargen Berghang hinauf. Rechts liegt unter uns ein kleiner Bachlauf. Kurz nach der Alm stehen mehrere Stangen, wir halten uns nach links hinauf (rechts geht es über einen sehr schwierigen Abstieg in ▶

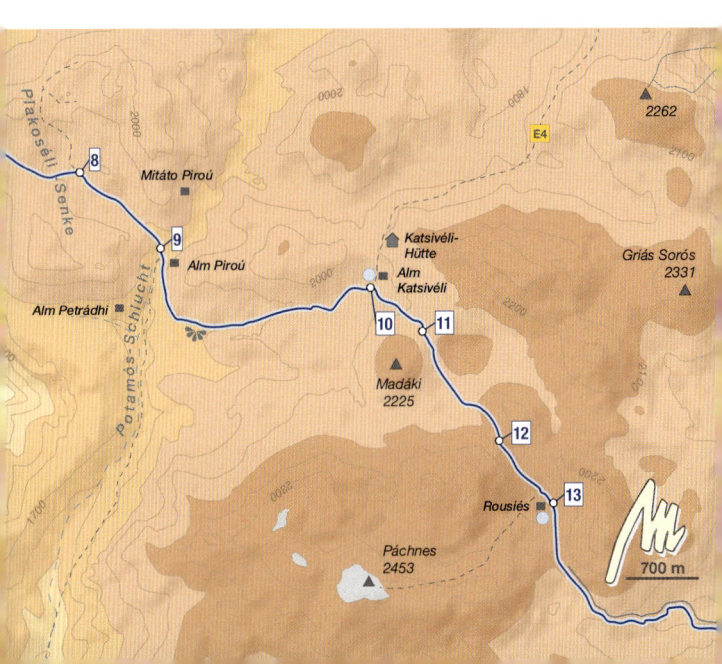

> die Potamós-Schlucht und weiter in die Eligías-Schlucht zur Küste).

Bald darauf hat man vom Weg aus eine schöne Aussicht auf die Sennhütten der Petradé-Alm im Südwesten. Unser Weg schlängelt sich weiter, zum Teil gepflastert, auf einer Höhe von 1.800 bis 1.850 m um die Südflanke des **Kefálas** (2.121 m). Wir erreichen etwa 1 Std. ab der Pirou-Alm 9 eine weitere Hochalm, die **Katsivéli-Alm** mit mehreren neu errichteten Gebäuden und einer Brunnenstelle 10. Im Sommer wird auch diese Alm bewirtschaftet. In einem Steinhaus, das von einem Wanderfreund errichtet wurde und jedem offensteht, kann man in Stockbetten übernachten. Die eigentliche **Katsivéli-Hütte** (EOS) liegt links auf dem Weg zum Joch über dem Almboden (Infos dazu → „Auf der Katsivéli-Hütte"). (Ist die Wetterlage gut, dann ist es für die Etappenplanung besser, noch bis Rousiés 13 1:45 Std. weiterzulaufen. Das dort stehende Steinhäuschen bietet im Inneren Platz für zwei bis drei Personen und ist auch zum Biwakieren geeignet; zelten lässt es sich dort nur auf steinigem Boden und ohne Windschutz.)

Am Brunnen 10 der Katsivéli-Alm verlassen wir den E4 und halten uns nach rechts in Richtung Südosten. **Achtung!** Die blauen Markierungen sind anfangs verblichen und nicht mehr sehr gut erkennbar. Doch bald geht es wieder besser markiert an den Flanken des **Madáki** (2.245 m) weiter Richtung Südosten. Wir erreichen nach 0:25 Std. einen Sattel 11 auf 2.042 m und halten uns nach rechts, leicht bergab. Der Weg führt in südöstlicher Richtung weiter, ohne großen Höhenunterschied. Nach 0:35 Std. passieren wir erneut einen Sattel 12. >

Wassermitnahmepflicht!

Das offene Wasserbecken 10 auf der **Katsivéli-Alm** wurde bei unserem Besuch durch einen schwarzen Wasserschlauch gefüllt. Dieses Wasser ist trinkbar. Es fließt aber leider nur, wenn die Schäfer die Leitung von der Quelle, die auf den Hängen des Svourichtí entspringt, auch in Betrieb gesetzt haben. Die Wanderer sollten sich prinzipiell nicht darauf verlassen und selbst genügend Wasservorräte mitnehmen!

Das Wasser in der gut abgedeckten Zisterne 13 von **Rousiés** ist zumindest im Frühsommer und im Herbst nach den ersten Regenfällen von guter Qualität. Bitte diese einzige direkt am Weg liegende Wasserstelle in vorbildlichem Zustand hinterlassen! (Aus ihr ragt ein kleiner Schlauch heraus, an dem man das Wasser ansaugen kann.) Die nächste Wasserquelle ist erst wieder die Zisterne von **Sópata** 17.

Auf der Katsivéli-Hütte 10

Die Katsivéli-Hütte ist eine unbewirtschaftete Unterkunft des Griechischen Alpenvereins (EOS). Infos dazu in der Kallérgi-Hütte 3 einholen oder beim EOS CHANIA (Stratigou Tzanakaki 90, 73134 Chania, ✆ 28210-44647, ✆ 28210-54903). Eine Alternative ist die unterhalb im Almboden liegende Steinhütte mit Stockbetten bzw. das Rousiés-Häuschen bei 13.

Katsivéli-Hütte
E4
Griás Sorós
2331
10
11
12
13
14
15
16
17
18
19
20
21
Rousiés
Páchnes
2453
Trocháris
2401
Sopata
Angathopi
Límnia
Arádena
Farángi Arádhainas
Arádena-Schlucht
ÁgiosDimítrios
Skála
Gíros
Anópoli
Ríza
Kambiá
Ágios Elefthérios
Livadianá
Tour 9
700 m

Die Kallérgi-Hütte ③

▶ Von ihm aus wandern wir nach rechts hinunter und laufen weiter auf die Mulden zu. Wir passieren einen Kamm und wenden uns nun nach links, den Markierungen folgend, nach Süden. Ungefähr 0:30 Std. nach dem Sattel ⑫ erreichen wir glücklich den Rousiés-Sattel. (Hier zweigt rechts der Gipfelweg zum Páchnes (2.453 m) ab, den wir allerdings ignorieren. Um die runde Kuppe des Gipfels auf gut markiertem Weg zu besuchen, braucht man hin und zurück ca. 3 Std.)

Kurz unterhalb des Sattels sieht man bereits ein Steinhaus. Dieser Ort wird **Rousiés** genannt und besitzt in 20 m Entfernung eine abgedeckte Zisterne ⑬, aus der ein kleiner Schlauch herausschaut. Das Steinhäuschen ist gut zum Übernachten geeignet.

Nach einer Pause bzw. einer Übernachtung halten wir uns oberhalb der Wasserzisterne weiter bergab. Bald geht es über spitzes schwarzes Lavagestein kräftig bergab, bis wir 0:25 Std. hinter Rousiés auf einen unbefestigten Fahrweg ⑭ treffen, der in weiten Schleifen in die fast 1.500 m tiefer liegende Ortschaft Anópoli führt. Wir folgen dieser Piste und gelangen dabei an den südlichen Rand des Hochgebirges: Nach gut 1 Std. sehen wir in einer weitgezogenen Linkskurve

Ganz schnell ganz hoch

Von Anópoli aus kann man mit Schäfern oder selbst bis ⑭ hochfahren und hat dann nur mehr 500 Höhenmeter bis zum Gipfel zu bewältigen. Die Fahrt zieht sich über knapp 1.500 Höhenmeter auf einer gewundenen Staub- und Steinpiste ins Gebirge hoch – und ist nur für geländegängige Fahrzeuge geeignet.

Der Páchnes verfehlt den Kreta-Gipfelrekord des Psilorítis (2.456 m) im Ída-Massiv nur knapp um 3 m.

vor uns einen Talanfang – der Blick fällt hier auch das erste Mal wieder auf Bäume. **Achtung**, hier verlassen wir die Piste und steigen nun auf einem Pfad 🟦15 rechts in den Taleinschnitt hinein, die Stelle ist mit blauen Pfeilen markiert.

Ab hier bringt uns die nächste Wegetappe bis zum erneuten Zusammentreffen mit der Piste im Bachbett 1.000 Höhenmeter nach unten. Der Weg ist gut mit blauen Zeichen markiert, anfangs recht passabel erkennbar, aber von schlechter Beschaffenheit und sehr geröllig. Wir erreichen ein verfallenes Haus 🟦16, das rechts des Weges steht (Sópata genannt), und 5 Min. später eine Zisterne 🟦17 mit Trinkwasser (diese steht links).

> **Von Anópoli geht's weiter ...**
>
> Wer noch fit ist und Zeit hat, kann nach einer Nacht in Anópoli weiterwandern. Zum Übernachten empfehlen wir die Pensionen Ta Triá Adélfia, ☏ 28250-91150, sowie Plátanos, ☏ 28250-91169. **Weiter nach Loutró über die Arádena-Schlucht** (ca. 4 Std.): von Anópoli ins verlassene Örtchen Arádena laufen, bei der großen Eisenbrücke über die Schlucht finden Sie dann den Einstieg; am Marmára Beach hält man sich dann links nach Loutró weiter (wie in Tour 8 beschrieben). Alternativ wandert man **über den alten Maultierpfad nach Loutró** (ca 2:30 Std., Weg mit Markierungen, etwas steil und schattenlos): ab der Platía zuerst die Teerstraße 2 km Richtung Chóra Sfakíon bis zum westlichsten Ortsteil Kambiá. Hier zweigt eine kleine geteerte Stichstraße nach Westen ab, an deren Ende wir auf den Abstiegspfad in Richtung Loutró gelangen. Zuerst führt er über Felder, dann trifft man auf eine Piste, folgt ihr bis zur letzten Kehre und läuft dann den angelegten Maultierpfad weiter steil bergab zur Küste.

Ab hier beginnt der wildromantische, aber lange und anstrengende Abstieg im Bachbett über knapp 800 Höhenmeter. Der alte Steineichenbestand spendet uns durchgehend Schatten. Wir können den Weg nicht verfehlen, da das Bachbett uns führt, bis knapp 1:30 Std. ab Sópata 16 wieder die Piste 🟦18 unseren Weg berührt.

Wir sehen vor uns nun bereits das Hochplateau von Anópoli und bleiben noch für ca. 200 m auf unserem Pfad. Dann queren wir den Fahrweg 🟦19 und folgen dem Pfad knapp 0,5 km fast flach weiter durch waldiges Gelände hinab, halten uns dabei nach rechts. Schließlich erreichen wir wieder die Piste, wo wir nach links abbiegen.

Die „Hauptschotterstraße" führt in Richtung Süden nach unten auf Anópoli zu. Bald mündet sie in die Asphaltstraße 🟦20, wir halten uns geradeaus weiter und laufen in ca. 0:20 Std. bis zu den ersten Häusern 🟦21 von **Anópoli**.

In dem kleinen Ort in einem lang gezogenen Hochtal 600 m über dem Küstenort Chóra Sfakíon gibt es mehrere Kafenía, Tavernen und Privatzimmer. Von der Küste her uneinsehbar und somit ziemlich geschützt, leben hier heute hauptsächlich Schaf- und Ziegenbauern. In der Ortsmitte steht auf einem runden Dorfplatz das Denkmal von Daskalogiánnis, dem berühmtesten Widerstandskämpfer der Sfakiá. ■

** Durch die Ímbros-Schlucht nach Komitádes

Diese kurze und beliebte Schluchtwanderung führt uns auf einem einst strategisch wichtigen Verbindungsweg durch wilde Gebirgslandschaft, vorbei an imposanten Felsenformationen und entlang an einem mit Oleander bewachsenen Kiesbachbett bis fast zum Libyschen Meer.

▶▶ Bei den letzten Häusern am südlichen Ortsausgang von **Ímbros** gibt es mehrere beschilderte Zugänge in den Talgrund. Startpunkt ist das Häuschen für den Ticketverkauf **1**.

Zunächst läuft man angenehm durch das langsam enger werdende kleine Tal bergab auf den Schluchtanfang zu. Niedrige Strauchpflanzen wie die kugelartig gewachsene Dornenbibernelle und der ebenfalls dornige Bergthymian säumen den Wegrand. Bald prägen ausladende, aber kleinwüchsige

> **Schlucht-Infos**
>
> Die Ímbros-Schlucht kostet **Eintritt**. Pro Person werden 2 € entweder im Tickethäuschen 1 oder am Rastplatz 2 kassiert. Bei diesem kleinen urigen Unterstand laden Manoússos und Leonídis zum Plaudern und Rakí-Trinken ein. Beide erfüllen in der Schlucht die Aufgabe als Wächter und sind in Notfällen die nächsten Ansprechpartner. Sieht man die zwei stattlichen in der Sfakiá geborenen Burschen genauer an, glaubt man gut und gerne, dass hier zwei Freiheitskämpfer aus der Vergangenheit vor einem stehen.
>
> Wer den größten Besucheransturm meiden will, beginnt die Tour entweder vor 10 oder nach 11.30 Uhr; im Hochsommer startet man am besten ganz früh oder erst nach 14 Uhr.

Durch die Ímbros-Schlucht

Tour 11 ✶✶

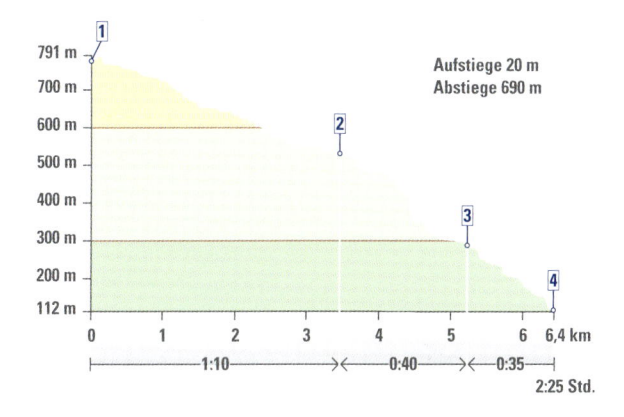

Aufstiege 20 m
Abstiege 690 m

Bergzypressen das Bild – besonders am Vormittag liegt die Morgenfeuchtigkeit noch im Gelände, und alles duftet entsprechend intensiv. Etwa 0:30 Std. nach dem Start treten die Schluchtwände enger zusammen, teilweise ist das Gestein kräftig vom Wasser abgeschliffen, überhängende Felsen lassen kaum Sonnenstrahlen in den Schluchtgrund durch. Erst beim kleinen Rastplatz **2** wird es wieder heller.

Der weitere Wegverlauf führt am imposanten, natürlich entstandenen Felsentor **3** vorbei. Noch ein kleines Stück genießen wir den Schatten der engen Wände, dann weichen diese, und uns erwartet sonnendurchflutetes, karges Gelände. Ab dem Frühsommer empfängt uns hier die Hitze, besonders um die Mittagszeit. Im breiter werdenden grobkiesigen Trockenlauf steuern wir jetzt auf die Küste zu. ▶

Länge/Gehzeit: 6,4 km, 2:25 Std.
Charakter: schöne, kurze und kinderfreundliche Schluchtwanderung, im unteren Teil läuft man unkomfortabel im kiesigen Bachbett, das nur bei heftigen Regenfällen Wasser führt. Im Sommer knallheiß.
Markierung: kleine Steinmännchen.
Ausrüstung: auch mit festen Sportschuhen mit Profil möglich, Pulli oder Jacke nicht vergessen, im oberen Teil ist es sehr schattig. Sonnenschutz ist Pflicht.
Verpflegung: unbedingt Wasser mitnehmen, Tavernen in Ímbros und in Komitádes. Unser **Tipp:** Vor der Wanderung in der Taverna Spíros Tsikourákis einkehren, ursprüngliche Kneipe, drittletztes Haus außerhalb der Ortschaft Ímbros, hier servieren Vater und Sohn einfachste Gerichte wie Omelett mit Kartoffeln oder griechischem Salat.
Hin & zurück: Linienbus (Fahrplan → S. 29) nach Ímbros ab Chaniá und Réthimnon (umsteigen in Vrísses) mehrmals täglich. Wer mit dem Bus zurück will, muss 1,5 km bis zur Bundesstraße laufen und an der Kreuzung in der Taverne auf den Bus von Chóra Sfakíon (18.45 Uhr) nach Vrísses warten.
Wer in Ímbros geparkt hat, kann sich fast am Ende der Tour in zwei Tavernen kurz vor Komitádes ein "Bauerntaxi" nehmen und wieder zurückbringen lassen (ca. 20 €). Oder alternativ zur Kreuzung (s. o.) laufen, von dort weiter mit dem Bus oder per Autostopp.

Westkreta Südhälfte/Weiße Berge

Variante Baden & Wandern

Das Auto in Komitádes parken und die Ímbros-Schlucht bis zum Rastplatz 2 hin und zurück laufen, danach zum Baden nach Frangokástello fahren.

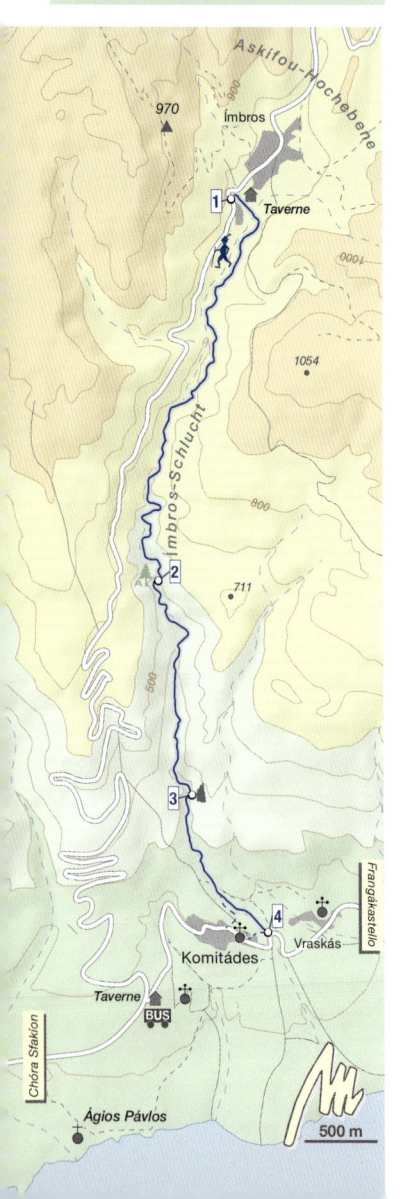

▶ Als botanisches Highlight, wenn die Phrygana im späten Frühling verblüht ist, leuchtet üppig rosa das Oleandergebüsch. Aber Achtung, die Pflanze ist giftig!

Liegt salziger Geruch in der Luft, ist das Meer bereits nahe und das Ziel fast erreicht. Die Küstenlandschaft rund um Komitádes ist nur mehr sporadisch bewachsen, eindrücklich hat man hier Verkarstung und Versteppung vor Augen. Bald erreichen wir die ersten Tavernen. Wir bleiben entweder im Bachbett und treffen nach kurzer Zeit auf die Asphaltstraße 4, oder wir halten gleich direkt auf die kleine Ortschaft **Komitádes** zu. ■

Die Tragödie der Ímbros-Schlucht

Man schreibt das Jahr 1867. Überall auf Kreta gibt es nach der Tragödie von Arkádi (→ S. 36) heftige Aufstände und Revolten gegen die osmanische Besatzung. Als Partisanen der Sfakiá und Türken sich nun auf der Askífou-Hochebene im Feuergefecht gegenüberstehen, flüchten Frauen und Kinder in die enge Ímbros-Schlucht und verstecken sich in einer Höhle. Der vermeintlich sichere Platz wird aber entdeckt, und beim folgenden Massaker gibt es keine Überlebenden.

Tour 12 ✱✱   87

Die kurze Streckenwanderung verläuft teils auf gepflastertem Maultierpfad und bietet attraktive Weitblicke auf das Libysche Meer.

✱✱ Durch die Kallikrátis-Schlucht

Hoch oben in den Bergen, versteckt und eingebettet in ein kleines fruchtbares Tal, liegt das beschauliche Örtchen **Kallikrátis**, nur wenige Kilometer abseits der Hauptverbindungsstrecke von der Nordküste in den Süden. Den Ort ziert eine zweischiffige Kirche mit Sonnenuhr und schöner Brunnenanlage, Sie sollten ihr unbedingt einen kurzen Besuch abstatten.

▶▶ Unsere Wanderung beginnt am südlichen Ortsende. Wir bleiben bei der Abzweigung **1** nach Réthimnon auf der Asphaltstraße geradeaus und wandern Richtung Südosten. Rechts am Straßenrand sehen wir das erste gelb-schwarze E4-Hinweisschild. Auf dieser Straße wandern wir etwa 3 km lang nach Südwesten weiter. Links und rechts liegen schöne Gärten und Felder, mehrere E4-Zeichen begleiten uns. Bald sehen wir auf der rechten Seite leicht erhöht eine kleine weiß gekalkte Kirche. Wir folgen der neu geteerten Asphaltstraße noch ein kurzes Stück, bis wir rechts eine E4-Stange **2** erblicken, die in das nach Südwesten verlaufende Bachbett weist.

Wir steigen nun in das mit Platanen und Eichen bewachsene Bachbett hinein und halten uns auf der linken Seite bergab. Bald sehen wir vor uns ein gepflastertes Wegstück, das deutlich sichtbar nach links oben verläuft. Achtung – wir folgen diesem nicht, sondern queren im nur im Frühjahr wasserführenden Bachbett auf die rechte Seite **3**.

Wir müssen nun mehrmals das Bachbett queren, folgen dabei dem gut angelegten Weg und wandern an imposanten Abbrüchen vorbei. Die Phrygana, die kretische Macchia, besteht ▶

Länge/Gehzeit: einfach 7,2 km, 2:50 Std., hin und zurück 6 Std.
Charakter: unschwierige und kurze Schluchtenwanderung, anfangs auf Asphalt und später auf gut angelegtem, teilweise gepflastertem Weg, im Sommer sehr heiß.
Markierung: durchgängig E4-Zeichen.
Ausrüstung: mit festen Sportschuhen möglich, Kopfbedeckung und Sonnenschutz sind Pflicht.
Verpflegung: Wasser und Proviant mitnehmen, kleines Kafeníon in Kallikrátis, wo Wanderer auch ein einfaches Essen wie Omelett und Salat bekommen.
Hin & zurück: kein Busverkehr! Mit dem Pkw von Norden (Réthimnon) aus über Argiroúpolis nach Kallikrátis fahren, landschaftlich sehr schöne Strecke; von Nordwesten (Askifou-Hochebene) aus vor der Ortschaft Ímbros links nach Asféndos abbiegen; von Süden (Kapsodássos) aus die serpentinenreiche Straße nach Kallikrátis hochfahren und am südlichen Ortsende parken. Zurück laufen oder per Anhalter, allerdings geringes Verkehrsaufkommen.
Familienvariante: Wer mit Kindern unterwegs ist, dem empfehlen wir, bei 2 zu parken und bis 4 und wieder zurück zu laufen (insg. 9 km).

Tour 12

Aufstiege 70 m
Abstiege 700 m

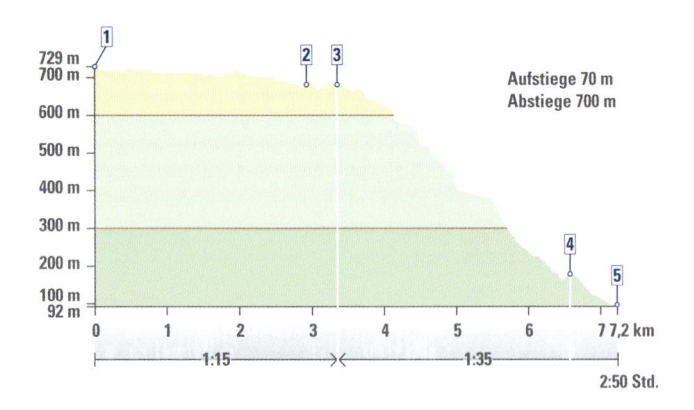

▶ hier hauptsächlich aus wohlduftenden Thymian- und Salbeibüschen. An einigen Stellen wächst prächtiger Oleander, er verzaubert die mediterrane Landschaft vom Spätfrühling bis weit in den Sommer hinein mit seiner üppig rosaroten Blütenpracht.

Der Weg durch die **Kallikrátis-Schlucht** diente vor dem Straßenbau als Verbindungsweg vom Süden zu den hoch in den Bergen liegenden Ortschaften Kallikrátis und Asféndis. Da die Schlucht im Winter bei Regenfällen viel Wasser führt, wurde der Pfad immer links oder rechts oberhalb des Bachbettes gesetzt.

Bald haben wir eine sehr schöne Aussicht in das nun breiter werdende Tal. Der Weg wird jetzt manchmal geröllig, er wurde hier teilweise

Fast wie in Afrika: die Burg Frangokástellos

verschüttet, führt jedoch kurz danach in großzügig angelegten Spitzkehren weiter und erlaubt zwischendurch herrliche Blicke auf das Libysche Meer und die große venezianische **Burg Frangokástello**, die einsam und mit mächtigem Gemäuer in der steppenartigen, afrikanisch anmutenden Ebene über der Küste thront. Tatsächlich ist Afrika nicht weit weg. Der Südkreta direkt gegenüberliegende libysche Küstenstrich ist nur etwa 300 km Luftlinie entfernt.

Etwa 150 Höhenmeter über dem Meer verlassen wir das Bachbett nach links hinauf und erreichen die neu geteerte Straße **4**. Das inmitten von Olivenhainen liegende Dorf Kapsodássos ist bereits in Sichtweite. Wir folgen der Straße nach rechts hinunter, bis wir auf die Hauptstraße **5** nach Chóra Sfakíon stoßen. Links geht es nach **Kapsodássos**, rechts nach **Patsianós**, beides ländliche stille Ortschaften jenseits jeglichen Trubels. Zurück auf demselben Weg oder per Anhalter (mit wenig Autos und Wartezeit rechnen!). ■

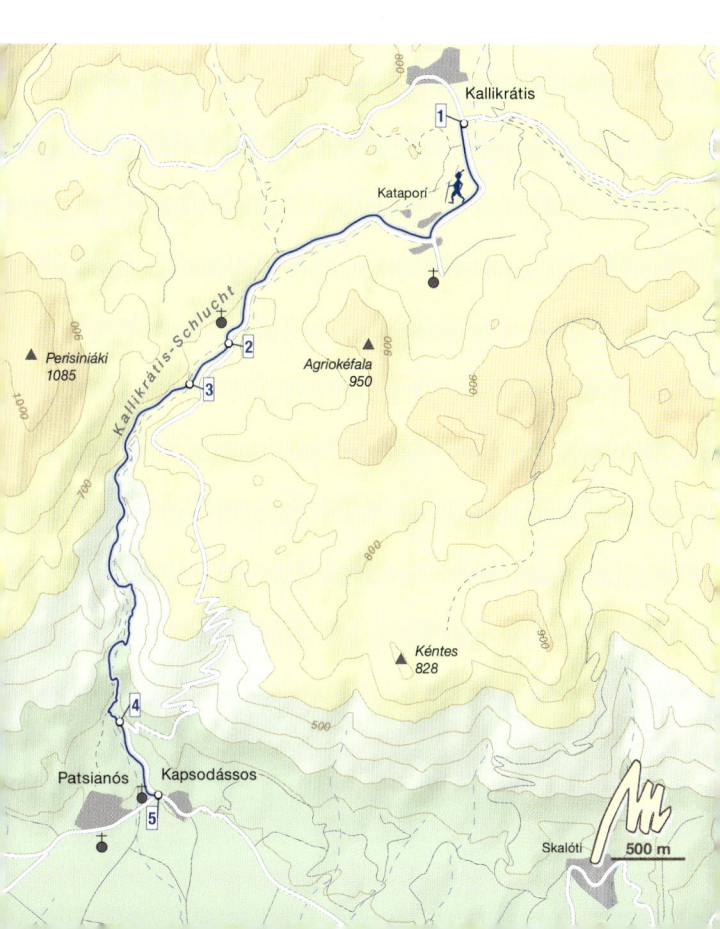

▲ Die Bogenbrücke über dem Megalopótamos

▼ An der Préveli-Bucht zieht man gerne die Wanderschuhe aus

** Rundtour zum Strand von Préveli

Bei dieser schönen und leichten Rundwanderung in unmittelbarer Nähe des Flusses Megalopótamos, an dem sogar Palmen wachsen, freuen wir uns nicht nur an der äußerst reizvollen Umgebung, sondern auch an dem frischen Wasser in der Flussmündung und an Südkretas Traumstrand.

▶▶ Unsere Wanderung beginnt bei der pittoresken **steinernen Bogenbrücke** 1 auf dem Weg zum **Kloster Préveli** (alias Píso Moní Préveli, → S. 92). Jeder hält sie für ein venezianisches Bauwerk, aber laut Inschrift wurde sie erst im 19. Jh. errichtet. Anmutig spannt sie sich über das breite Bett des „Großen Flusses" (dt. für Megalopótamos), der ganzjährig Wasser führt.

Nach dem Überqueren der Brücke halten wir uns rechts, an der Taverne Géfyra vorbei. Die Asphaltstraße endet hier, und wir gehen auf dem unbefestigten Fahrweg weiter. Nach ca. 10 Min. überqueren wir eine zweite Brücke, die über den Bach Bourtzoúkos führt.

Nach dieser Brücke halten wir uns auf dem Fahrweg rechts hinauf und passieren nach ca. 400 m einen Abzweig, der nach rechts hinunter zu einer alten Kapelle führt. Wir aber bleiben noch 10 m weiter geradeaus und biegen erst jetzt rechts auf einen Ziegenpfad 2, der direkt unter der Piste weiterläuft. Erste Steinmännchen markieren den Pfad, er ist gut erkennbar und zieht sich moderat bergab, bald haben wir auch schöne Blicke auf den Megalopótamos, der rechts unten das kleine Tal durchfließt. An seinen Ufern wachsen große Platanen, Bambusschilf, Oleander und die Theophrasti-Palmen.

Wir bleiben am östlichen Talhang, der Pfad führt wieder leicht bergauf und zieht sich links an einem großen Gitterzaun entlang. So erreichen wir den höchsten Punkt 3 des Plateaus mit sehr schöner Aussicht nach Osten auf die kleinen, vollkommen kargen **Paximádia-Inseln** und auf die ▶

Länge/Gehzeit: 7,5 km, 2:45 Std.
Charakter: unschwierige, kindertaugliche Wanderung auf unbefestigten Wegen, aber kurzer steiniger Abstieg zu einer der schönsten Badebuchten Kretas.
Markierung: kleiner roter Punkt auf Stein; Steinmännchen.
Ausrüstung: feste Schuhe und lange Hosen (Gestrüpp!). Unbedingt die Badesachen einpacken!
Verpflegung: Taverne Géfyra (teuer) am Anfang des Weges; im Sommer Imbissstuben am Préveli-Strand; im Frühling und Herbst Wasser mitnehmen. Taverne beim Kloster Préveli, etwa 450 m von der Bogenbrücke 1.
Hin & zurück: Bus ab Plakiàs zum Kloster Préveli, 1x tägl. (Mai bis Okt.) um 11 Uhr, hält auf Anfrage bei der großen Bogenbrücke (Haltestelle Brücke = „Stási géfyra"). Ab Réthimnon im Sommer mehrmals täglich. Zurück nachmittags je nach Saison 1x um 17.30 Uhr bis zu 3x (Juli/August) von der Asphaltstraße (Abzweig Parkplatz).
Im Sommer täglich Badeboote von/nach Plakiàs (einfach 8 €).
Mit dem Auto vor Plakiàs den Wegweisern (Levkógia/Préveli) nach links in Richtung Osten folgen. An der Bogenbrücke parken.

▶ Sandstrände, die sich über Kilometer bis nach Ágios Pávlos hinziehen. Genießen Sie hier den Ausblick, denn ab jetzt erfordert der Weg Ihre ganze Aufmerksamkeit.

Es geht etwas steiler bergab, und ab und zu muss man sich mit den Händen abstützen. Bald erreichen wir eine kleine Wegkreuzung, wo wir uns links halten, nach ca. 10 m gibt es rote Markierungen. Wir folgen dem steilen Fußpfad, unterhalb von uns sehen wir bereits den breiten Fußweg, der die **Bucht von Préveli** mit der östlich gelegenen **Bucht Ammoúdi** verbindet. Wenn wir diesen Fußweg erreicht haben, halten wir uns rechts. Einzigartig breitet sich nun die Préveli-Bucht mit grauem Kieselgestein unter uns aus. Das Flusswasser schimmert moosgrün, das Wasser des Meeres scheint tiefblau. Mehrere mit Steinplatten ausgelegte Treppen führen hinunter zum Strand ❹. Um die Flussmündung zu durchqueren, muss man spätestens hier die Wanderschuhe auszuziehen und durch das frische Wasser waten. Am Rand der Bucht gibt es Imbissstuben (und Toiletten).

Nach einer mehr oder weniger langen Pause folgen wir links den vielen Steintreppen

Kloster Préveli

Auch Píso Moní Préveli genannt, April bis Okt. tägl. geöffnet, Eintritt 2,50 €. Das erstmals Ende des 17. Jh. erwähnte Kloster gehörte mit seinen Ländereien zu den reichsten Klöstern der Insel. Wie viele andere unterstützte es den Widerstand und spielte nicht nur in der Türkenzeit, sondern besonders im 2. Weltkrieg eine bedeutende Rolle (mehr unter www.preveli.org).

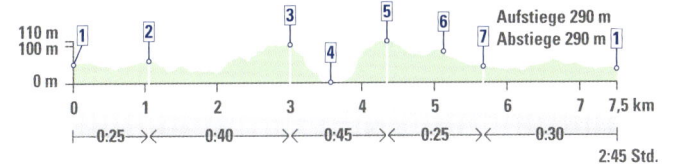

hinauf zum großen Parkplatz. Die Blicke in die herbschöne Küstenlandschaft entschädigen für den etwas anstrengenden Aufstieg von 140 Höhenmetern.

Oben am Parkplatz halten wir uns nach rechts in Richtung Osten bis zum Ende des Platzes. Aus der Entfernung sieht man schon eine große Holztafel **5**, links davon nehmen wir einen breiten Zaundurchlass. Etwa 0:15 Std. wandern wir neben dem Holzzaun (teilweise Brandschäden) auf dem gut erkennbaren, zum Teil mit Holzgeländer abgesicherten Fußweg bis zu einer Abzweigung **6** – an der man einen Abstecher nach rechts zu einem schattigen Felsenüberhang machen könnte.

Wir folgen dem Weg geradeaus weiter. Es geht leicht bergab, wir passieren einen Gitterzaun und halten uns nach links hinauf, kurz darauf treffen wir auf eine wunderschön gelegene kleine Kapelle **7**. An diesem schattigen und mystischen Ort endet nun der breite Fußweg. Wir treffen auf einen Fahrweg, dem wir für 0:30 Std. weiter folgen. Er führt uns unterhalb der grauen Mauern des verlassenen **Klosters Káto Préveli** vorbei, das einst ein Nebenkloster von Píso Préveli war. Hier lebten Mönche und Bauern, die die reichen Ländereien des Hauptklosters bewirtschafteten, Tür an Tür. Vorbei geht es nun an interessanten natürlichen Steinformationen, meistens unter schattigen Platanen und nahe dem „Großen Fluss", bis wir am Ende dieses Feldweges wieder die schöne Bogenbrücke **1** erreichen. ∎

Alternatives Inselparadies mit Tradition

Als die Insel Kreta in den frühen 80ern bei den ersten Rucksackreisenden ein beliebtes Ziel wurde, war auch dieses kleine Landschaftsparadies an der Südküste schnell entdeckt. Schöner konnten sich Blumenkinder und Naturfreaks wohl nicht betten als hier unter Palmen an der Mündung des Flusses Megalopótamos ins Meer. Doch auch den Reiseveranstaltern blieb der attraktive Ort nicht verborgen, und heute genießen unzählige Tagesbadegäste bequem auf Sonnenliegen und unter Bastschirmen die Szenerie. Wem das nach kurzer Zeit keinen Spaß mehr macht, der kann im immerkühlen Wasser flussaufwärts schwimmen und fröhlich in kleinen Gumpen planschen. Ab Mai können auch Tretboote gemietet werden. Noch bis zum Campingverbot 1994 war der Palmenwald am Fluss ein wahres Paradies für Wildcamper. Heute wird vermehrt, aber noch nicht perfekt auf Sauberkeit geachtet. Der zurückgelassene Müll zieht auch so manches Nagetier an.

* Rund um das Hügelplateau Platanianí Kefála

Überaus einfach und wegen der Rundum-Aussicht auf die Küste Südkretas und die Gebirgswelt des Ída-Massivs lohnend ist dieser kleine Wanderausflug – besonders am Morgen oder späten Nachmittag.

▶▶ Sie beginnen die Wanderung südlich von **Plátanos**, einer ländlichen kleinen Ortschaft an den Ausläufern des Ída-Massivs. Folgen Sie dazu der Anfahrtsbeschreibung im Tourinfo-Kasten bis zum Ausgangspunkt bei der Gabelung **1**. An genau derselben Stelle werden Sie diese Hügelumrundung beenden. Das sich vor Ihnen erstreckende

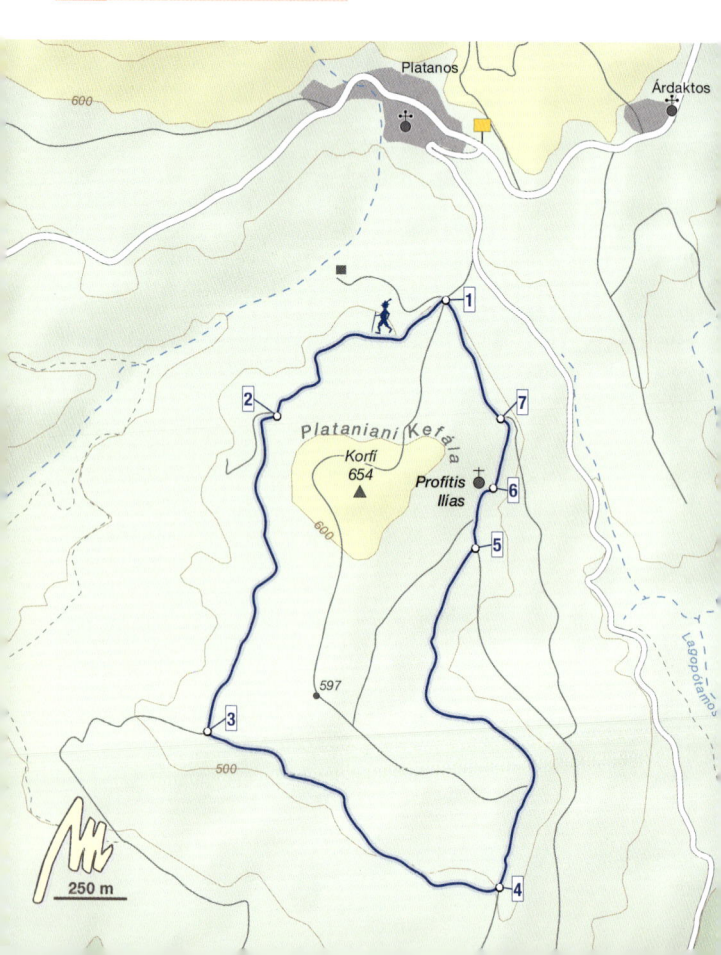

> **Romantik-Tipp**: Will man speziell zum Sonnenuntergang laufen, dann ist es ratsam, die Wanderung in umgekehrter Richtung zu beginnen!

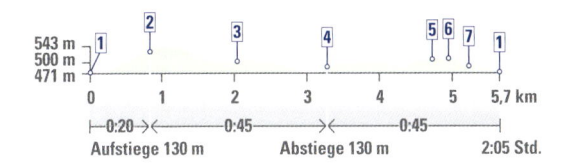

Hügelmassiv wird als **Platanianí Kefála** („Plátanos-Kopf") bezeichnet. Sie biegen von hier rechts in südwestlicher Richtung ab. Weiter geht es über den Fahrweg, bei der nach ca. 800 m folgenden Gabelung **2** halten Sie sich links hinauf.

Sie wandern nun gemütlich gen Süden weiter. Im Westen sehen Sie eine Hügellandschaft und den 1.700 m hohen Kédros, im Südwesten schimmern die Paximádia-Inseln im Meer, im Süden haben Sie den weiten Sandstrand Kommós und das Südkap mit seiner steilen Felsspitze Kefáli im Blick. An einem links stehenden Gebäude macht die Straße dann einen scharfen Knick **3** und zieht sich nach Südosten weiter. Erst bei der folgenden T-Kreuzung **4**, 1,1 km und ca. 0:20 Std. nach ③, ändert sich der Blick, denn Sie biegen links ab und wandern nach Norden.

Mit diesem Richtungswechsel blicken Sie nun weit in die sich nach Osten erstreckende Messara-Ebene hinein. Begrenzt wird sie im Osten von Kretas drittgrößtem Gebirgsstock, den Díkti-Bergen, und im Süden – zum Libyschen Meer hin – vom langen kargen Gebirgszug der Asteroússia-Berge. Im Blickfeld vor Ihnen thronen die hohen Berge des Ída-Massivs. Gegenüber erkennen Sie nun den Felskegel **Kartalós** mit seiner weißen Gipfelkapelle.

Bei der nächsten Gabelung **5** halten Sie sich wieder links, beim darauffolgenden Abzweig geradeaus weiter. Bald passieren Sie die am Straßenrand liegende kleine **Kapelle Profítis Ilías 6**. Dieser Ort eignet sich wunderbar für eine kurze Rast. Danach kommen Sie an eine weitere Abzweigung **7**, hier halten Sie sich geradeaus weiter. In kurzer Zeit erreichen Sie wieder den in die Schotterpiste einmündenden betonierten Fahrweg, die Gabelung **1**. ■

Länge/Gehzeit: 5,7 km, 2:05 Std.
Charakter: schöne, kinderfreundliche und einfache Rundtour für morgens oder nachmittags, im Sommer sehr heiß, da schattenlos.
Markierung: keine.
Verpflegung: Wasser und Proviant mitnehmen.
Ausrüstung: auch mit festen Sportschuhen möglich.
Hin & zurück: kein Busverkehr! Am östlichen Ortsende von Plátanos verlassen Sie die Straße und fahren rechts hinunter (wer aus Kamáres kommt, biegt am Ortsbeginn steil nach links hinunter ab!), an der Kreuzung steht ein kleines weißes Schild mit schwarzer Schrift. Nach dieser engen Kehre folgt eine scharfe Linkskurve, wieder mit Schild. Bei der nächsten Abzweigung verlassen Sie die breite Asphaltstraße und biegen rechts unten leicht bergab. Nach ca. 50 m geht der Asphalt in Schotter über und führt den Hügel hinauf. Sie halten sich geradeaus weiter, bis sich die unbefestigte Straße gabelt ① (den Rechtsabzweig wenige Meter vorher ignorieren). Hier kann man gut parken.

** Auf den Felskegel Kártalos

Zuerst führen Sie moderat ansteigende Feldwege durch Olivenhaine in Richtung des 700 m hohen Kegels. Am Ende der Feldwege erklimmen Sie diesen markanten Gipfel in einem Aufstieg von etwa 0:20 Std. auf einem gut ausgebauten Pfad. Die kleine Mühe wird mit grandioser Aussicht über Südkreta belohnt.

Die Wanderung beginnt in der Nähe des fast 400 m hoch gelegenen kleinen Dorfes **Grigoría**. Am nordwestlichen Ortsende biegt links die schmale Verbindungsstraße über Lagolí nach Timbáki ab, wir bleiben geradeaus in Richtung Kamáres.

▶▶ Beim zweiten, links abzweigenden unbefestigten Fahrweg **1** parken wir, hier beginnt der beschilderte Weg zum Gipfel (blaue Schilder mit rotem Schriftzug „Tímios Stavrós") und damit unsere Tour. Wir folgen dem Fahrweg, bei einem weiteren Schild **2** halten wir uns links. Am Wegrand stehen große Königskerzen und Büsche aus Mönchspfeffer.

> **Kulturt(r)ip(p)**
> Die Anfahrt durch das Hinterland führt an schön gelegenen Dörfern vorbei, in **Vóri** sollte man es nicht versäumen, das kleine Volkskundemuseum zu besuchen (April bis Okt., tägl. 10–18 Uhr, Eintritt 3 €).

So weit das Auge reicht, Olivenhaine. Es geht moderat bergab, bis wir zur tiefsten Stelle der heutigen Wanderung gelangen: eine Betonbrücke **3**, die über ein trockenes Bachbett führt. Bald danach kommt rechts ein Abzweig **4**, wir folgen dem Schild („Tímios Stavrós") stetig aufsteigend geradeaus.

Tour 15 ✴✴

Die wolkenverhangenen Vorberge des Psilorítis

Mit großen alten Steineichen verändert sich nun die botanische Kulisse. Wir erreichen einen Abzweig **5** und wandern nach rechts hinauf. Bei der nächsten Gabelung zweigt ein Weg scharf nach rechts ab, wir halten uns geradeaus. Bei dem nach etwa 60 m folgenden nächsten Schild **6** gehen wir rechts, rundum stehen hohe Mönchspfefferbüsche, die im Sommer fliederähnlich lila blühen. Die Straße zieht sich ab hier in Serpentinen bis zum Sattel [8] den Hügel hinauf.

Bald erreichen wir eine eingezäunte Schäferei, die Hunde sind erbarmungslos an Tonnen festgebunden, in aus Holzpaletten gebauten Pferchen werden Ziegen und Schafe gemolken. Kurz darauf passieren wir ein kleines weiß angestrichenes Haus **7**, das rechts oberhalb des Fahrweges steht. Bald zweigt ein Fahrweg nach links ab, wir bleiben aber geradeaus. Nach wenigen Minuten zweigt wieder ein Fahrweg nach links ab, auch diesen ignorieren wir und halten uns nach rechts bergauf. Der Bewuchs wird spärlicher, das Gebiet ist sichtbar der Überweidung durch Schafe und Ziegen ausgesetzt. ▶

Länge/Gehzeit: hin 1:45 Std., zurück 1:25 Std. auf demselben Weg, gesamt 9,2 km, 3:10 Std.
Charakter: schöne und einfache Tour auf teils schattigen, kaum befahrenen Pisten. Die letzte Wegetappe zum Gipfel verläuft auf einem ausgebauten Pfad.
Markierung: Wegweiser an den Pisten.
Ausrüstung: auch mit festen Sportschuhen möglich.
Verpflegung: Wasser und Proviant mitnehmen; ländliches Kafeníon in Grigoría, gut geeignet, um den beschaulichen Alltag eines Dorfes im Hinterland bei einem „kafé ellenikó" zu genießen.
Hin & zurück: kein Busverkehr! Mit dem Auto über Vóri (bei Timbáki) nach Grigoría.

► Bei unserem weiteren Aufstieg müssen wir ein Gatter durchqueren (bitte wieder schließen). Wir gelangen an einen weiteren aus Paletten gezimmerten Schafpferch. Gelb blühender Stechginster und Königskerzen verschönern im Frühling diesen Ort. Der Ausblick auf den imposanten **Mávri** mit seinen zwei fast gleich hohen Gipfeln und auf die runden Bergkuppen des weitläufigen **Ída-Massivs** ist an dieser Stelle schon recht beeindruckend. Der linke Gipfel des Mávri ist mit 1.980 m der höhere von beiden. Unter dem rechten Gipfel liegt auf 1.700 m die **Kamáres-Höhle**, bekannt wegen ihrer fast 4.000 Jahre alten Keramikfunde aus minoischer Zeit.

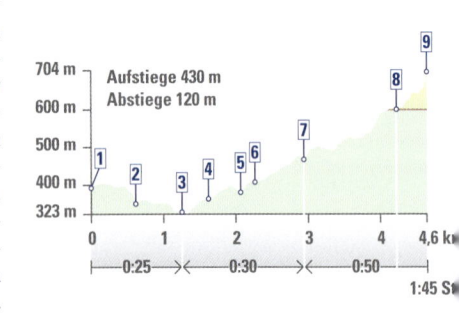

Wir folgen dem Fahrweg weiter und gelangen über einen kurzen steilen Anstieg auf den Sattel **8**. Vor uns liegt nun ein größerer ausgeschobener Platz, von dem mehrere kleine Fahrwege wegführen.

▼ Der Kártalos aus der Ferne ...   ▼ ... und aus der Nähe

Wir nehmen keinen von diesen, sondern überqueren den Platz und halten in südöstlicher Richtung auf den gegenüberliegenden Berghang zu. Ab hier ist ein Pfad unser Weg, dem wir steil nach oben im felsigen Geländehang folgen.

Er ist gut erkennbar und stückweise mit Steintreppen befestigt. Beim ersten Abzweig geht es nach links hinauf, bei einem weiteren Abzweig nach rechts. Kurz darauf durchschreiten wir einen

Der „Glockenturm" auf dem Gipfel Kártalos

Gitterzaun und folgen nun dem Pfad in Richtung **Gipfelkapelle Tímios Stavrós**, unterwegs sieht man Tonscherben alter Bienenstöcke. Sie halten sich am Berghang in nordöstlicher Richtung weiter hinauf. Die letzten 20 m führen durch felsiges Gelände, in das man teilweise Treppen geschlagen hat, die schließlich auf den Gipfel führen.

Auf dem **Gipfel des Kártalos** 9 erwartet uns ein spektakulärer Rundblick. Vor uns breiten sich das Kap, die südlichste Spitze Kretas, und die über 50 km lange und bis zu 12 km breite **Messará-Ebene** mit einem Meer von Olivenbäumen aus. Hinter uns liegt das majestätische Ída-Massiv. Die Bergspitzen der Paximádia-Inseln erheben sich aus der weiten Bucht von Timbáki. Und bei klarer Sicht erscheint vielleicht auch Gávdos in unserem Blick, die südlichste Insel Griechenlands. Wenn man sich von dem beeindruckenden Panorama losgerissen hat, geht es auf demselben Weg zurück zum Ausgangspunkt 1. ■

Tímios Stavrós und das Fest der Kreuzerhöhung

Auf Kretas Gipfeln, Hügeln und Kaps stehen mehrere Kirchen oder Kapellen, die den Namen Tímios Stavrós tragen. Auf Deutsch bedeutet er „aufgerichtetes" bzw. „erhöhtes Kreuz". Die Geschichte dazu ist folgende:

Am 14. September 335 wurde in Jerusalem im Auftrag von Kaiser Konstantin die Auferstehungskirche – heute als Grabeskirche bekannt – geweiht; dabei richtete Bischof Makários I. ein Kreuz auf. Nachdem die Perser dieses Kreuz geraubt hatten, wurde es von Kaiser Heraklius 628 zurückerobert und eigenhändig wieder am gleichen Ort aufgestellt. Seit 530 stand die Auffindung und Erhöhung des Kreuzes im Mittelpunkt des Festes, 629 wurde es auf den 14. September festgesetzt. Katholiken wie Orthodoxe feiern das Fest am selben Tag.

**** Auf Kretas höchsten Gipfel, den Psilorítis

Die hier beschriebene Bergwanderung von etwa 7,5 Stunden führt Wanderer auf den Hauptgipfel des Ída-Massivs. Für die Kreter heißt dieser Berg schlicht Psilorítis, auf Deutsch „der Höchste", oder Tímios Stavrós, genau wie die Gipfelkapelle. Egal, wie Sie diesen Berg nennen, für seine Besteigung sollten Sie unbedingt fit sein.

Gipfel-Wetter

Noch bis Anfang Juni können Schneefelder auf den sehr steilen Hängen der Nordflanke liegen. Diese sind gefährlich (äußerste Rutschgefahr) und sollten mit Vorsicht umgangen werden, indem man sich links des Pfades hält, den Steilhang bis zur Kammhöhe weglos hochsteigt und dann am Kamm entlang weiterläuft. Auf den letzten Hundert Höhenmetern wird es merklich kühl und oft unangenehm windig, doch Gipfelsieg und fantastischer Panoramablick belohnen die Mühen des Aufstieges.

▶▶ Die populärste Variante für die Besteigung beginnt auf der **Nída-Hochebene**. Man parkt das Auto vor der Taverne **1** und folgt der Schotterpiste nach rechts, die direkt zur Idéon-Ándron-Höhle hinaufführt.

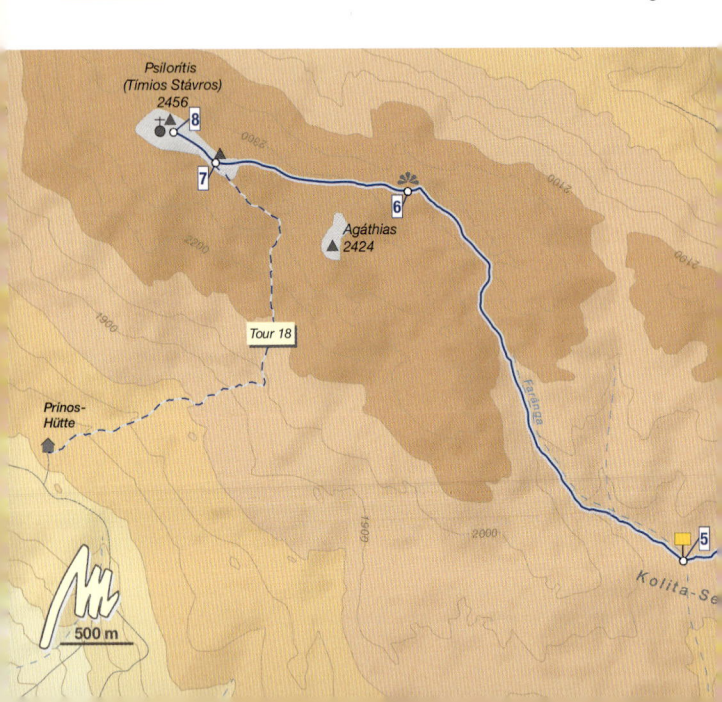

Vorbei an der kleinen Kapelle Análipsi, zweigt in der nächsten Kehre ein Pfad **2** nach links ab, die Stelle ist mit einem verblassten roten Punkt markiert. Der Pfad steigt in südwestlicher Richtung kontinuierlich die steinigen Hänge hoch, das Gelände ist mit Phrygana kräftig bewachsen. Der Weg durch das Gestrüpp ist sehr geröllig, aber die Aussicht über das grüne Schwemmland belohnt uns. Vereinzelte E4-Stangen führen uns nach oben. Nach etwas Mühsal erreichen wir etwa 0:30 Std. nach Wanderbeginn einen Einschnitt **3**, der sich nach Nordwest hochzieht.

Ab hier wird die Steigung etwas moderater, in der Mulde kann man auch viel leichter laufen. Der Weg schlängelt sich durch bodendeckendes Dornengestrüpp. Etwa 0:50 Std. ab 3 wird der Sattel **4** erreicht. Jetzt beginnt der Abstieg zur flachen steinigen Kólita-Senke.

Für den Abstieg, bei dem wir leider etwa 100 Höhenmeter verlieren, halten wir uns ziemlich genau im 90-Grad-Winkel nach links bergab.

Unser Ziel ist die **Kólita-Senke**, die wir queren – Anhaltspunkt für den Wegverlauf ist ein großes, von Schüssen zerlöchertes, gelbes Schild **5**. Die kretische Jagdleidenschaft lässt sich an ihm und an den weitverstreuten herum- ▶

Länge/Gehzeit: hin und auf gleichem Weg zurück 18,4 km, Aufstieg ca. 4:30 Std., Abstieg ca. 3 Std.
Charakter: Ausdauer erfordernde Hochgebirgswanderung im steinigen Gelände. Nur etwas für Geübte!
Markierung: E4-Schilder durchgehend, aber in größeren Abständen.
Ausrüstung: hochgebirgstaugliche Schuhe und Bekleidung, Sonnenschutz ist Pflicht, Stöcke wegen der Tourlänge von Vorteil. Aktueller Wetterbericht unter www.freemeteo.com. Kartentipp → S. 31.
Verpflegung: genügend Wasser und Proviant für mind. 8 Std. mitnehmen, Wasserstelle nur am Anfang bzw. Ende der Wanderung bei der Análipsi-Kapelle zw. 1 und 2; Taverne Stelíos Stavrakákis 1, April bis Ende Okt. tägl. 9–17 Uhr.
Übernachten: in Anógia im Hotel Marína, ☎ 28340-31817, sowie im Hotel Aristéa, ☎ 28340-31459; auf der Nída-Ebene nur in der Taverne Stélios Stavrakákis 1 (s. o. und Tour 19), 2 einfache Zimmer im Oberstock, Reservierung unter ☎ 6972-175014.
Hin & zurück: Linienbus ab Iráklion nach Anógia 4x tägl., Sa 3x, So 1x (Fahrplan → S. 29). Am frühen Morgen weiter mit den Schäfern von Anógia hinauf auf die Ebene. Wer auf Nummer sicher gehen möchte, organisiert den Transfer auf die Nída-Hochebene bereits in der Unterkunft (Preis vorab vereinbaren!) oder kontaktiert den Tavernenwirt Stelíos (→ Übernachten).

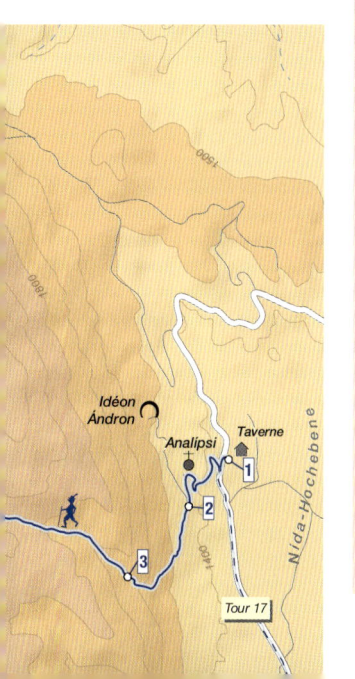

Zentralkreta/Ída-Massiv

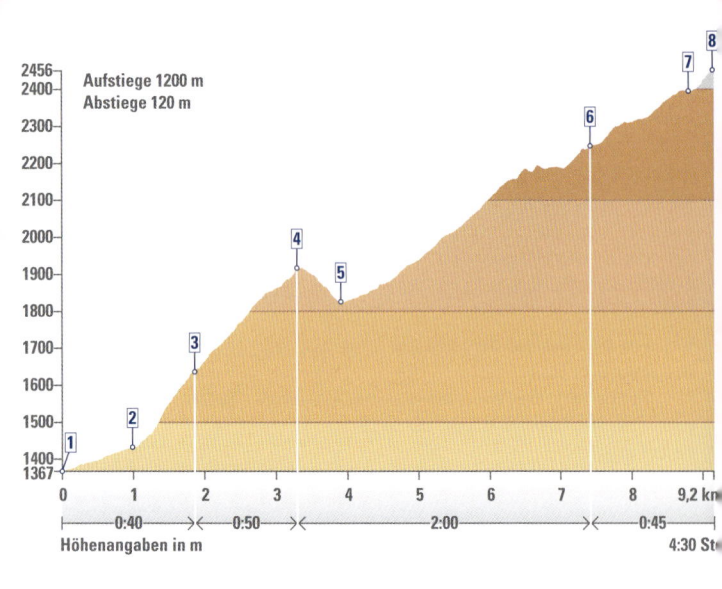

Aufstiege 1200 m
Abstiege 120 m

Höhenangaben in m

▶ liegenden Plastikhüllen der Schrotpatronen ermessen. In der Hochgebirgszone werden vor allem Rebhühner und Wildhasen erlegt. Unser Pfad bringt uns in Richtung Nordwesten ein weiteres Trockental hinauf.

Gut 1:30 Std. nach der Kólita-Senke erscheint eine kraterähnliche Vertiefung, die man rechts umgeht. Danach hält man sich auf einem gut erkennbaren Pfad bei einer E4-Stange **6** nach links. An dieser Stelle haben wir das erste Mal Aussicht auf die Nordküste.

Wir befinden uns nun bereits über 2.200 m und haben noch 250 Höhenmeter vor uns. Von hier aus zieht sich der Weg gut sichtbar, jedoch **teilweise ausgesetzt** hinauf zu einem Vorgipfel **7** am nördlichen Steilhang des Agáthias (2.424 m). 10 Min. später erreichen wir den höchsten Schotterkegel mit der **Gipfelkapelle Tímios Stavrós 8**. Am 14. September wird hier mit einer Gipfelmesse das Fest der Kreuzerhöhung (→ „Tímios Stavrós und das Fest der Kreuzerhöhung", S. 99) feierlich zelebriert. ∎

Schafe auf der Suche nach Essbarem

Die Gipfelkapelle gleicht im Winter einem Pilz ▲

Beim Aufstieg aus Richtung Nída-Hochebene ▼

*** Von der Nída-Ebene zur Kamáres-Höhle und hinunter nach Kamáres

Schön, aber steinig und steil führt uns diese Wanderung durch uralten Steineichenwald. Zuerst wandern wir dabei hoch zur Kamáres-Höhle – eine minoische Kultstätte von großer Bedeutung –, danach geht es steil hinunter ins gleichnamige Dorf.

▶▶ Wanderbeginn ist die Taverne auf der **Nída-Hochebene** **1**. Dieses Mal (die Taverne ist auch Ausgangspunkt der Tour 16) folgen wir der Schotterpiste direkt nach Süden und halten uns beim ersten Abzweig **2** rechts.

Auf dieser Piste wandern wir gut 0:30 Std. auf der Hochebene südwärts, bis sich der freie Ausblick auf den Süden Zentralkretas auftut. Insgesamt sind wir bis hierher 3 km gelaufen. Blaue Markierungen am Straßenrand **3** führen uns jetzt rechts ohne erkennbaren Weg auf die geröllige Ostflanke des fast 2.000 m hohen **Mávri**. Das steinige Gelände erlaubt nur wenig Übersicht über den nun ansteigenden Wegverlauf. Gut auf die blauen Markierungen achten! Nach ca. 0:20 Std. erreichen wir steinerne Sennhütten **4**, gegenüber sehen wir in wunderschön exponierter Lage einen weiteren typischen Rundsteinbau (→ Tour 19, „To Mitáto – die runde Sennhütte").

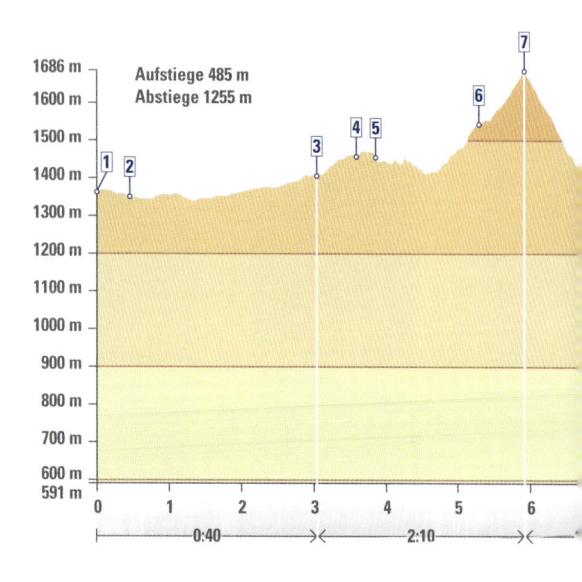

Auf nun gut sichtbarem Weg passieren wir ein Quellgebiet **5** und 50 m weiter den bereits vorhin gesichteten Kuppelbau. Die Alm an diesem Traumplatz ist seit Jahren nicht mehr bewirtschaftet. Unser Tipp: Wer's nicht eilig hat, soll hier einfach ein wenig verweilen und die tolle Aussicht genießen. Ab der Alm werden die Bäume zahlreicher. Zunehmend schattiger bringt uns der Weg unter großen alten Stein- und Kermeseichen stetig bergauf. Im dichter werdenden Wald besonders gut auf die blauen Markierungen achten.

1 Std. nach der runden Sennhütte passieren Sie eine Stelle, an der in einem Steinrondell **6** viele Tonscherben liegen. Vermutlich sind das die Reste von tönernen Bienenstöcken aus den vorigen Jahrhunderten. Leute mit Fantasie sehen darin lieber Reste geheimnisvoller Riten. Wer weiß – immerhin befinden wir uns auf dem Weg zur Kamáres-Höhle, die schon vor fast 5.000 Jahren eine bedeutende minoische Kultstätte war.

Beim Erreichen der Waldgrenze treffen wir auf den von Kamáres (Süden) heraufführenden Pfad. Nun haben wir noch etwa 80 ▶

Länge/Gehzeit: 10,5 km, 5:20 Std.
Charakter: schöne, aber anstrengende Wanderung mit einem 1.100-m-Abstieg, teils in Steilhängen. Ein Abschnitt der Strecke führt durch schönes Waldgebiet.
Markierung: kleine blaue Punkte im Aufstieg zur Höhle **7** und roter Punkt bei Abstieg nach Kamáres, vereinzelte E4-Zeichen, Steinmännchen.
Ausrüstung: knöchelhohe Wanderschuhe, Stöcke erleichtern den langen Abstieg, Jacke im Frühjahr und Herbst. Aktueller Wetterbericht unter www.freemeteo.com. Kartentipp → S. 31.
Verpflegung: Wasserflasche und ausreichend Proviant mitnehmen. Zahlreiche Wasserstellen unterwegs bei **5**, **8**, **9** und **10**. Taverne Stélios Stavrakákis am Anfang der Tour **1**, von April bis Ende Okt. tägl. 9–17 Uhr; kleine Taverne in Kamáres.
Übernachten: Wer die Tour frisch ausgeschlafen beginnen will, übernachtet gleich auf der Nída-Ebene in der Taverne Stélios Stavrakákis **1** (s. o. sowie Touren 19/16), 2 einfache Zimmer im Oberstock, Reservierung unter ☎ 28340-31474 bzw. 6972-175014. Nach der Tour im benachbarten Ort Zarós im Hotel Keramós mit unvergesslich üppigem Frühstücksgebäck, ☎ 28940-31352, der Sohn spricht Deutsch, die Tochter Englisch, sehr hilfsbereit in Sachen Transfer!
Hin & zurück: Linienbus ab Iráklion nach Anógia 4x tägl., Sa 3x, So 1x, und von Zarós nach Iráklion tägl. (außer So) 16.30 Uhr bzw. von Zarós nach Míres Mo–Fr 7 Uhr, mit Anschluss nach Iráklion, Mátala, Agía Galíni. Wer auf Nummer sicher gehen möchte, vereinbart den Transfer auf die Nída-Hochebene bereits in der Unterkunft (Preis vorab vereinbaren!) oder kontaktiert den Tavernenwirt Stélios (→ Übernachten).

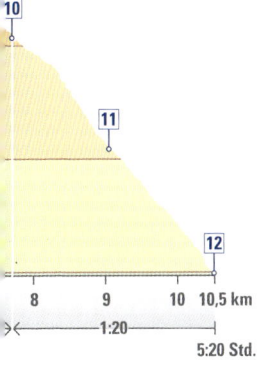

▶ Höhenmeter auf der Südflanke des Mávri bis hoch zu dem riesigen Karstloch, Steinmännchen weisen uns den Weg. Beim Aufstieg erspäht man immer wieder mal das weite Höhlendach, bald ist es geschafft, und wir stehen am Eingang der riesigen **Kamáres-Höhle** **7**. Die Aussicht über Südkreta ist genial und der Platz ideal zur Brotzeit.

Gut ausgeruht sind wir dann für den fast 1.100 m tiefen Abstieg nach Kamáres bereit. Wir folgen zunächst dem gleichen Weg für 0:15 Std. zurück. Dann halten wir uns einige Minuten nach rechts bis zum Rand des Plateaus und steigen mit **Vorsicht** über eine felsige Passage den Weg weiter im Steilhang ab. Der Abschnitt ist gut mit roten Punkten markiert. Bald darauf erreichen wir ein erstes Wasserbecken und nach ca. 10 Min. die **Quelle Perdigónero** **8**. Nun folgen wir einem dicken Wasserrohr steil nach unten und gelangen 0:15 Std. später zur dritten Wasserstelle **9**. Diese Zisterne liegt schattig in einer kleinen Senke im dichten Wald aus Stein- und Kermeseichen. Von hier würde der Weg über die Westflanke des Mávri zum **Psilorítis-Gipfel** weiterführen. Wir jedoch halten uns nach Süden und folgen den betonierten offenen Wasserrinnen ins Tal.

Nach 0:15 Std. treffen wir auf die vierte Wasserstelle **10**, der Weg ist sehr gut markiert. Je weiter wir nach unten steigen, desto lichter wird der Wald. Bald können wir den ersten Blick auf das noch tief

Vor der Höhle rasten mit Aussicht auf die Messará-Ebene

Tour 17 ✲✲✲   107

unter uns liegende Dorf Kamáres werfen. Weiter wandern wir auf zahlreichen Serpentinen nach unten. Auf dem Weg passieren wir eine betonierte Zisterne **11**, die als Druckausgleichsbehälter dient. Im Zickzack geht es die kahl werdenden Geröllhänge steil bergab. Nach etwa 0:30 Std. ist der Abstieg fast geschafft. Der Weg führt noch an der Wasserzisterne des Dorfes **Kamáres** vorbei, dann lockt die Taverne **12** an der Asphaltstraße zur Einkehr und zum wohlverdienten Rakí, Bier oder Wein. ■

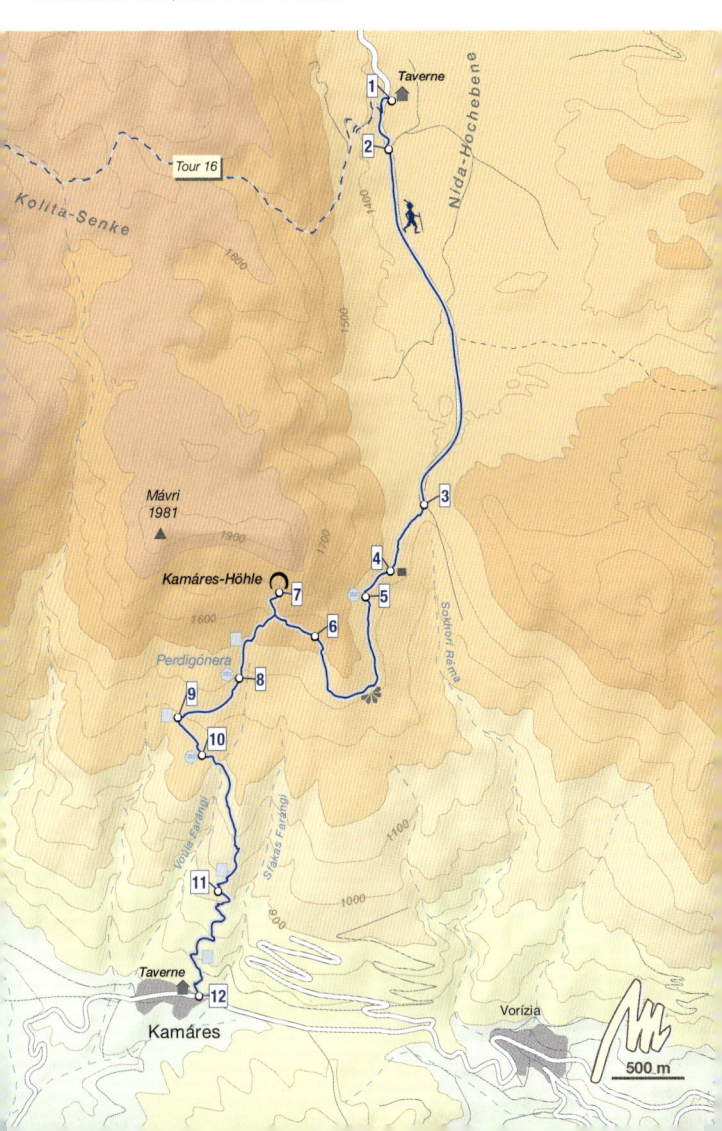

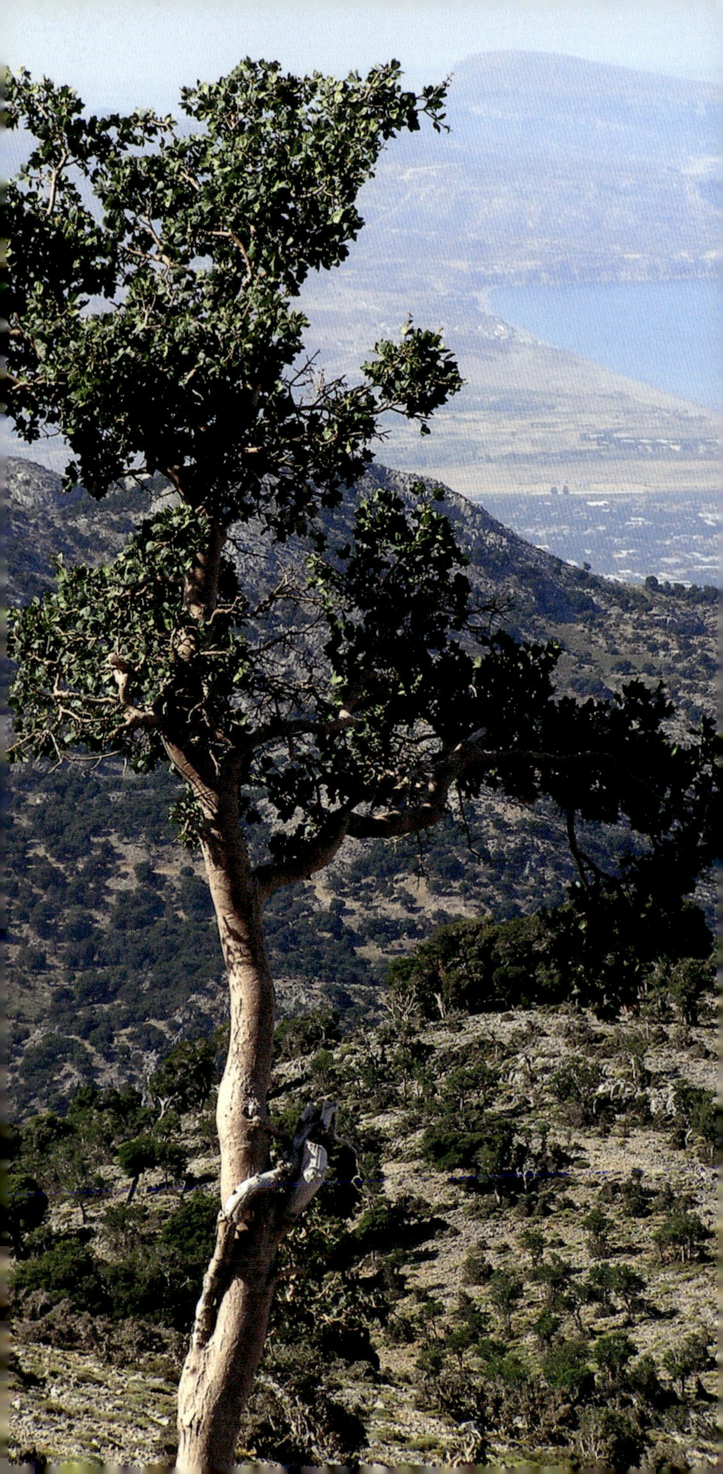

*** Von Südwesten auf den Psilorítis

Eine abwechslungsreiche, schöne und kürzere Variante, um den Psilorítis, auch Tímios Stavrós genannt, aus südwestlicher Richtung zu erobern. Immerhin führt Sie diese Tour nicht nur auf den höchsten Berg des Ída-Massivs, sondern der ganzen Insel.

Schon die Anfahrt über das Dorf **Kouroútes**, das lieblich in das **Amári-Tal** eingebettet ist, ist ein Erlebnis. Von der Bundesstraße aus Richtung Agía Galíni weist am Ortsanfang in Kouroútes ein Schild „shelter – katafígio" unseren ersten Abzweig nach rechts. Knapp 3 km lang ist die Straße noch geteert. **Achtung** – in einer Linkskurve ist ein **Eisengitter mitten in der Kurve**, das erst im letzten Moment sichtbar wird und meistens geschlossen ist! Danach geht der Asphalt in eine Schotterpiste über, die sich in vielen Kurven durch den herrlichen Steineichenwald nach oben schraubt.

Die Fahrt durch den alten Wald ist großartig. Hin und wieder weisen kuriose winzige orange Schilder an Eisenstangen mit der Aufschrift „katafígio" weiter. 13 km ab der Bundesstraße erreicht man die Baumgrenze und den Ausgangspunkt der Wanderung, die aus Stein gebaute Prínos-Hütte des EOS.

Wir parken das Auto und genießen erst mal die grandiose Aussicht über die Küste, auf die zwei kleinen Inselchen namens Paximádia und vielleicht sogar bei klarer Sicht auf Gávdos, ca. 50 km von Kreta entfernt. Dann wenden wir uns den hohen, ebenmäßig geformten Bergkuppen zu. Selbst im Juni blinken uns noch einige Schneefelder entgegen.

▶▶ Die **Prínos-Hütte** **1** liegt bereits auf 1.512 m. (Der Schlüssel dieses burgähnlichen Baus befindet sich im Büro des Griechischen Alpenvereins in Réthimnon und wird so gut wie nie aus den Händen gegeben.) Hinter der Berghütte beginnt nun der ▶

Länge/Gehzeit: hin und auf gleichem Weg zurück 8 km, Aufstieg ca. 3 Std., Abstieg ca. 2:30 Std.

Charakter: technisch unschwierige Hochgebirgswanderung ohne ausgesetzte Stellen. Bis Anfang Juni kann in den Mulden Schnee liegen. In Gipfelnähe häufig windig.

Markierung: durchgängig E4-Zeichen, Steinmännchen.

Ausrüstung: Auch im Sommer kann es oben sehr kalt sein, deshalb warme Kleidung, Wind- und Regenschutz, Biwaksack. Pflicht sind knöchelhohe Bergschuhe mit rutschfestem Profil, Kopfbedeckung und Sonnenschutz. Wanderstöcke empfohlen! Aktueller Wetterbericht unter www.freemeteo.com. Kartentipp → S. 31.

Verpflegung: ausreichend Proviant und v. a. Wasser mitnehmen, am Gipfel gibt es einen Brunnen mit Schneeschmelzwasser (für den Notfall trinkbar)! Taverne in Kouroútes.

Übernachtung: in Kouroútes in den Studios Kouroútes, ☎ 28330-41305.

Hin & zurück: Anfahrt zur Prínos-Hütte im Text beschrieben. Linienbus Réthimnon – Lohria (Halt in Kouroútes) 2x tägl. Bus nach Iráklion 1 x tägl. Ein Transfer zur Prínos-Hütte kann bei den Zimmervermietern in Kouroútes organisiert werden.

Über Stock und noch mehr Stein auf den Psilorítis-Gipfel

▶ **Weg.** Er führt rechts an dem mit schwarz-gelben E4-Stangen eingezäunten Wasserauffangbecken vorbei und zieht sich über den vor uns liegenden Geröllhang hoch.

Vorbei an zwei jungen kleinen Bäumen, die einzeln am kargen Steinhang stehen und an denen E4-Schilder befestigt sind, erreichen wir nach ca. 0:30 Std. ein kleines Hochtal **2**. Besonders im Mai und Juni tummeln sich im Gestrüpp der kretischen Hochgebirgs-Phrygana allerlei Vögel und Schmetterlinge. Das Vogelgezwitscher begleitet uns nach oben. Der Weg führt stetig, teils in Mulden, mit Berberitzen bewachsene Hänge hinauf. Er ist gut gekennzeichnet, entweder mit Steinmännchen oder mit auf große Steine gemalten schwarz-gelben E4-Pfeilen.

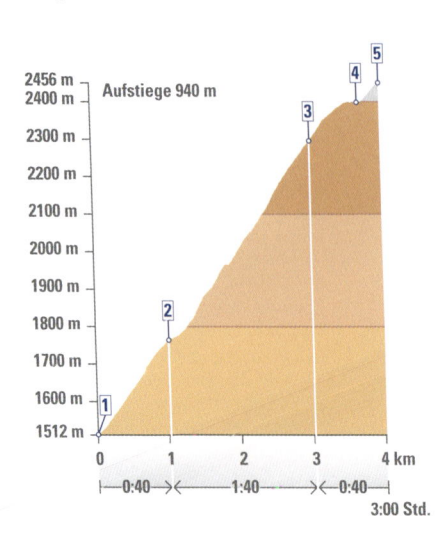

Tour 18 ★★★

Wir erreichen etwa 1 Std. nach dem Hochtal den ersten Sattel **3** und sind jetzt knapp unter 2.300 m. Nach weiteren 100 Höhenmetern erreichen wir einen weiteren Sattel und treffen auf den Weg **4**, der von der Nída-Hochebene heraufführt. Wir folgen ihm nach links. Der Gipfel ist nur mehr 0:15 Std. entfernt. Ein letzter kurzer Aufstieg über schottriges Gestein, und die **Gipfelkapelle Tímios Stavrós** **5** auf 2.456 m ist erreicht. Hat man Glück und klare Sicht, dann erfreut der fantastische Panoramablick über ganz Kreta wahrlich jedes Wandererherz. Zurück geht es auf demselben Weg, oder man nimmt die Abstiegsvariante. ■

Abstiegsvariante vom Gipfel auf die Nída-Hochebene

Diese Variante entspricht der Tour 16 in Gegenrichtung (9,2 km in ca. 3:30 Std.). Dazu folgt man den Markierungen und E4-Zeichen des Wanderweges. Der Weg verläuft zuerst über die Nordseite des Agáthias, dann zur Senke Kólita hinunter, anschließend ein Aufstieg von 100 m zur Kammhöhe und weiter hinunter durch den Einschnitt zur Nída-Hochebene. Dieser Abstieg endet bei der Taverne Stélios Stavrakákis (mit Übernachtungsmöglichkeit). Alles Wichtige finden Sie auf S. 101.

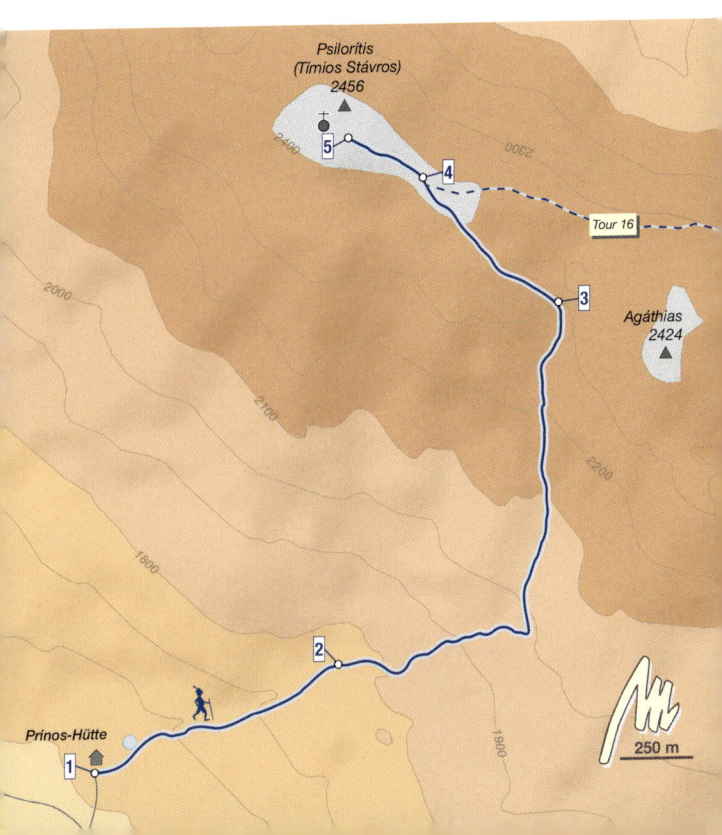

*** Durch Hochtäler und die Roúwas-Schlucht nach Zarós

Wenig bekannt ist dieser schöne Abstieg von der Nída-Hochebene nach Zarós. Sie wandern über einsame Hochtäler mit altem Waldbestand zur Hochalm von Ágios Ioánnis und durch die schönste Schlucht Südkretas!

Sie haben zwei Möglichkeiten, den Ausgangspunkt der Wanderung am Abzweig zur Sternwarte **1** zu erreichen. Entweder Sie übernachten auf der Nída-Hochebene (→ Tour 16) und wandern hierher (→ „Ausgeschlafen an den Start"), oder Sie übernachten in Anógia (→ Tourinfo-Kasten), fahren frühmorgens mit den Schäfern auf die Hochebene und lassen sich bei diesem Abzweig 1 absetzen.

▶▶ Beim Abzweig **1** zur Skínakas-Sternwarte (großes, leider schon etwas unleserliches Hinweisschild) zieht sich die schmalere Asphaltstraße durch felsenreiche Hochgebirgslandschaft in südöstliche Richtung weiter zum Gipfel des Skínakas. (Links zweigt ein unbefestigter Fahrweg ab, er führt zur Ágios-Fanoúrios-Kapelle.) Sie bleiben so lange auf dem Asphaltband bergauf, bis in einer links verlaufenden Spitzkehre **2** eine neu geteerte Straße einmündet – das ist etwa 1 Std. nach dem Start Ihr Abzweig nach rechts, gen Süden.

Die neu asphaltierte Straße führt Sie zuerst über den Sattel nach Süden und bald darauf nach Osten kammabwärts. Etwa 0:25 Std. nach 2

Unterwegs im Steineichenwald

und einer weiten Linkskurve steht rechts ein runder Steinbau **3**, es handelt sich dabei um eine traditionelle kretische Sennhütte, auf Griechisch „mitáto" (→ „To Mitáto – die runde Sennhütte"). Hier blicken Sie bereits weit in die sich nach Süden erstreckende Gebirgslandschaft und die Hochtäler. Nach wenigen Minuten trifft rechts ein unbefestigter Fahrweg auf die Asphaltstraße, wir bleiben jedoch auf ihr bis zu einem weiteren kleinen Abzweig **4** nach wenigen Minuten.

Hier verlassen wir den Asphalt nach rechts und gehen über eine schlecht planierte, holprige Piste abwärts auf weitere Rundhäuschen **5** zu. Bei diesen Sennhütten verlassen wir die Piste und halten uns **ab hier weglos** zuerst nach Osten. Unter uns sehen wir zwei Taleinschnitte liegen. Der hintere und größere ist mit Bäumen bewachsen, auf den steuern wir zu. Dort wechseln wir dann die Richtung und folgen dem Einschnitt weiter hinunter nach Süden, bleiben aber etwa 20 m über dem eigentlichen Talgrund. **Wichtig** ist vor allem, dass Sie sich im hinteren größeren Taleinschnitt befinden!

Unten am Talboden angekommen, erreichen wir bald einen größeren Brunnen **6**. Nach dem Brunnen halten wir uns links, vorbei an einem eingezäunten Areal, und folgen nun einem schwarzen Wasserschlauch, bis wir zu einer Tränke **7** aus mehreren Blechtonnen kommen. Es ist wichtig, dass wir jetzt wieder ungefähr 20 m oberhalb des Bachbetts laufen, denn auch wenn der Psakofárango gerade kein Wasser führt, ist sein eigentlicher Bachlauf sehr unwegsam. ▶

Länge/Gehzeit: 16,1 km, 6:25 Std. Bei Transfer bis **4** 10,8 km, ca. 3:45 Std. Beim Start von der Nída-Hochebene ca. 1 Std. länger!

Charakter: ausnehmend schöne Wanderung von der Nída-Hochebene in den Süden. Empfehlenswert für Konditionsstarke, die das Ída-Massiv überqueren, aber den steilen Abstieg über die Kamáres-Höhle meiden wollen. Weglose Etappe zwischen **5** und **10**. Schattige Stellen in der Schlucht. Perfekte **Anschlusswanderung** an Tour 16 oder 18.

Markierung: bis zum Rastplatz **11** teilweise ohne Markierung, teilweise roter Punkt, danach bestens mit Holztafeln beschildert.

Ausrüstung: grundsätzlich hochgebirgstaugliche Schuhe und Bekleidung, Sonnenschutz ist Pflicht, Stöcke sind von Vorteil. Aktueller Wetterbericht unter www.freemeteo.com. Kartentipp → S. 31.

Verpflegung: für reichlich Wasser und Proviant in Anógia oder der Taverne auf der Nída-Hochebene vorsorgen! Wasser am Rastplatz Ágios Ioánnis **11**.

Übernachten: in Anógia im Hotel Marína, ☎ 28340-31817, sowie im Hotel Aristéa, ☎ 28340-31459; auf der Nída-Ebene nur in der Taverne Stélios Stavrakákis (→ „Ausgeschlafen an den Start"); in Zarós im Hotel Keramós mit unvergesslich üppigem Frühstücksgebäck, ☎ 28940-31352, der Sohn spricht Deutsch, die Tochter Englisch, sehr hilfsbereit in Sachen Transfer!

Hin & zurück: Linienbus ab Iráklion nach Anógia 4x tägl., Sa 3x, So 1x, von Zarós nach Iráklion tägl. (außer So) 16:30 Uhr bzw. von Zarós nach Míres Mo–Fr 7 Uhr, mit Anschluss nach Iráklion, Mátala, Agía Galíni. Wer auf Nummer sicher gehen möchte, organisiert den Transfer auf die Nída-Hochebene bereits in der Unterkunft (Preis vorab vereinbaren!) oder kontaktiert den Tavernenwirt Stélios unter ☎ 6972-175014.

▶ Etwa 0:20 Std. nach der Tränke weitet sich das Bett zu einem Hochtal **8**. Wenn wir von diesem Punkt aus dem Bachbett nach links hinunterfolgen, kann man den Weg Richtung Rastplatz Ágios Ioánnis und Roúwas nicht mehr verfehlen. Rundum wachsen niedrig gekrümmte und merkwürdig geformte Steineichen. Sie wirken wie Bonsais und der Anblick gleicht einem skurrilen Bühnenbild. Nach 0:15 Std. treffen wir auf einen Weg **9**, der linker Hand verläuft und sich ostwärts über die Hänge hochschraubt. Wir lassen uns davon aber nicht beeinflussen und bleiben weiter in Nähe des Flussbettes.

Bald verengt sich das Hochtal leicht und wird etwas schroff. Wir bleiben noch für etwa 0:45 Std. im Bachbett, bis wir ein E4-

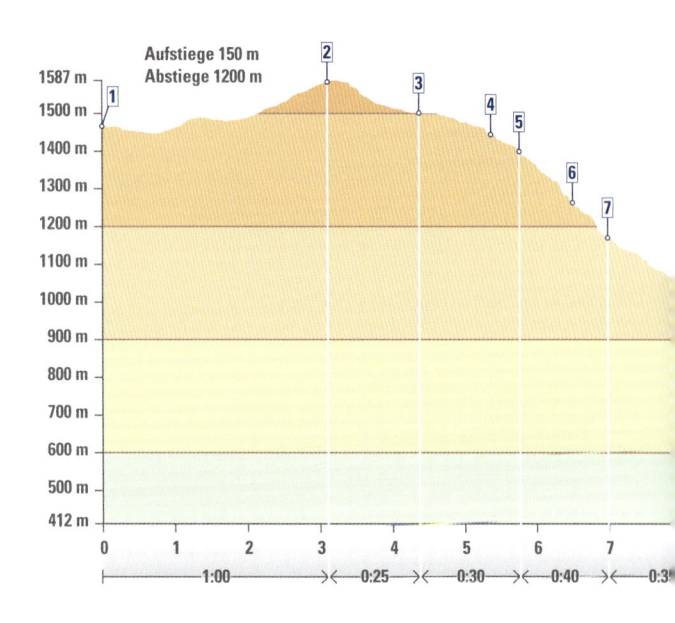

Ausgeschlafen an den Start

Ideal ist es, schon in der Nacht vor der Tour auf der Nída-Hochebene zu übernachten. Wir empfehlen Ihnen die **Taverne Stélios Stavrakákis** (vgl. 1 bei Tour 16); Reservierung unter ☏ 6972-175014; die Taverne ist von April bis Ende Okt. tägl. 9–17 Uhr geöffnet. Nach der Übernachtung in einem der beiden einfachen Zimmer queren Sie zuerst die Hochebene und erreichen an ihrem nördlichen Rand eine kleine Schotterpiste, dieser folgen Sie bis zur Hauptstraße. Hier halten Sie sich weiter in Richtung Anógia nach rechts und biegen beim Abzweig zur Skínakas-Sternwarte 2 ebenfalls nach rechts. (Bis hierher sind Sie bereits gut 1 Std. gelaufen.) Alternativ bringt Sie der Wirt Stélios Stavrakákis gegen ein geringes Entgelt bis zum Abzweig in Richtung Süden 4. Am besten, Sie zeigen ihm die gewünschte Stelle auf einer Karte.

Tour 19 ✱✱✱ 115

Zeichen mit schwarz-gelbem Pfeil **10** sehen. Bei diesem Pfeil links abbiegen, nochmals eine kleine Höhe ersteigen, und nach wenigen Minuten betritt man eine weitere Hochalm mit

> **Mit-dem-Pkw-Variante**
>
> Am Abzweig in Richtung Süden [4] parken, dann bis zum Rastplatz Ágios Ioánnis **11** und retour wandern (hin ca. 2:30 Std., zurück ca. 3 Std.).

dem idyllischen Rastplatz bei der **Kirche Ágios Ioánnis 11**. Unterhalb der kleinen weiß gestrichenen Kapelle laden weite Wiesen, Holztische und Bänke zur Rast ein, die ausladenden Äste von Platanen spenden reichlich Schatten.

Dann folgen wir den Holztafeln in die **Roúwas-Schlucht**. Der gesamte weitere Weg bis zum „See" von Zarós ist für kretische Verhältnisse hervorragend ausgebaut. Der obere Teil der Schlucht ist im Winter und Frühling wasserführend und verzaubert mit seinen uralten Stein- und Kermeseichen. Ein magisches Licht- und Schattenspiel auf Blätterwerk, Moos, Farn und Baumflechten, stellenweise tiefe Gumpen voll mit klarem Wasser (zumindest nach niederschlagreichen Wintern) – dieser Wegabschnitt zählt bestimmt zu den **märchenhaftesten Plätzen der Insel**. Wir passieren ca. 0:40 Std. nach dem Rastplatz Ágios Ioánnis einen weiteren tiefschattigen Rastplatz mit riesigen Felsquadern anstelle von Bänken und Tischen. Rundum hohe Felswände bieten perfekten Schutz für die Horste der Turmfalken und die Nester der Felsenschwalben. Auf dem weiteren Wanderweg nach unten führen jetzt bald Holztreppen sicher über steile Abbrüche und ausgewaschenes Flussgestein.

Die hohen Wände enden abrupt ca. 0:20 Std. nach dem Steinquader-Rastplatz und machen nun steil abfallenden Schotterhängen Platz, an denen sich einzelne Kiefern vom letzten Waldbrand erholen und sich ein neuer Baumbestand bildet. Im weiten Blickfeld des Wanderers erscheint nun die Landschaft Südkretas mit der fruchtbaren ▶

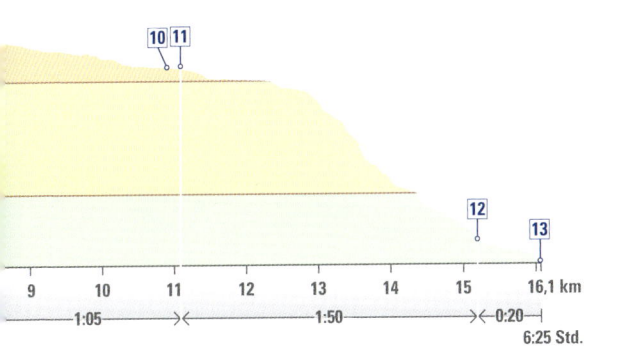

Zentralkreta/Ída-Massiv

To Mitáto – die runde Sennhütte

Die für das gesamte Ída-Massiv charakteristischen Kuppelbauten bereichern die Landschaft mit ihrer außergewöhnlichen Architektur. Den steinernen Rundbau bedecken ebenmäßige flache Kalksteinplatten, wie sie nur im Hochgebirge vorkommen. Diese werden geschickt ohne Mörtel oder Beton zu einer Kuppel geschichtet. In den Sommermonaten wohnten die Hirten in den Hütten und hatten hier auch ihre Käserei. Heute wird zwar immer noch vor Ort gemolken, aber die Milch kommt anschließend sofort mit dem Pick-up in die nächste Molkerei.

▶ **Messará-Ebene** voller Olivenhaine und den **Asteroússia-Bergen** vor dem Libyschen Meer.

Unser Wanderweg quert die schottrigen Hänge steil bergab und trifft ca. 0:15 Std. ab Schluchtende auf eine Piste. Sie halten sich links weiter, am Schafpferch und einer markanten Felswand vorbei, passieren ein kleines Bachbett und folgen dem gut erkennbaren Fußpfad. Hier wächst in der niedrigen Macchia viel wohlriechender Salbei und Thymian.

Wenn Sie nach weiteren 0:30 Std. das **Kloster Ágios Nikólaos** 12 erreichen, wäre es schade, die kleine byzantinische Kapelle aus dem 14. Jh. nicht zu besuchen. Bei einer kleinen Spende wird Sie der Mönch mit einem Rakí belohnen. Sie verlassen das Kloster beim

▼ Die hohen Felswände der Roúwas-Schlucht

▼ Eichen, alt wie Zeus

Tour 19 ★★★

nördlichen Hinterausgang, steigen über die aufgeschüttete Böschung, queren das Bachbett und folgen dem Wanderweg weiter durch die Hänge voller duftendem Salbei. Nach etwa 0:20 Std. erreichen Sie den kleinen idyllischen **„See" von Zarós** – eigentlich ein gefasstes Quellbecken. In der schönen Taverne **13** am Ufer werden leckere Forellen gebraten. ■

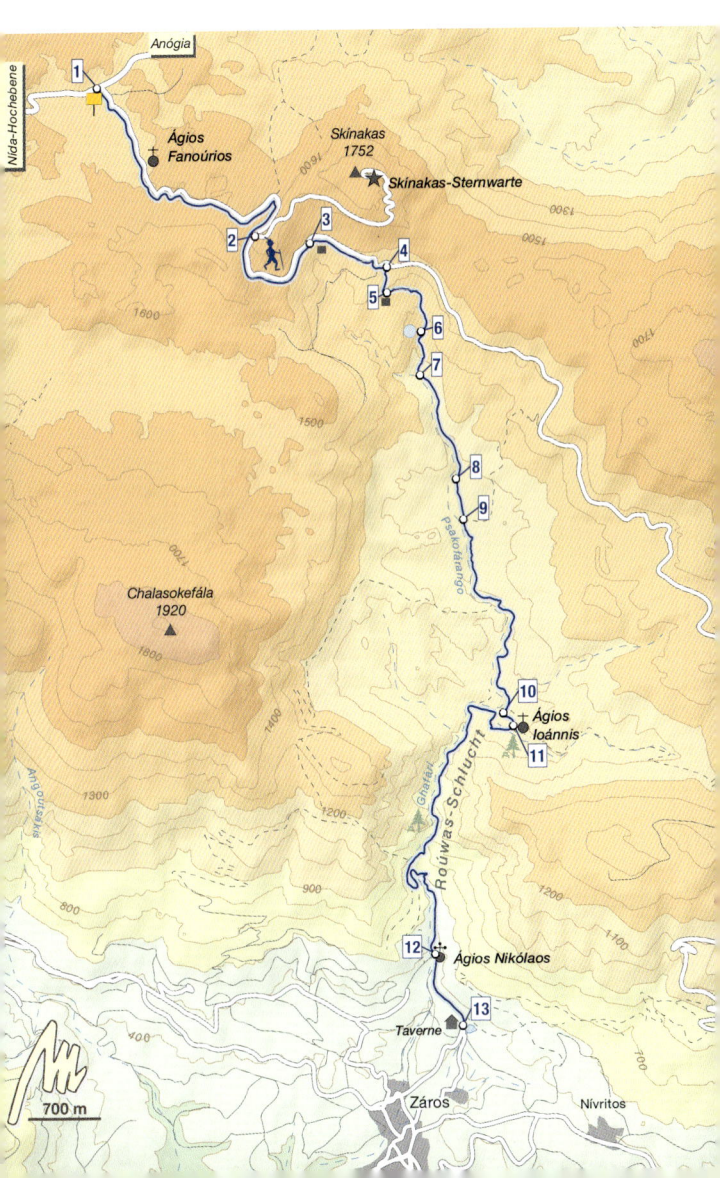

** Zu den drei Klöstern an den Südhängen des Psilorítis

Der Weg zu den Klöstern hat Schönes zu bieten, teils führt er auf Feldwegen durch Kulturland, teils durch die wilde kretische Phrygana. Und jeder der drei klösterlichen Etappenpunkte hat sein eigenes Flair.

▶▶ Die Wanderung beginnt am idyllischen „See" von Zarós. Die wasserreichen Quellen des Ortes versorgen das gefasste Quellbecken, in dem sich Fische, Gänse und Enten tummeln. Neben der Taverne Límni **1** beginnt rechts der ausgebaute Wanderweg, der zum Kloster Ágios Nikólaos und weiter in die Roúwas-Schlucht führt. Wir steigen den mit Holzstufen befestigten Weg hoch und haben bald einen herrlichen Ausblick auf das romantische Örtchen unter uns.

Der Weg zieht sich an üppig mit Salbei bewachsenen Steinhängen zum ersten Kloster weiter, das bereits ca. 0:20 Std. nach dem Start erreicht wird. Kurz vor dem Kloster passieren wir noch ein Gatter. Dann gehen wir an der östlichen Gehöftmauer entlang bis zu ihrem Ende, queren den trockenen Bachlauf, steigen den kleinen Geröllschutthang hoch und finden auf der Nordseite die große eiserne Eingangstür zum Kloster. Auf dem Innenhof **2** des **Klosters Ágios Nikólaos** steht die kleine byzantinische

Der „See" von Zarós

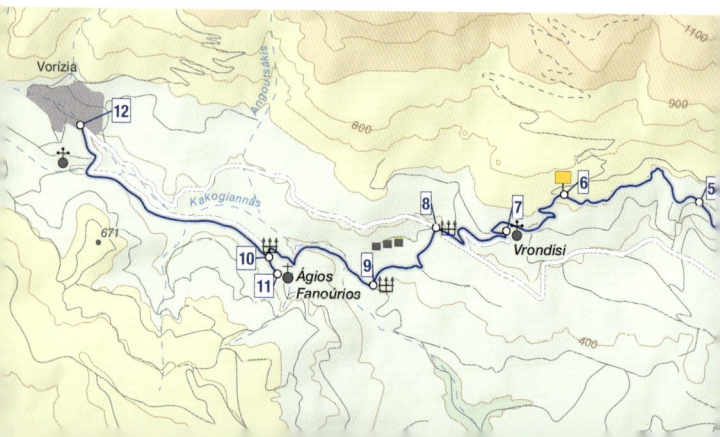

Kirche aus dem 14. Jh. Dahinter thront die neue Basilika von bombastischem Ausmaß.

Wir verlassen das Klostergelände über die Treppen nach oben an der riesigen Basilika vorbei, halten uns auf der unbefestigten Fahrstraße nach links und passieren kurz darauf einen Steinbruch. Bei der ersten Gabelung **3** biegen wir nach rechts hinauf und wandern auf einer kleineren Piste weiter. An der Gabelung vor der ersten Kurve halten wir uns rechts und gehen einige sanfte Kurven mit moderater Steigung bergauf – die Olivenhaine schmiegen sich bis an die Ausläufer der imposanten Bergwelt. Ein Feldweg, der rechts einmündet, wird ignoriert. Beim nächsten Abzweig **4** ca. 0:20 Std. später halten wir uns geradeaus weiter. Beim folgenden Abzweig halten wir uns rechts und wandern immer noch durch weite Olivenhaine weiter auf das Kloster Vrondísi zu. Am Wegrand stehen große Königskerzen und vereinzelte Johannisbrotbäume, der Blick auf die südlichen Ausläufer des Ída-Massivs ist wunderschön.

Bei der nächsten Gabelung **5** halten wir uns wieder rechts, der Fahrweg wird flacher, in weiten Kurven gelangen wir nun in etwa 0:20 Std. auf einen weiteren Fahrweg. Hier steht ein nach oben weisendes Holzschild („Dío Prínoi") **6**, wir biegen jedoch nach links hinunter und erreichen in Kürze die Rückseite der Klosteranlage Vrondísi, gehen an ihr entlang und können nun erst einmal zwei riesige Platanen sowie den alten venezianischen Brunnen mit seiner Reliefdarstellung „Adam und Eva im Paradies" ▶

Länge/Gehzeit: 10,1 km, 3 Std.

Charakter: schöne Tour auf Feldwegen, kurze Wegpassage weglos bzw. auf verwachsenem Pfad, unterwegs kulturelle Highlights.

Markierung: kleine rote Punkte.

Ausrüstung: auch mit festen Sportschuhen möglich.

Verpflegung: Wasser und Proviant mitnehmen, Wassernachfüllen im Kloster Vrondísi **7** möglich.

Hin: Bus ab Iráklion oder Míres (→ S. 30) nach Zarós, Übernachtung (→ Tour 17). Mit dem Auto erreicht man Zarós über Míres (9 km), im Ortskern von Zarós biegt man beim Schild „Límni (Lake)" rechts in eine schmale Gasse und folgt dem asphaltierten Weg noch 1,5 km bis zum Quellbecken. Parkplatz an der Taverne Límni **1**.

Zurück: kein Busverkehr zurück nach Zarós! Von Vorízia aus kann man per Anhalter zurückfahren. Dafür dürfen Sie es aber nachmittags nicht eilig haben, denn die Kreter machen Siesta, und die Landstraße zwischen Vorízia und Zarós ist dann kaum befahren.

Variante für Autofahrer und Eltern mit Kindern: bis zum Kloster Vrondísi **7** wandern und wieder retour, dann mit dem Auto zum Kloster Valsamónero **11** fahren.

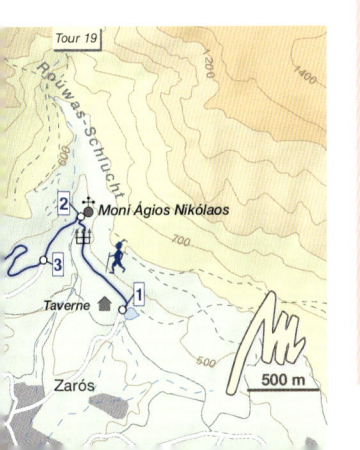

Zentralkreta/Ída-Massiv

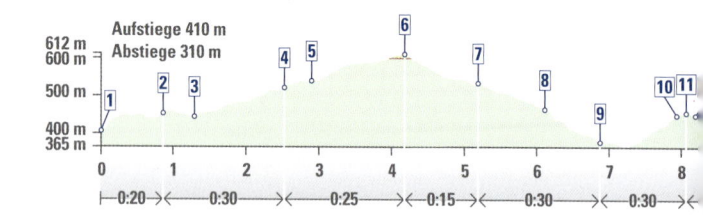

▶ bewundern. Dann betreten wir das schön restaurierte und sehr gepflegte **Kloster Vrondísi** 7.

Weiter geht es hier über eine kurze Strecke Asphalt, die uns zu einer Landstraße hinunterführt. Wir überqueren diese kaum befahrene Straße trotzdem vorsichtig, denn der Kreter hinterm Steuer spielt gerne mal den Helden im Straßenverkehr. Gegenüber ist ein Gitterzaun, wir öffnen dort das Gatter 8 und folgen einem holprigen Feldweg weiter hinunter. Rechts befindet sich ein großflächig eingezäuntes Gelände. Das graue eiserne Tor nahe der Asphaltstraße steht zwar manchmal offen, aber gehen Sie trotzdem nicht hinein, denn das Grundstück ist rundum geschlossen und somit eine Sackgasse. Die quadratischen Häuser aus Stein wurden von der deutschen Wehr-

▼ Kloster Ágios Nikólaos [2]: der Glockenturm der Kapelle

▼ Der Innenhof des Klosters Vrondísi [7]

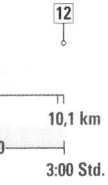

macht während des 2. Weltkrieges als weiterer Stützpunkt in Südkreta errichtet, doch der Krieg endete vor dem Fertigstellen der Dächer. Heute dient das Gelände als Sommercamp für Jugendliche.

Wir folgen dem Feldweg am großen hohen Stacheldrahtzaun entlang noch ca. 550 m weiter bergab, bis er einen deutlichen Knick **9** nach rechts macht, dort grenzt ein kleiner Weidezaun an. Wir folgen dem Weidezaun noch etwa 15 m, durchqueren ein Gatter ▶

10,1 km
3:00 Std.

Psilorítis-Klöster

Kloster Ágios Nikólaos 2: Taubenzucht auf dem Dach und Viehzucht rund um das Kloster vermitteln mehr den Eindruck von landwirtschaftlicher Betriebsamkeit als von klösterlicher Stille. Doch im Hofgelände steht der Beweis: die winzige byzantinische Kirche aus dem 14. Jh., in ihrem Inneren liebevoll mit Häkeldeckchen geschmückt. Der alte Mönch, in Hoffnung auf eine Spende, öffnet bereitwillig die Kirchentür und belohnt eventuell mit einem kleinen Rakí. Dieses Ritual wird wohl aufrechterhalten bleiben, solange er lebt. Die Besucher jedenfalls sind beeindruckt – von der Geste und von der hinter den Gebäuden neu entstehenden Kirche bombastischen Ausmaßes.

Kloster Vrondísi 7: Die Anlage stammt aus den Jahren 1630 bis 1639 und zeigt starke venezianische Einflüsse. Der Freskenschmuck der Kirche ist von hoher künstlerischer Qualität. Die Ikonen des berühmten Malers Damaskinós, die hier gemalt wurden und höchstwahrscheinlich auch einst die Kirche schmückten, sind heute im Ikonenmuseum in Iráklion ausgestellt. Inspiration aus der stillen Idylle schöpfte auch der Schriftsteller Níkos Kazantzákis, er verbrachte 1920 mehrere Monate zum Schreiben an diesem Ort.

Kloster Valsamónero 11: Das Kloster war das erste und für längere Zeit das wichtigste Zentrum für den Fanoúrios-Kult, der über Rhodos nach Kreta kam. Der Heilige Fanoúrios wurde im 15. Jh. auf Rhodos als Wundertätiger verehrt. Über sein Leben ist fast nichts bekannt, es existieren jedoch wertvolle Ikonen, die in den Ruinen einer kleinen Kirche auf Rhodos gefunden wurden. Bei der zwischen 1332 und 1427 in mindestens drei Bauphasen errichteten Kirche Ágios Fanoúrios zeigt sich besonders an der Südfassade der starke venezianisch-gotische Einfluss. Die in ihrem Innern durch Bögen verbundenen Baukörper zeigen deutlich die verschiedenen Bauphasen mit ihren stilistisch unterschiedlichen Malstilen. Das Gesamtwerk ist somit von größter Bedeutung für die kretische Malkunst. Ein Wächter gewährt während der Sommermonate Einlass, die Öffnungszeiten ändern sich jedoch jedes Jahr. Wer ernsthaft Interesse hat, das Innere des Klosters zu bestaunen, sollte besser vorher in Zarós in der Taverne Veggéra bei Viví nachfragen, sie erkundigt sich gerne direkt bei der zuständigen Verwaltungsstelle.

▶ und halten uns jetzt nochmals auf einem Feldweg kurz am Stacheldrahtzaun entlang, bis wir nach ca. 100 m auf der linken Seite einen großen Steinbrocken sehen, der eine rote Markierung trägt. Hier verlassen wir den Feldweg nach links und laufen querfeldein in westlicher Richtung auf das Bachbett zu, das wir in wenigen Minuten durch dorniges Gestrüpp erreichen. Dieser enge Taleinschnitt ist der tiefste Punkt unserer Wanderung, wir queren im Oleandergebüsch das Bachbett und steigen den gegenüberliegenden Hang hinauf.

> **Orientierungshilfe**
>
> Für den gesamten Aufstieg im unüberschaubaren Gelände nach **9** gilt grundsätzlich, dass man sich ab der Durchquerung des Bachbettes in stetiger Steigung westwärts hält und nicht den Hang direkt geradeaus steil hinaufsteigt, denn das wäre ziemlich mühsam.

Weiter geht es nun auf der linken Seite des Bachbettes (schaut man zur gegenüberliegenden Asphaltstraße hoch, sieht man leider eine unschöne Müllhalde), der Weg steigt leicht nach Westen an. Wer ein gutes Auge hat, kann die Trittspur leicht erkennen. Der schmale Pfad ist stark mit Zistrosenbüschen und Dornenbibernelle zugewachsen, kleine rote Punkte führen aber weiter. Der Pfad zieht sich weiter westwärts hoch, und nach wenigen Minuten passieren wir einen kleinen steilen Taleinschnitt mit hochgewachsenen Bäumen und halten uns wieder schräg links hinauf. Gleich erkennen wir oben eine Asphaltstraße, auf die wir durch ein Gatter **10** gelangen.

An der Asphaltstraße angekommen, halten wir uns links und sehen die Klosterkirche vor uns. Die Ágios-Fanoúrios-Kirche **11** ist der einzige erhaltene Bau des einstigen **Klosters Valsamónero** (auch

Schön stinkender Drachenwurz

Varsamónero genannt). Die vollkommen harmonisch wirkende Kirche lässt die einstige Bedeutung der Anlage erkennen. Wir verlassen das Kloster auf gleichem Weg zurück bis zum Gatter **10** und halten uns auf der Asphaltstraße nach links in Richtung Westen weiter, der uns nach etwa 2 km in das **Bergdorf Vorízia** **12** führt. In der sich an karge Steilhänge klammernden Ortschaft wohnen hauptsächlich Schäfer, die ihre Tiere im Hochgebirge des Ída-Massivs weiden. Die Straße mit einigen schattigen Plätzchen am Wegrand erlaubt zwischendurch schöne Ausblicke auf die hohen Südhänge des Gebirges. ■

Kloster Valsamónero 11: die Glocke der Fanoúrios-Kirche

▲ Der Kefáli ist der markante Kopf des Kaps

▼ Sieht doch gut aus, die Agiofárango-Bucht 13

*** Am südlichsten Kap Kretas

Im 27. Kapitel der Apostelgeschichte des Evangelisten Lukas steht es geschrieben: Hier, in der Nähe des Südkaps bei Kalí Liménes, ging der Apostel Paulus an Land, als stürmische Nordostwinde seine Weiterfahrt nach Rom behinderten. Karg und wild präsentiert sich dieser historische Platz in der Nähe von Kalí Liménes heute. Afrikanahe Klimaverhältnisse und die großen Ziegenherden, denen Sie überall begegnen, tragen kräftig zur Versteppung bei.

▶▶ Wanderstart ist das **Kloster Odigítria** **1**. Sie folgen der unbefestigten Piste (Schild „Mártsalos") nach rechts. Beim ersten Abzweig **2** wenden Sie sich nach links hinunter, folgen dem breiten Fahrweg geradeaus, passieren einen Schafstall und einen Getreidesilo, die beide auf der rechten Seite liegen, und bleiben auf der breiten Schotterpiste. Bei der nächsten Gabelung **3** halten Sie sich rechts hinauf. Seit dem Kloster sind wir nun schon ca. 0:50 Std. unterwegs.

Nach einem scharfen Linksschwenk der Straße sehen Sie vor sich die felsigen Paximádia-Inseln und das markante Südkap der Insel, in den Karten als Akrotíri Líthino bezeichnet. Die höchste Erhebung des Kaps, der **Kefáli** – zu Deutsch „Kopf" – ragt mit steilen, knapp 400 m hohen rötlichgelben Felswänden direkt aus dem Meer empor.

Bei der nächsten Kreuzung weist Sie eine verrostete Tafel **4** nach links und kurz darauf ein weiteres Hinweisschild („Mártsalos") geradeaus weiter. Auf dem Fahrweg erreichen Sie nun eine neu erbaute Kapelle und gehen links hinunter bis ans Ende des Fahrweges **5**. Hier steigen Sie weiter nach links ins Bachbett hinunter, durchqueren es und folgen einer Tafel mit rotem Punkt. Der Weg zieht sich nun auf der anderen Seite des Trockenlaufes entlang.

Bald geht er in eine betonierte, mit Geländer gesicherte, neu gemauerte Weganlage über. Sie führt uns zu der verborgen in steilen Sandsteinfelswänden liegenden **Höhlenkirche 6** in ▶

Länge/Gehzeit: 17,5 km, 5:40 Std.

Charakter: schöne, aber schattenlose Rundwanderung, teils auf unbefestigter Fahrstraße, teils auf schmalen Pfaden und im Bachbett.

Markierung: große rote Punkte auf Steinen.

Ausrüstung: festes Schuhwerk, Sonnenschutz und Kopfbedeckung sind Pflicht.

Verpflegung: unbedingt ganz viel Trinkwasser mitnehmen, sehr trockene, staubige und heiße Gegend! Trinkwasser auch am Kloster **1** bei den Wasserhähnen im Innenhof. Keine Einkehrmöglichkeit unterwegs.

Hin & zurück: kein Busverkehr! Das Kloster Odigítria erreicht man über Sívas (knapp 5 km vor Mátala), dann passiert man das Örtchen Lístaros und folgt der Asphaltstraße noch ca. 3,5 km bis zum Kloster **1**.

Kindertaugliche Variante für Autofahrer: beim Abzweig **14** parken und durch die Agiofárango-Schlucht zum Strand **13** hin und zurück laufen (Länge/Dauer der Variante: ca. 7 km, 2:30 Std.).

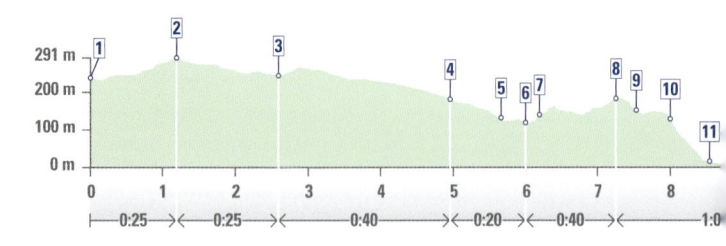

▶ **Mártsalos**, die der Panagía, der Muttergottes, geweiht ist. Ihr spirituelles Inneres ist reich geschmückt. Herrlich ist es auch, kurz im Schatten der Tamariskenbäume zu verweilen, um die sagenhafte Stille und Schönheit dieses idyllischen Ortes zu genießen. Wer neugierig ist, kann nebenan in die winzigen ehemaligen **Eremitagen** schauen, in denen die Mönche und Brüder Evménios und Parthénios im 19. Jh. zwölf Jahre als Einsiedler lebten.

Sie steigen den Betonweg auf gleichem Weg wieder hoch bis zur Tafel mit rotem Punkt und folgen der neuen roten Markierung und steigen nach rechts hinauf, wobei Sie oberhalb der gelblichen Abbruchlinie aus Sandstein bleiben. Ein weiter oben und rechts vom Weg stehender großer alter Olivenbaum **7** wird angepeilt, Sie halten sich links davon steil hinauf.

Junge Ziege beim Freeclimbing

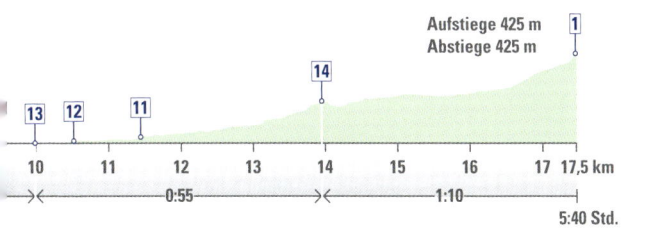

Immer noch der Abbruchlinie folgend, passieren Sie am höchsten Punkt ein Zaungitter. Von hier aus zeichnen sich schon rechts vor Ihnen zwei größere zusammenhängende Hügelkuppen ab. Ab jetzt ist Orientierungssinn erforderlich: Ihr nächstes Ziel ist die Spitze des hinteren rechten Hügels. Man geht zum Teil weglos (aber bestens markiert) darauf zu, unterwegs kann man behauene Wasserbecken erkennen. Der Weg schlängelt sich nun moderat steigend mit Blick auf den schönen Taleinschnitt von Martsalo zum 200 m hohen Sattel **8**. Dort angekommen, erblicken sie ein Gebäude mit einem rotbräunlichen Ziegeldach, hier überschreiten Sie nun den Hügelkamm. Unter Ihnen weitet sich ein kleines Plateau mit einem gut erkennbaren Ziegenpfad, den Sie nun weglos bergab den Punkten folgend ansteuern.

Wenn Sie auf den Pfad **9** treffen, folgen Sie ihm nach links in nördliche Richtung weiter. Derselbe weiterhin gut markierte Weg führt nach wenigen Minuten an einem Stein **10** mit Markierung rechts im Zickzack steil hinunter. – Sie halten sich rechts, Ihr Ziel ist der Talgrund der **Agiofárango-Schlucht**. Teilweise ist die Landschaft stark mit niedriger Macchia zugewachsen. Rechts begrenzt ein Zaun den gesamten Abhang. Nach ca. 0:15 Std. erreichen Sie das Bachbett und stehen vor einer Barriere: Ein quer verlaufender Zaun grenzt an den rechts von Ihnen! Sie finden den Durchgang am rechten ▶

Titus auf Kreta

Paulus, „Vollblut-Missionar" auch in Gefangenschaft, nutzte den kurzen Zwischenaufenthalt in Kalí Liménes (ca. 60 n. Chr.), um den Kretern das Wort Gottes zu verkünden. Als das Schiff dann wieder ablegte, ließ er seinen Freund Titus mit dem Auftrag zurück, die Kreter weiter zu bekehren und deren Christianisierung voranzutreiben. Und Titus hatte wohl Erfolg, denn er wurde der erste Bischof von Kreta. Sein Schädelknochen ist heute als Reliquie in einer Glasvitrine in der Ágios-Títos-Basilika in Iráklion zu bestaunen. Auch der Paulus-Brief an ihn liegt dort verwahrt.

Die Höhlenkirche ⑥ in Mártsalos

▶ Zaunverlauf knapp vor dem Bachbett (auf Schnur oder Verdrahtung achten). Je nach Wasserstand im Bach können Sie einfach im Bachbett weiterlaufen oder ansonsten links bis zum großen Gittertor **11** vorgehen, das Fahrzeuge am Weiterfahren hindert (diese parken dann hier unter großen Johannisbrotbäumen). Sie folgen nun dem breiten Bachbett weiter nach rechts und bleiben dabei teils im Kiesbett, teils am linken Rand des Trockenlaufs.

Das Tal wird nun zur engen Schlucht (rechnen Sie mit Aussetzern beim GPS), links liegen große Karsthöhlen mit imposanten Felsendächern im scharfkantig grauroten Gestein. Schluchtwände mit abgesicherten Routen sind in jüngster Zeit ein beliebter Treff für Kletterer. Wir wandern durch einen dichten Oleanderwald weiter, der besonders während seiner Blütezeit im späten Frühling bezaubert. Etwa 0:20 Std. nach dem „Parkplatz" überrascht der Anblick der sehr ästhetisch gebauten **Kreuzkuppelkapelle Ágios Antónios**, vor ihr steht ein großer Brunnen **12** mit Trinkwasser.

> **Autostopp-Tipp**
> Viele Mietautos parken kurz nach dem Abzweig **14**, Sie haben gute Chancen, die knapp 4 km zum Kloster Odigítria mitgenommen zu werden.

Kurz nach der Kapelle kann man auf der linken Seite in die große, hinter Büschen versteckte **Höhle Goumenóspilio** schlüpfen. Folgen Sie dem nun breiten Bachbett noch 5 Min., dann stehen Sie an einem absoluten Traumstrand: Hohe Felswände umschließen grandios die kleine **Agiofárango-Bucht 13**. Ihr Kiesstrand wurde in den letzten

Jahren ein beliebtes Ziel für Tagesausflügler, die im Sommer per Schiff von Mátala oder Agía Galíni kommen. Also erwarten Sie zu dieser Jahreszeit bitte keine paradiesische Stille, auch liegt leider einiger Müll herum. Trotzdem, das Bad im Meer wird Sie erfrischen, bevor Sie den gleichen Weg wieder zurückgehen bis zum großen Gittertor **11** und dort dem steinigen, holprigen Fahrweg das Tal hinauffolgen.

Nach ca. 1 Std. ab dem Strand erreichen Sie die unbefestigte Fahrstraße **14**, die nach Kalí Liménes führt. Sie halten sich hier links und gelangen in 1:10 Std. zum Ausgangspunkt, dem **Kloster Odigítria** **1** zurück. Spätestens jetzt lohnt sich ein Besuch der schönen Klosteranlage mit Wehrcharakter. Zu besichtigen sind Backstube, Kelterei, Ölmühle und der alte Fluchtturm, in den sich die Mönche bei Überfällen zurückzogen. ■

** Rundtour zum Felsenreich des Kófinas

Das Gipfelplateau aus festem Plattenkalk eignet sich hervorragend zum Beobachten der nistenden Geier und Adler und bietet wahrlich eine himmlische Aussicht. Kein Wunder, dass schon die Minoer vor 4.000 Jahren hier ein Heiligtum hatten.

Heute thront die schlichte Gipfelkapelle Tímios Stavrós vor Ort. Sie ist am 14. September beim Fest der Kreuzaufrichtung Ziel einer feierlichen Prozession (→ „Tímios Stavrós ...", S. 99). Der etwa 20-minütige Gipfelaufstieg ist ein winziges Abenteuer mit einer Passage, an der Sie unbedingt schwindelfrei sein müssen! Doch auch ohne Gipfelbesuch ist die Tour ein echtes Erlebnis.

> **Bei den Autoren wohnen**
>
> Káto und Áno Kapetanianá thronen wie Adlerhorste in unmittelbarer Nachbarschaft des Kófinas. Wer hier im Wander- und Klettergebiet übernachten möchte, ist bei den Wanderautoren Luisa und Gunnar Schuschnigg in der Pension Kófinas bestens aufgehoben (guter Ausgangspunkt für die Touren 22, 23 und 24). 4 Zimmer (Gemeinschaftsbad) mit Halbpension. Reservierung notwendig unter ✆ (0030)28930-41440, www.korifi.de. Die beiden bieten auch geführte Wanderungen auf ganz Kreta an. Kletterliteratur im Haus erhältlich.

▶▶ Vom Parkplatz **1** von **Áno Kapetanianá** wandern wir auf der unbefestigten Straße auf den markanten Kófinas (1.231 m) zu. Etwa 150 m nach dem Dorf halten wir uns an der ersten Abzweigung **2** links (rechts führt die Piste zur Küste nach Ágios Ioánnis). Wir gehen links am großen Futtersilo vorbei und weiter nach Osten.

Bei der Gipfelmesse am 14. September

Bei der zweiten Gabelung **3** nach 0:20 Std. halten wir uns rechts. Der Fahrweg führt leicht bergab und vorbei an einem kleinen Taleinschnitt mit Pappeln und Feigenbäumen, dann steigt er moderat an. Nach etwa 0:20 Std. biegt links ein Abzweig **4** zu einem Futterplatz ab. Wir gehen jedoch geradeaus, passieren die neu eingezäunte Ausgrabung mit der kleinen steinernen Kapelle (Funde sprechen für eine byzantinische Mini-Akademie aus dem 15. Jh., was erst verständlich wird, wenn man weiß, dass nach dem Fall von Konstantinopel 1453 viele Intellektuelle nach Kreta flüchteten.) und kurz darauf die Reste eines vom Sturm zerstörten Stalls. Schließlich gelangen wir auf ein kleines Hügelplateau, auf dem sich rechts eine Schäferei **5** mit einem Stallgebäude ausbreitet. Bis hierher sind wir ab Áno Kapetanianá etwa 1 Std. gelaufen.

Auf dem Plateau knickt die Piste scharf nach links (Nordosten). Von unserer Piste aus erkennen wir bald die felsigen Nordwände des Kófinas – und fragen uns, wo wohl der Weg hochführen mag.

Etwa 0:30 Std. nach dem Plateau erreichen wir auf einem Sattel einen Abzweig **6** nach Norden, den wir ignorieren. Unignorierbar ist dagegen der neue Anblick: die riesige **Messará-Ebene** und ihr Meer aus Olivenbäumen. Rechts wandern wir nun auf der Piste ganz steil den abgeweideten Hang zum Kamm hoch. (Abkürzungstipp: In der letzten Linkskurve unter 6 biegt ein unscheinbarer Pfad nach rechts, diesem erst moderat, dann stetig aufwärts bis zu 7 folgen; gut 0:15 Std.) Bald treffen wir auf einen Fahrweg und folgen ihm rechts. Gleich darauf passieren wir ein rechts über der Piste liegendes eingezäuntes Gelände. Hier verbergen sich die **Reste des antiken Tempelbezirks** für die minoische Fruchtbarkeitsgöttin Eileithyia in der Phrygana.

Wir gehen weiter und befinden uns nun auf dem östlichen Bergsattel. Bei der folgenden Gabelung **7** wandern wir (noch) nicht bis zur etwas unterhalb liegenden ▶

Länge/Gehzeit: 10,9 km, ca. 4:20 Std.
Charakter: schöne, jedoch schattenlose Rundwanderung mit kurzer felsiger Passage von 8 bis 9 (Schwindelfreiheit erforderlich), die allerdings ohne Gipfel-Ambitionen auch ausgelassen werden kann. Ansonsten unschwierige Wanderung auf Fahrwegen und Pfaden, Trittsicherheit auf kurzen weglosen Stücken erforderlich.
Markierung: keine; nur das Stück von 8 bis zum Gipfel 9 ist mit Täfelchen versehen.
Verpflegung: ausreichend Wasser und Proviant mitnehmen. Einkehrmöglichkeit in der neuen Taverne von Miro und Adriana, 100 m westlich vor dem Parkplatz in Áno Kapetanianá.
Ausrüstung: Wanderschuhe Pflicht, im Frühling/Herbst Jacke, lange Hosen v. a. bei dornigen Passagen von Vorteil, Sonnenschutz. Kartentipp → S. 31.
Hin & zurück: per Auto nach Loúkia, dann 8 km aussichtsreiche Serpentinenstraße. An der großen Kreuzung nach dem Pass Richtung Áno Kapetanianá fahren. Parkplatz vor dem Ort. Áno und Káto Kapetanianá sind aufgrund der schmalen Dorfgässchen „autofrei".
Wer mit dem Linienbus ab Iráklion nach Mátala/Agía Galíni (Busstation B, 8x tägl.) fährt, muss in Aglí Déka aussteigen. Transfer oder Taxi nach Kapetaniá kann dann bei den Schuschniggs, den Autoren dieses Buchs, vorbestellt werden (→ „Bei den Autoren wohnen").

▶ Panagía-Kapelle, sondern folgen dem Fahrweg die letzten Meter hinauf bis zum Beginn der Felsen **8**. Hier beginnt der mit Holztäfelchen markierte, neu ausgebaute Steig auf den Kófinas. Teilweise ist der Weg mit Holzgeländer gesichert, hohe angelegte Steinstufen erleichtern den Aufstieg, auch einige Eisentreppen wurden in einer gerölligen Rinne montiert. **Achtung** – die Verankerung der Geländer ist mangelhaft! In wilder Felskulisse steigen wir nun ca. 100 Höhenmeter zum Gipfel hoch, indem wir manchmal die Hände zur Hilfe nehmen. Schlüsselstelle im oberen Teil des 0:20-Std.-Aufstiegs ist eine 1 m lange fußbreite Passage. Hier sollte man **absolut schwindelfrei** sein. Ist die kleine heikle Stelle erst einmal geschafft, ist man in wenigen Minuten oben.

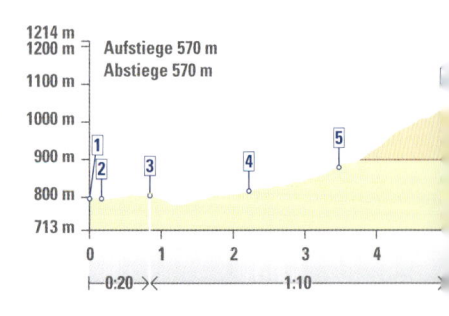

Schwindelfreie genießen den weiten Blick von oben

Am Gipfel **9** erwartet uns die grandiose Aussicht auf die Südküste mit dem **Kloster Koudoumá**. Bei klarem Wetter liegt Ihnen ganz Kreta zu Füßen. Das weite Gipfelplateau mit rundum steilen Abbrüchen lässt sich gefahrenfrei entdecken – **Schwindelfreiheit** vorausgesetzt.

Auf dem gleichen Weg steigen wir wieder zum Fahrweg **8** ab. Über ein kleines Geröllfeld geht es direkt zur kleinen **Panagía-Kapelle 10**, wo der Fahrweg endet. Vom Vorhof der Kapelle halten wir uns ca. 50 m weglos nach links in Richtung Nordwesten hinunter zu einer Quelle. Von ihr zieht sich ein Wasserschlauch in das Bachbett. Wir folgen dem Schlauch den steinigen Hang bergab und queren auf die rechte Seite des ▶

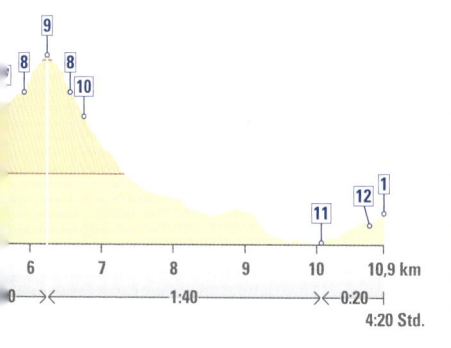

▶ Bachbettes. 2 bis 3 Min. später kommen wir an zwei runden Dreschplätzen vorbei (früher wurde hier Gerste angebaut) und steigen den Hügel teils weglos erneut zum Bachbett ab. Wir suchen einen Durchschlupf im dichten Oleandergebüsch, queren den Bachlauf und folgen dem schmalen Ziegenpfad einige Minuten nach Westen. Der Weg ist an dieser Stelle sehr zugewachsen, immer in der Nähe des Bachbettes halten!

5 Min. nach dem Durchschlupf weitet sich das Bachbett. Wir befinden uns jetzt am Fuß des Kófinas und sehen rechts oben die felsige Rückseite des kleinen Plateaus. Auf ihm liegt die große Schäferei, die wir beim Hinweg passierten. (Wer möchte, kann von hier in 5 bis 8 Min. den steinigen Hügel bis zur Fahrstraße hochsteigen.) Wir bleiben jedoch im Bachbett – je nach den Niederschlägen im Winter plätschert es munter bis in den Mai – und folgen dem bald wieder gut erkennbaren Pfad zuerst einen kleinen Hang hinunter, dann oberhalb der Felsenabbrüche (auf keinen Fall dem felsigen Schluchteinschnitt hinunter folgen!) in westliche Richtung.

Knapp 0:20 Std. nach der Rückseite des Plateaus führt der Weg rechts über einen kleinen Geröllhang in ein trockenes Bachbett hinab. Wir

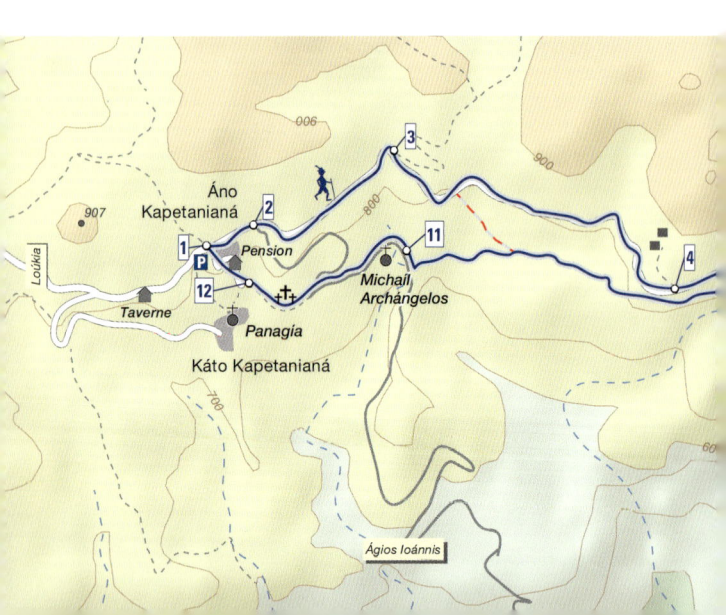

> **Varianten**
>
> **... für den Rückweg:** Trittsichere können ab der Panagía-Kapelle 10 weglos die Nordflanke queren, auf Höhe des kleinen Plateaus mit dem Schafstall ins Bachbett absteigen und diesem wie im Text beschrieben folgen.
>
> **... kürzer und für Autofahrer:** Auf der Schotterstraße bis knapp vor die eingezäunte Ausgrabung mit der Kapelle fahren, vor den Schlaglöchern parken. Beim Rückweg dann zum Schafstall auf dem Plateau aufsteigen und die Fahrstraße zum Auto laufen. Das verkürzt die Gehzeit um etwa 1:10 Std. und 3,5 km.

passieren nach wenigen Minuten kompakte graue Felsplatten mit auffälligen Erosionsrillen (an diesem Felsen sind Routen für Kletterer gebohrt).

Vor uns liegt nun der untere Teil des kleinen grünen Tals vom Hinweg. Wir queren einen Zaun und dringen in das dschungelartig verwachsene und teilweise sehr dornige Gelände voller hoher Disteln. (Alternative: Bei den grauen Felsplatten rechts über wildes Gelände und den schwer erkennbaren alten Fahrweg in ca. 10 Min. zur Straße hochsteigen.)

Blick auf Kato Kapetaniana

Wenige Minuten nach der Wildnis stoßen wir auf einen Schafstall (Zaun öffnen, passieren, wieder schließen) und sofort danach auf die Fahrstraße **11** nach Ágios Ioánnis. Hier halten wir uns rechts hinauf. Am Weg steht die kleine byzantinische **Kapelle Michaíl Archángelos** mit wertvollen Fresken von 1406. An der nächsten Gabelung links und am Friedhof vorbei. Bei der Kehre danach biegen wir auf die grob planierte Piste steil nach oben und beim Wäldchen rechts ab. Der Fahrweg endet am Parkplatz der Pension Kófinas **12**. Zwei schmale Gassen führen nun durch Áno Kapetanianá hoch, bis wir in 5 Min. wieder unseren Parkplatz **1** erreichen. ∎

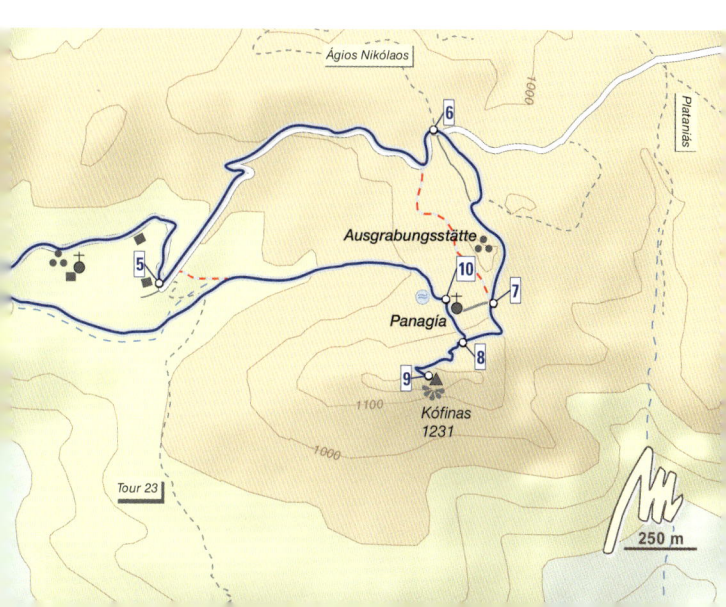

**** Rundtour durch Kiefernwald zum Wallfahrtsort Íera Moní Koudoumá

Genau so muss eine abwechslungsreiche Wanderung aussehen: Felsabbrüche und Schluchten, ein idyllisches Kloster und eine Felsengrotte. Mal durch Kiefernwald, mal über Stock und Stein und – vor dem konditionell herausfordernden Aufstieg – noch ein erfrischendes Bad im blauen Libyschen Meer.

▶▶ Vom Parkplatz **1** in Áno Kapetanianá läuft man auf der unbefestigten Straße in Richtung Osten auf den markanten Berg Kófinas zu. Etwa 150 m nach dem Dorf halten wir uns an einer Abzweigung links **2** (rechts führt die Piste zur Küste nach Ágios Ioánnis). Bei der zweiten Abzweigung **3** geht es nach rechts.

0:20 Std. später biegt steil links ein Feldweg **4** ab – ignorieren! Der Weg führt nur zu einem Stall. Wir bleiben auf dem Hauptweg, passieren die neue Ausgrabung mit der Kapelle in ihrer Mitte und kurz darauf einen zerstörten Stall. Schließlich erreichen wir nach einer Kehre ein kleines Plateau, auf dem wir rechts eine Schäferei **5** mit Stallgebäude finden. Bis hierher sind wir ab Áno Kapetanianá etwa 1 Std. unterwegs gewesen.

Vom Vorplatz der Schäferei führt die Piste zum Kloster Koudouma (20 km) mit einem scharfen Knick nach links in Richtung Nordosten von uns weg. Die Macchia rundum wirkt äußerst kümmerlich. Schuld daran sind die großen Ziegen- und Schafherden. Stehen wir auf der Kuppe zur Bergspitze hin, erkennen wir unten bereits ein mit

Die blitzblank renovierte Panagía-Kirche im Kloster Koudoumá

Oleander bewachsenes Bachbett. Ein schmaler Fahrweg führt uns von der Piste rechts ab, noch einige Meter weiter um die Kuppe herum.

Nach der Kurve steigen wir **weglos** nach links zum Bachbett ab, das nur im Winter und Frühling Wasser führt. Ein großer Stein 6 direkt im Bachbett trägt eine auffällige rote Markierung. Spätestens ab diesem Stein ist der weitere Weg gut erkennbar und neu markiert: Unser Fußpfad bringt uns – entgegengesetzt zur bisherigen Wanderrichtung – auf dem leicht ansteigenden Berghang nach Südwesten.

Wenige Minuten später haben wir schöne Blicke in die Chónos-Schlucht tief unter uns, auf den oberen und unteren Teil unseres Ausgangsortes Kapetanianá sowie auf die steil zur Küste abfallenden Hänge der westlichen **Asteroússia-Bergkette**. 0:30 Std. nach dem markierten Stein 6 steuern wir die südlichste Spitze eines großen Plateaus an. Auch wenn sich der Weg zwischendurch verliert – die markante betonierte Säule ist nicht zu verfehlen. Der Blick von diesem Vermessungspunkt ist fantastisch: Vom Gipfel des 1.231 m hohen Kófinas fallen die südlichen Felswände in mehreren Stufen bis auf das unbewaldete Plateau ab. Der Westgrat mit seinen großen Felsblöcken und den vereinzelten Bergzypressen bietet eine nicht minder spektakuläre Kulisse.

Etwa 70 m links von der Vermessungssäule markiert ein großer Steinhaufen 7 den Beginn des 1:30-Std.-Abstiegs in Richtung Küste. Wir werden dabei immerhin 840 Höhenmeter überwinden. Der Weg nach unten ist durchgehend mit Steinmännchen und blauen Punkten gekennzeichnet. Zunächst führen uns mehrere kleine Serpentinen bis an den Waldrand hinunter. Etwa 0:30 Std. später können wir einen ersten Blick auf das idyllisch in einer kleinen Bucht am Meer gelegene Kloster Koudoumá werfen. ▶

Länge/Gehzeit: 18,9 km, 7:25 Std. ohne Abstecher nach Ágios Ioánnis.

Charakter: schöne anspruchsvolle und abwechslungsreiche Rundwanderung für konditionsstarke Wanderer, im Sommer sehr heiß.

Markierung: Steinmännchen und blauer Punkt beim Abstieg, und roter Punkt beim Aufstieg (Variante Hirtenpfad).

Ausrüstung: Wanderschuhe, Stöcke, Sonnenschutz, Taschenlampe für die Höhle Ágios Antónios, Badezeug! Kartentipp → S. 31.

Verpflegung: viel (im Sommer sehr viel) Wasser und ausreichend Proviant mitnehmen. Zwei Tavernen und Minimarket in Ágios Ioánnis (Abstecher ab 14). Zisterne im Kloster 9; manchmal wird man von den Mönchen zum Kaffee oder einem Essen eingeladen – aber bitte nehmen Sie das nicht von vornherein als selbstverständlich an.

Hin & zurück: per Auto nach Loúkia, dann 8 km serpentinen- und aussichtsreiche Straße. An der großen Kreuzung nach dem Pass in Richtung Áno Kapetanianá fahren. Am Parkplatz vor dem Ort halten. Áno und Káto Kapetanianá sind aufgrund der schmalen Dorfgässchen „autofrei".

Wer mit dem Linienbus ab Iráklion nach Mátala/Agía Galíni (Busstation B, 8x tägl.) fährt, muss in Agíi Déka aussteigen. Transfer oder Taxi nach Kapetanianá kann dann bei Schuschniggs, den Autoren dieses Buchs, vorbestellt werden (→ Tour 22 „Bei den Autoren wohnen").

138 Zentralkreta Südküste/Asteroússia-Gebirge

▶ Der Weg führt über ein flacheres waldiges Plateau (Achtung, die markierten Steine sind oft von Kiefernnadeln bedeckt), bis er dann wenig später zu einem teilweise mit Steinen gesäumten Pfad wird. Unser Abstiegspfad diente nämlich als Direktverbindung vom Kloster zur Messara-Ebene. Wir wandern ihn in langen Kehren nach unten.

Die nagelneue Eligiás-Schlucht-Variante

Der Weg durch die attraktive Schlucht mit altem Kiefernbestand wurde erst vor Kurzem für Wanderer präpariert (einbetonierte Tritthilfen aus Eisen auf Felsblöcken im Bachbett, Stahlseile als Aufstiegshilfe). Dafür ist keine Kletterausrüstung notwendig, sodass man, auch im Schatten, die 200 Höhenmeter Aufstieg locker und leicht schafft.

Tour 23 ★★★★   139

Vereinzelt wachsende Salbeibüsche verströmen angenehmen Geruch. Ansonsten erlaubt der trockene Boden unter den Kiefern nicht viel Unterwuchs. Der Wald lichtet sich, je näher wir der Küste kommen. Der steinige Weg macht zu schaffen, zumal er sich ca. 100 m oberhalb der Küste im felsigen Gestein und Geröll auch noch verliert. ▶

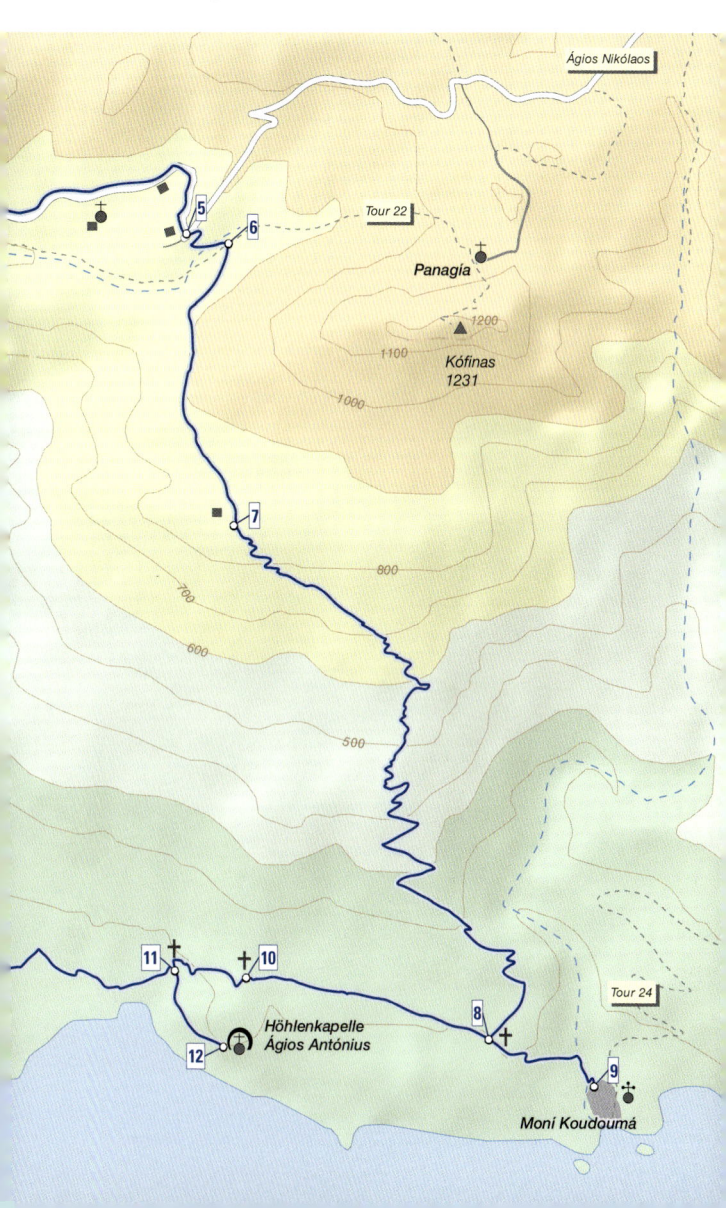

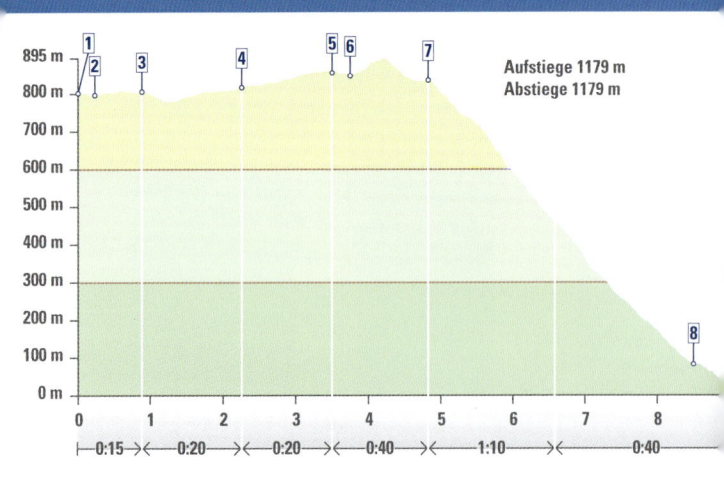

▶ **Achtung** – steigen Sie jetzt keinesfalls in die tiefe Schlucht links von Ihnen ab! Stattdessen halten Sie sich oberhalb davon leicht südwestlich in Richtung Küste. Bereits nach etwa 200 m stoßen wir auf den breiten Pfad **8** und halten uns nun links. In knapp 10 Min. steigt man ab zum Kloster ab, unterwegs kommt man dabei an einem Marmorkreuz vorbei.

Die Lage des erst 1860 gegründeten **Klosters Koudoumá** **9** ist wirklich einzigartig, die alten Gebäude wurden in den letzten Jahren mit Spendengeldern großzügig renoviert. Die Felsengrotten, die links und rechts den Strand einsäumen, geben dem Ganzen den perfekten Rahmen. Vom Meer aus (schwimmen bitte nur mit Badekleidung) hat man den besten Blick auf die großartige Kulisse des mächtigen Kófinas.

Vom Kloster geht man zunächst denselben Weg bis zur Anhöhe **8** hinter dem weißen Marmorkreuz und hält sich nun auf einem wunderbar breiten Pfad (EU-finanzierter Weg bis Ágios Ioánnis; Holzta-

Liturgien am Strand

Das Kloster Íera Moní Koudoumá [9] ist in den letzten Jahren seit dem Bau einer Schotterpiste von Sternes in der Messará-Ebene aus ein sehr beliebter Wallfahrtsort geworden, an dem sich nicht nur beten, sondern auch herrlich baden lässt. Aus diesem Grund steht seit Kurzem auf Schildern extra zu lesen, dass sich die Gläubigen nicht länger als drei Nächte am Ort aufhalten dürfen. Der Versuchung, hier gleich einen längeren Aufenthalt zu planen, konnten die Menschen aus der Umgebung nämlich kaum widerstehen und die gut in Stand gehaltene Piste tut ihr Übriges. Die Reaktion der Klostergemeinschaft auf die Dauerbelagerung ist nur allzu verständlich!

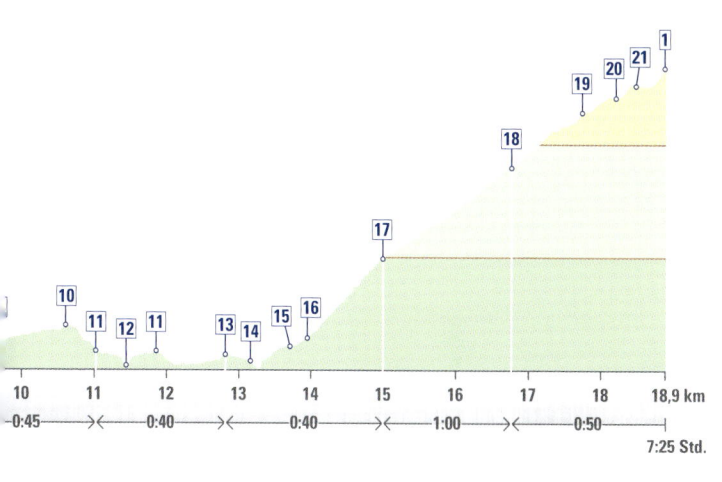

feln) entlang der Telefonleitung durch einen lichten Kiefernhain in Richtung Westen. Etwa 0:35 Std. nach dem Kloster trifft man auf eine Anhöhe, dort steht ein zweites Marmorkreuz **10**. Nach weiteren 10 Min. stehen am Wegrand das dritte Kreuz **11** und etwas unterhalb und weiter links eine Holztafel („Ágios Antónius").

Es ist auf jeden Fall ein Versäumnis, wenn man diesen **Abstecher** von insgesamt 0:15 Std. zu der in einer Tropfsteinhöhle gelegenen Kapelle nicht macht: Vom Marmorkreuz Richtung führt der Weg nach Südosten bis zur Felsengrotte **12**. Die **Kapelle des Heiligen Antónios** steht ganz im Schatten des tiefen und weiten Felsendaches. Links der Kapelle finden Sie den Durchgang zur Tropfsteinhöhle, die vier große Wasserbecken enthält. Leider ist die Wassermenge in den Becken in den letzten Jahren erheblich zurückgegangen. Am Ende der Höhle steht in einer kleinen Nische eine Ikone des Heiligen Antónios.

Zurück geht es den gleichen Weg bis zum Marmorkreuz **11**. Hier halten wir uns links, über dem Klippenrand nach Westen, der Fußpfad wurde mit einem neuen Holzgeländer abgesichert.

Etwa 0:30 Std. nach der Antónioskapelle steht links auf unserem Pfad ein kleiner markant ausgehöhlter Fels **13**. Ein erster Blick auf die Küstensiedlung Ágios Ioánnis öffnet sich. Nur wenige Minuten später erreichen wir den Rand der Valachá-Schlucht, wo wir ins Bachbett **14** absteigen. (Wer am bereits vom Weg aus gesichteten ▶

Ein Besuch in Ágios Ioánnis

Dazu biegt man auf der Piste hinter **14** nach links und besucht das einstige Fischerdorf, das etwa 250 m weiter im Westen liegt. Im Ort wurden von den Einheimischen in den letzten Jahren munter und komplett ohne Reglements Ferienhäuser gebaut. So wirkt das Dorf etwas skurril, jedoch kann man Wasser nachfüllen oder im kleinen Kafenion am Strand einkehren.

▶ Traumstrand eine Pause machen möchte: Er liegt nur 50 m weiter vorne, eingeschlossen von tollen Felsformationen des Kap Pónta.)

Die Schlucht wird auf der anderen Seite des Bachbettes wieder verlassen. Oben folgen wir für ca. 180 m einem groben Fahrweg, bis wir die breite Piste nach Kapetanianá erreichen. Rechts am Abzweig steht ein großes Schild mit Wanderinformationen zur Region.

Für den Aufstieg nach Kapetanianá gibt es im Prinzip ab dem Schild mit den Wanderinformationen mehrere Varianten. Wir wählen die Route, die teilweise auf der Piste entlangführt, wobei zwischendurch immer wieder abgekürzt werden kann: Dazu wenden wir uns beim Schild nach rechts, direkt in Richtung der Gebirgshänge. Vorbei an einer neu gebauten Kapelle **15**, verlassen wir nach ca. 5 Min. die ungeteerte Straße **16** und steigen den Hang mit den vereinzelten Johannisbrotbäumen hinauf. Der alte Eselspfad ist kaum mehr begangen und im Gebüsch schwer erkennbar – vereinzelt sieht man noch Teile der alten Telefonleitung.

> **Die Lazy-Way-Variante: nach oben per Autostopp**
>
> Wer ab Ágios Ioánnis nicht mehr laufen möchte, begibt sich dennoch erst einmal zu Fuß auf die Piste (für die ganzen 9 km würde man ca. 2:30 Std. brauchen) und hofft auf einen Pick-up. An Wochenenden stehen die Chancen sehr gut, nach Kapetanianá mitgenommen zu werden! Und die Kreter werden Sie beim Trampen nie in der Pampa stehen lassen.

Der steile Abschnitt durch das unwegsame Gelände ist zwar mühevoll, aber eine enorme Abkürzung im Vergleich zur Schotterpiste.

Nach etwa 0:30 Std. treffen wir erneut auf die Fahrstraße **17** und folgen ihr weitere 0:30 Std. bis zum Felsdurchbruch **18**, hinter dem sich

Auf dem Küstenpfad

Grandioser Blick aufs Kap Pónta beim Aufstieg nach Kapetanianá

eine kleine Senke auftut. Hier verlassen wir die Straße und folgen wieder den Telefonmasten bergauf. Bald ist auch der Weg wieder besser erkennbar, auf dem wir den vor uns liegenden Hügel rechts umrunden. Rechts liegt nun der Bachlauf, den wir an der Küste bei 14 durchquert hatten.

Etwa 0:25 Std. nach dem Felsdurchbruch 18 treffen wir wieder auf die Fahrstraße 19 und halten uns auf ihr rechts hinauf. Nach einer Linkskurve sehen wir die alte **Michaíl-Archángelos-Kapelle** 20. Sie besitzt kunsthistorisch wertvolle, doch leider durch Wasserflecken in Mitleidenschaft gezogene Wandmalereien aus dem Jahr 1406!

Ein paar Minuten nach der Erzengel-Michael-Kapelle folgt eine Gabelung 21. Hier geht es

Die Kondition-ist-Pflicht-Variante: nach oben auf dem Hirtenpfad

Dieser Aufstieg führt von Ágios Ioánnis nach Kapetanianá. Dazu folgt man dem Fahrweg durch Ágios Ioánnis zur gleichnamigen Kapelle; in der Linkskurve nach den letzten Häusern rechts auf die roten Punkte achten. Gut markiert führt der Weg in 2 Std. nach oben, über anstrengendes, sehr steiniges Gelände geht es bis zum Felsdurchbruch (ca. 3 km und ca. 600 m Höhendifferenz), dann Ausstieg bei der Funkantenne und bis Kapetanianá auf Fahrstraße noch 2,8 km (ca. 0:45 Std.).

links in das Dorf, zunächst vorbei am Friedhof und bei der Kehre danach auf der grob angelegte Piste steil nach oben. Beim Wäldchen biegen wir rechts ab, wo der Fahrweg am Parkplatz der Pension Kófinas endet. Zwei schmale Gassen führen nun durch Áno Kapetanianá zum höchsten Punkt des Dorfes, dem Parkplatz 1. ∎

▲ Blick auf die Küste, im Vordergrund das Marmorkreuz ③

▼ Meerzwiebeln fühlen sich hier wohl

*** Auf dem Panoramapfad von Paránimfi nach Ágios Ioánnis

Spektakuläre Aussichten, das Wallfahrtskloster Moní Koudoumá und die kleine Ágios-Antónius-Kapelle mit der Tropfsteinhöhle sind die Attraktionen dieser Wanderung und belohnen Sie großzügig für die etwas umständliche Anfahrt in diese abgeschiedene Region der Asteroússia-Berge.

Paránimfi ruht umgeben von Weinfeldern in einem schönen, abgelegenen Hochtal mitten in den Asteroússia-Bergen. Sie fahren auf engen Straßen durch die kleine Ortschaft und verlassen sie am westlichen Ende auf einem unbefestigten Fahrweg. Etwa 200 m nach den letzten Häusern bei einem Abzweig an einer Wasserzisterne parken.

▶▶ An der Wasserzisterne **1** geht es zu Fuß rechts hinauf auf der breiten Piste. An der nächsten Abzweigung führt die breite Straße geradeaus weiter, gut sichtbar und leicht bergauf. Sie bleiben immer auf dieser Schotterpiste in Richtung Süden. Nach einem deutlichen Knick des Fahrwegs liegt rechts eine Stallung. Knapp 150 m weiter halten Sie sich beim Abzweig nach links hinunter. Kurze Zeit später wird wieder ein Stall passiert, abermals rechts der Piste. Sie halten auf einen kleinen Sattel zu, danach geht's bergab. Beim nächsten Abzweig biegen Sie nach rechts und sehen nun bald die kleine weiß getünchte Kapelle des Heiligen Paulus unter sich liegen. Kurz darauf entdecken Sie ein schönes Steinbecken mit Quellwasser, der Abzweig links führt Sie direkt zur **Ágios-Pávlos-Kapelle 2** mit ihren gut erhaltenen Fresken.

An der Kapelle geht es noch ein Stück auf dem Fahrweg bergauf, ▶

Länge/Gehzeit: 13 km, ca. 4:40 Std. (bis Kapetanianá mind. 7 Std.).
Charakter: schöne und unschwierige Wanderung auf unbefestigter Fahrstraße und alten Pfaden. Wenig Schatten.
Markierung: etappenweise rote Punkte, Holzschildchen, Marmorkreuze.
Ausrüstung: Wanderschuhe, Stöcke, Badezeug, Taschenlampe und dringend Sonnenschutz. Kartentipp → S. 31.
Verpflegung: ausreichend Wasser mitnehmen, im Sommer sehr heiß, im Kloster Koudoumá **7** Zisterne mit Trinkwasser; manchmal wird man von den Mönchen zum Kaffee oder einem kleinen Essen eingeladen – aber bitte nehmen Sie das nicht von vornherein als selbstverständlich an.
Übernachten: im Kloster Koudoumá **7** mit Schlafsack in Pilgerunterkünften oder im Falle einer Anschlusswanderung nach Kapetanianá in der Autoren-Pension Kófinas (→ „Bei den Autoren wohnen" in Tour 22). In der gesamten östlichen Messará-Ebene nur in Pírgos im Hotel Archontikó, ☎ 28930-23118.
Hin & zurück: Anfahrt immer über Chárakas (3 km westlich von Pírgos) in der östlichen Messará-Ebene, dann weiter nach Paránimpfi. Wer in Pírgos übernachtet, fährt die 10 km mit dem Taxi (ca. 24 €) oder trampt. Bus Iráklion – Pírgos (über Mesochorió; Busstation A) Mo–Sa 12 und 14 Uhr, So 7.30 Uhr, zurück Mo–Sa 6.45 und 15.45 Uhr, So 14.15 Uhr; 5,20 €.

▶ nach ca. 50 m weisen rote Markierungen leicht bergab. Am Ende des Feldweges stehen aus Naturstein gebaute Bänke. Hier beginnt der Fußpfad nach Koudoumá. Dieser Weg ist gut erkennbar. Er schlängelt sich mit genialer Aussicht auf das beeindruckende Felsszenario der **Póros-Schlucht** auf das blaue Meer zu.

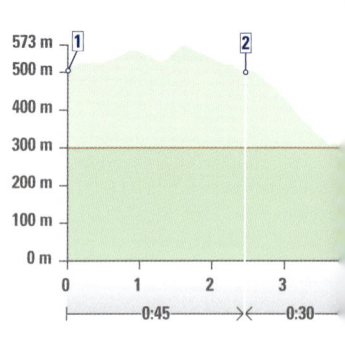

Etwa 0:30 Std. ab der Kapelle erreichen wir eine Kreuzung mit einem weißen Marmorkreuz **3**. (Etwas tiefer verläuft eine Schotterstraße, sie kommt aus Richtung Osten und endet in einer Bucht. Auf ihr könnte man nach **Trís Ekklisíes** laufen bzw. zu den schönen Stränden, die vor dieser Ortschaft liegen; → „Varianten für Wanderer mit einem Pkw und ..."). Sie halten sich bei der Kreuzung mit dem Schild „Koudoumá" nach rechts und folgen den roten Markierungen nach Westen. Der alte Maultierpfad führt nun ein kleines Stück moderat weiter, bis er dann in Serpentinen fast 150 Höhenmeter zu einem Sattel **4** ansteigt.

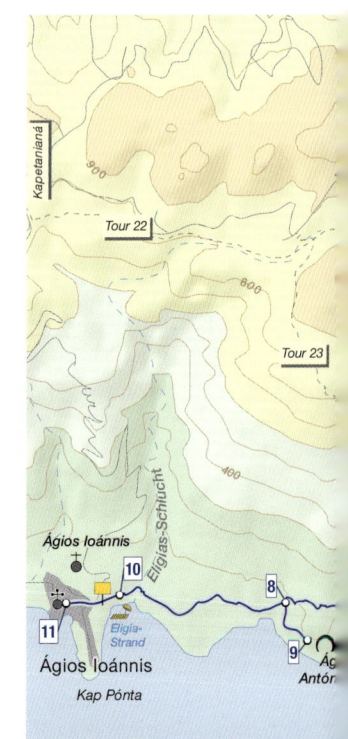

Nach dem Sattel quert der Weg weitere kleine Taleinschnitte und führt dabei mehrmals auf und ab. 0:20 Std. ab dem Sattel [4] erreichen Sie einen weiteren Sattel und befinden sich nun auf 440 m. Ein weißes Marmorkreuz **5** markiert die Stelle. Knapp 10 Min. später erreichen Sie schon die Fahrstraße **6** zum Kloster.

Die Schotterpiste windet sich 400 Höhenmeter in weit gezogenen Kurven den kargen Hang zum Kloster hinab. Doch keine Angst, Sie müssen nicht die ganze Strecke auslaufen: Kleine Holzschildchen und rot markierte Steine weisen auf so manche Abkürzung zwischen den Kehren hin. Das **Kloster Koudoumá** **7**, das Sie ab [6] in etwa 0:35 Std. erreichen, beeindruckt vor allem durch seine fan-

Tour 24 ✳✳✳ 147

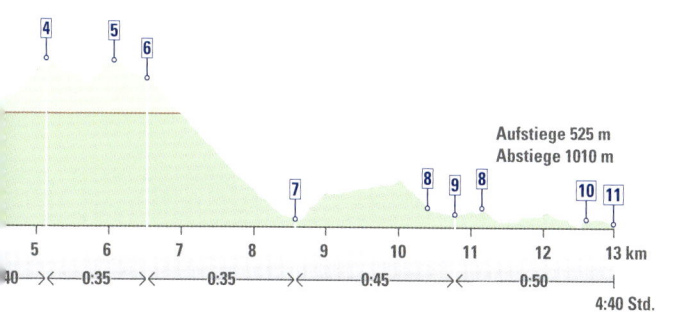

Aufstiege 525 m
Abstiege 1010 m

4:40 Std.

tastische Lage inklusive Badestrand (FKK oder oben ohne sind hier absolut unangemessen; → „Liturgien am Strand", S. 140).

Der folgende Wanderweg nach Ágios Ioánnis ist ein breiter Pfad durch alten Kiefernwald. Sie folgen die nächsten 1:30 Std. einfach den vielen Holztafeln und Markierungen. Den Abstecher und Abzweig **8** zur **Höhlenkapelle Ágios Antónius 9** sollten Sie dabei nicht auslassen ▶

Der Fahrweg zum Kloster Koudoumá [7]

▶ (hin und zurück ca. 0:15 Std.). Nach dem Besuch der Felsengrotte geht es auf dem bekannten Weg weiter in Richtung Westen, der Fußpfad wurde mit einem neuen Holzgeländer abgesichert.

Kurz vor der Ortschaft Ágios Ioánnis breitet sich am **Kap Pónta** eine wunderschöne Bucht aus. Noch am Anfang der Bucht wird in Strandnähe das trockene Bachbett der Chónos-Schlucht gequert. Dann führt der Pfad über die Klippen nach oben, wo man sich links hält und auf eine Erdpiste [10] stößt. Etwa 180 m später treffen wir auf die breitere Piste, die rechts **nach Kapetanianá** hochführt (mehrere Varianten für diesen Aufstieg finden Sie in der Tour 23; auch Trampen ist möglich). An diesem Abzweig steht ein großes Schild mit Wanderinformationen zur Region. Links erreichen Sie in 5 Min. den Ort **Ágios Ioánnis** [11] mit Minimarkt und zwei Tavernen. ■

Varianten für Wanderer mit einem Pkw und ...

... **guter Kondition:** bis zur Kapelle Ágios Pávlos [2] fahren, von dort zum Kloster Koudoumá [7] wandern und auf gleichem Weg zurück (Ágios Pávlos – Kloster Koudoumá ca. 2:30 Std., retour ca. 3:30 Std.), gute Kondition erforderlich.

... **Strandausrüstung:** bis zur Kapelle Ágios Pávlos [2] fahren, von dort bis zum Marmorkreuz [3] wandern und dort den Abzweig links nach Trís Ekklisíes nehmen – ab dem Kreuz sind schöne Strände in ca. 0:30 Std. erreichbar. Hin und zurück ca. 3 Std.

... **echten Ambitionen:** Weitwanderer können die Tour bis Kapetanianá fortsetzen und dort übernachten (→ „Bei den Autoren wohnen" in Tour 22). Mehrere Möglichkeiten, von Ágios Ioánnis aus hochzukommen, werden in Tour 23 beschrieben, zu Fuß muss man mit 2:30–3 Std. rechnen.

... **Insider-Kenntnissen:** Mehr Tipps zu noch mehr Wandermöglichkeiten gibt's von den Autoren, die in den Asteroússia-Bergen zu Hause sind. In Ihrer Pension Kófinas in Kapetanianá stehen Sie Ihnen gerne mit Rat und Tat zur Seite.

** Zur Höhlenkirche Ágios Nikítas

Die Wanderung führt uns zunächst durch das kleine Bachbett des Mídris, das sog. „Tal der Krebse", dann passieren wir die von Einheimischen gern besuchte Feriensiedlung Tsoútsouros und folgen einem aussichtsreichen Küstenweg zur schönen Höhlenkirche Ágios Nikítas.

▶▶ Wir beginnen die Tour knapp 2 km nordwestlich des Ferienortes Tsoútsouros bei einem großen Eisentor **1**, das von zwei Betonpfeilern gehalten wird. Wir gehen hindurch und folgen dem kleinen Feldweg hinunter Richtung Bachbett, wobei wir nach ca. 10 Min. einen Gitterzaun **2** durchqueren. Die Landschaft ist wie an der gesamten Südküste von Phrygana geprägt. Dornenbibernelle, Stechginster und Thymian bedecken die hügeligen Flächen, vereinzelt sieht man Olivenbäume, die an den unteren Ästen häufig von Ziegen angefressen sind – sie scheinen über die Abwechslung im ansonsten recht kargen Pflanzenangebot froh zu sein.

Am Ende des Feldweges steht ein Stall **3**. Wir halten uns jetzt links und auf das Bachbett zu. Hier wachsen Alraunen, die den Boden mit ihren großen Blättern rosettenartig bedecken, im Bachbett selbst stehen Mönchspfeffer und Oleander. Wir folgen nun dem Wasserlauf nach Südosten und müssen ihn dabei immer wieder queren. Im Frühling rinnt das Wasser über ausgewaschenes Gestein, sammelt sich in kleinen Gumpen und bildet manchmal sogar kleine Wasserfälle. Mit viel Glück entdeckt man außerdem die kleinen Süßwasserkrebse, die dem Tal seinen Namen geben.

Nach ca. 1 Std. erreichen wir **Tsoútsouros** mit seinen vielen Neubauten, biegen bei einer Brücke **4** rechts ab und folgen der Asphaltstraße ca. 500 m an der Küste entlang nach Westen. Am letzten Haus der weiten Kieselbucht steht ein Holzschild **5** mit Hinweis auf den Wanderweg nach Maridáki. Steintreppen führen uns hier an einem eisernen Wasserrohr entlang hinauf. Der teils mit roten Punkten markierte Weg zieht sich anschließend steinig und moderat ansteigend entlang der schönen Steilküste nach Westen, ausgesetzte Stellen ▶

Länge/Gehzeit: einfach bis zur Höhlenkirche 8,9 km, 3:10 Std., gesamte Runde durch Tsoútsouros zurück zu **1** ca. 13,5 km, 6 Std.
Charakter: schöne und unschwierige Wanderung zunächst in einem Flussbett, dann auf Pisten und steinigen Pfaden; meist schattenlos.
Markierung: Wegweiser und teilweise rote Punkte auf Steinen.
Ausrüstung: festes Schuhwerk von Vorteil, Sonnenschutz, evtl. Badesachen für eine Erfrischung am schönen Kiesstrand von Tsoútsouros.
Verpflegung: Wasser mitnehmen, Tavernen in Tsoútsouros (geöffnet Mai bis Okt.).
Hin & zurück: kein Busverkehr nach Tsoútsouros! Mit dem Auto von der östlichen Messara-Ebene (Kastelliná) auf der Bundesstraße Richtung Tsoútsouros fahren und ca. 2 km vor dem Ort bei einem großen Eisentor **1** auf der rechten Seite parken.

sind mit Geländer gesichert. Hier wächst üppig die Weiße Meerzwiebel, die im Frühling mit ihren großen fleischigen Blättern auffällt, im Sommer mit der aus der trockenen Erde ragenden Wurzelknolle und im Spätsommer mit ihrem langen, weiß blühenden und lilienartigen Blütenstand. Vereinzelt stehen hier auch Affenbrotbäume, deren braune, schotenartige Früchte besonders proteinhaltig sind und gerne an Maultiere oder Ziegen verfüttert werden.

Bald führt unser Weg steil bergab nach **Maridáki**. Am Talboden, etwa 1 km ab ⑤, endet der ausgebaute Weg. Wir halten uns auf dem schmalen Fahrweg nach links und wandern auf das Örtchen zu. Die schlichten Häuser liegen direkt an einer Flussmündung in einer kleinen Kieselbucht und dienen ausschließlich Kretern als Sommerdomizil.

Flussaufwärts erkennt man die engen Schluchtwände der Ligiofárango-Schlucht und kann sich vorstellen, wie viel Wasser sich

Steile Klippen

dort bei starken Regenfällen aus dem Lipsó-Fluss durchzwängt. Nach 2 Min. überqueren wir eine kleine Brücke ⑥ und folgen nun einer Schotterpiste steil hinauf. Beim nächsten Abzweig halten wir uns geradeaus, die südöstlichen Ausläufer des Asteroússia-Bergstocks kommen in den Blick.

Es geht vorbei an mehreren neuen und sich im Bau befindenden Ferienhäusern, weiter westlich sehen wir die auf einem kleinen Plateau stehende **Kapelle Tímios Stavrós**. Nach ca. 1,2 km ab ⑥ kommen wir an einen Abzweig ⑦ und biegen links auf einen kleinen Fahrweg zur Kapelle hinunter (wer ein bald folgendes, etwas **heikles Wegstück** umgehen möchte, geht bei ⑦ rechts, → „Familien-Variante"). Der Fahrweg führt rechts an der Kapelle vorbei, folgt der parallel verlaufenden Stromleitung und passiert bald danach ein einsam stehendes Ferienhaus mit schöner Gartenanlage. Kurz danach endet der Fahrweg und geht in einen Pfad über. Dieser windet sich nun oberhalb der

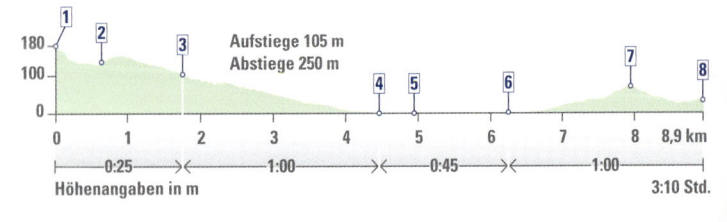

Tour 25 ✷✷ 151

steilen Klippen teilweise etwas ausgesetzt, aber – wenn die winterlichen Regenfälle nicht zu großen Schaden angerichtet haben – einigermaßen gut passierbar zur weithin sichtbaren grünen Oase der **Klosteranlage Ágios Nikítas** 8.

Die schöne, gepflegte Anlage erreichen wir über Betontreppen. In vollkommener Ruhe und Abgeschiedenheit gedeihen hier Palmen, Zypressen sowie Zitronen- und Orangenbäume. Das Bildnis des Heiligen Nikítas ziert die Außenfassade der Höhlenkirche, die mit Bänken versehene Parkanlage wird gerne besucht und lädt zur Rast ein.

Familien-Variante

Mit kleinen Kindern sowie als nicht so trittsicherer Wanderer geht man bei 7 auf der Schotterpiste am besten nach rechts. Beim nächsten Abzweig hält man sich links, an der darauffolgenden T-Kreuzung wieder links und läuft in Serpentinen zur Klosteranlage Ágios Nikítas 8 hinunter.

Zurück nach Tsoútsouros und zur Brücke 4 geht es auf demselben Weg. Um weiter zum Ausgangspunkt 1 zu gelangen, kann man den Hinweg folgendermaßen abkürzen: Man durchquert ab der Brücke 4 die Ortschaft nach Osten und folgt der Asphaltstraße nach Kastelliáná über einige Serpentinen, um nach etwa 1 Std. zu Fuß oder mit viel Glück per Anhalter das Eisentor 1 zu erreichen. ∎

** Auf den Hausberg der Inselhauptstadt

Diese Wanderung führt uns zur schönsten Gipfelkirche Kretas und einer minoischen Ausgrabungsstätte. Beide liegen auf dem Joúchtas und bieten spektakuläre Blicke auf das stetig wachsende Iráklion und das Weinkulturland rund um das schöne Städtchen Archánes.

▶▶ Start der Wanderung ist an einem Abzweig ca. 2,6 km außerhalb von **Archánes**, an dem ein Schild („Giouchtas 5 km") **1** zum 811 m hohen Joúchtas weist. Wir gehen auf der breiten Piste den in Nord-Süd-Richtung verlaufenden, lang gestreckten Bergrücken hinauf. Dieser soll aus der Ferne, so die Legende, dem Gesicht des schlafenden Göttervaters Zeus ähneln. Und wir streben nun auf unserem Wanderweg seiner hohen Stirn zu – ob das gut geht oder ob Zeus erwacht?

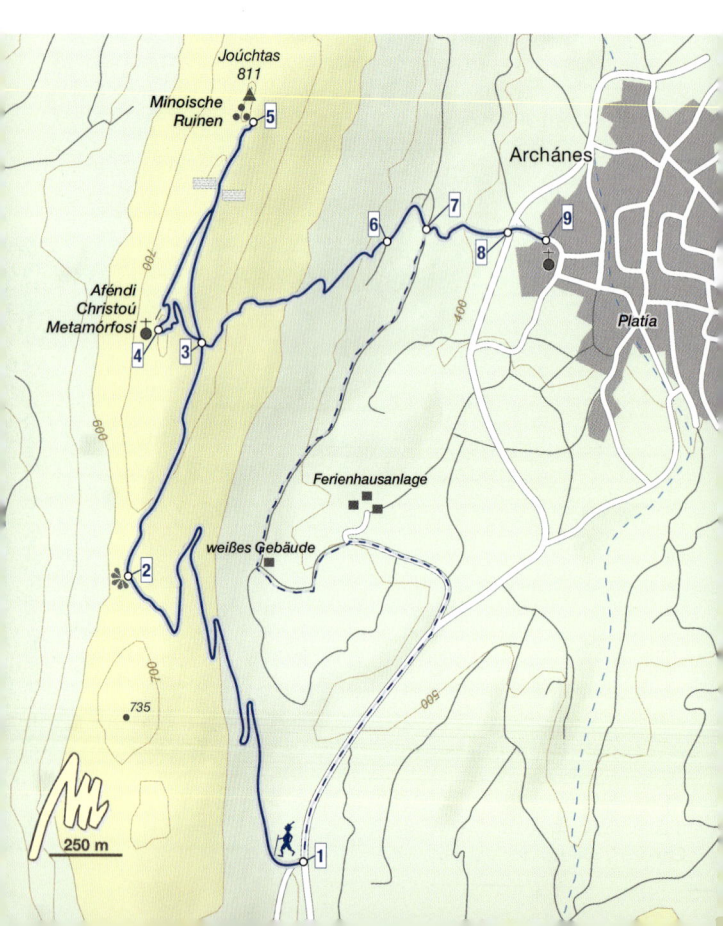

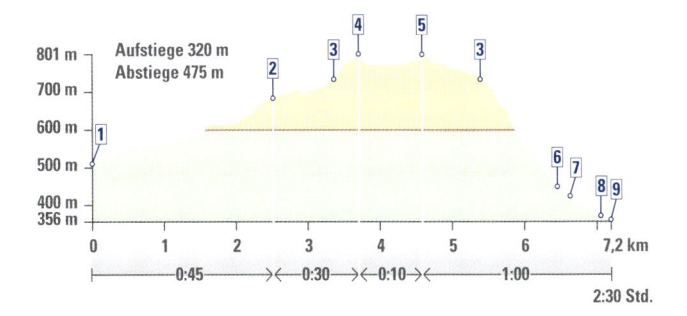

Am Wegrand begleitet uns die Pflanzenvielfalt der Phrygana, Hänge voller Salbei und Zistrosen verströmen einen würzigen Duft. Auf der lang gezogenen Kammhöhe stehen Steineichen, kleinwüchsige Zypressen und windgekrümmte Kiefern. Die Steigung ist moderat, im Mittelteil unseres Aufstiegs wird es flacher.

Fast auf dem Kamm angelangt, gehen wir in einer Rechtskurve etwa 20 m geradeaus weiter, bis von links ein Weg **2** einmündet. Ein **Abstecher** von ca. 20 m zu einem Aussichtsplatz belohnt hier mit einem tollen Panoramablick, den man nicht versäumen sollte: Er reicht weit nach Westen bis zum Ída-Massiv. Tief unten, umrahmt von zahlreichen Olivenhainen und Weingärten, liegt das Örtchen Profítis Ilías. In den steil abfallenden Westwänden des Berges nisten Gänsegeier, häufig ziehen sie majestätisch über dem langen Kamm ihre Kreise.

Zurück auf der Straße, folgen wir ihr weiter hinauf. Rechts haben wir schöne Blicke auf die mit ihren rötlichen Ziegeldächern sehr italienisch anmutende Stadt Archánes und ihr berühmtes Weinanbaugebiet. Etwa 0:15 Std. nach dem Aussichtspunkt sieht man bereits links oberhalb das Gipfelkreuz und die hohen Sendemasten. Bei einem einzeln stehenden Mandelbaum **3** können wir den Weg abkürzen, indem wir links den mit Steintreppen präparierten Pfad nach oben folgen. 10 Min. später stehen wir am Vorplatz der mächtigen **Gipfelkirche Aféndi Christoú Metamórfosi 4**. ▶

Länge/Gehzeit: einfach 7,2 km, 2:30 Std., als Rundwanderung 11 km, 3:45 Std.
Charakter: schöne, unschwierige Streckenwanderung v. a. auf unbefestigter Piste und Pfaden.
Markierung: Schilder, große rote Punkte.
Ausrüstung: mit festen Sportschuhen machbar, Sonnenschutz.
Verpflegung: Wasser mitnehmen, Tavernen in Archánes.
Hin: mit dem Auto von Iráklion nach Archánes, den Ort auf der Umgehungsstraße passieren und weiter nach Süden fahren, ca. 2,6 km nach dem Ortsausgang am Abzweig zum Joúchtas [1] parken.
Busse ab Iráklion (Busbahnhof A) Mo–Fr 17x, Sa 11x und So 4x nach Archánes und zurück (Fahrplan → S. 30).
Zurück: von Archánes per Anhalter oder mit einem Taxi von der Platía in Archánes (2–3 €) zurück zum Ausgangspunkt [1], kein Busverkehr.

▶ Alljährlich findet zu diesem großartigen Ort eine Wallfahrt statt, dann pilgern am Vorabend des 6. August die Gläubigen von Archánes aus zur Gipfelkirche, um das Fest der Verklärung Christi zu feiern. Das imposante, vierschiffige, weiß gekalkte Gotteshaus trägt zur besonderen Atmosphäre dort oben bei. Aber auch die grandiose Aussicht über Iráklion und die sich in der Ferne abzeichnenden mächtigen Hänge des Ída-Massivs überwältigt nicht minder.

> **Variante**
>
> Alternativ ist **die Tour als Rundwanderung** machbar: Dazu folgt man beim Abzweig **7** der Straße rechts weiter in südlicher Richtung durch das Weinbauland. Nach ca. 1,2 km macht die Piste einen starken Knick nach links, hier steht ein weißes Gebäude. Wir folgen der Piste nun 200 m bergab, bis sie abermals einen Knick nach links macht. Einen Linksabzweig zu einer Ferienhausanlage ca. 200 m danach ignorieren wir und erreichen nach etwa 500 m die große Asphaltstraße. Folgt man dieser nach Süden, erreicht man nach ca. 800 m das Schild („Giouchtas") **1** und damit den Ausgangspunkt der Tour (ca. 11 km, 3:45 Std.).

Für den weiteren Weg gehen wir jetzt die Piste hinunter (nicht zurück auf der Abkürzung). In der ersten Rechtskurve bleiben wir geradeaus, wandern zwischen zwei Natursteinmauern hindurch und folgen einer gepflasterten Weganlage hinauf (bitte auf den Pflanzenlehrpfad achten). Nach 0:15 Std. ab **4** erreichen wir – die letzten Minuten weglos den Hang hinauf – ein **minoisches Gipfelheiligtum 5**. Im eingezäunten Gelände sind noch einige Mauerreste eines Tempels bzw. einer Opferstätte erkennbar.

Wir folgen dem Weg zurück bis zu den beiden Natursteinmauern und dann auf der Piste so lange weiter bergab, bis wir zu dem Pfad **3** gelangen, den wir für den Aufstieg zur Kirche gewählt haben. Dort führt ein Fußweg nach links hinunter, kleine rote Punkte auf Steinen dienen hier als Markierung.

Nach einem halbstündigen, aussichtsreichen Abstieg nach Archánes mündet unser Weg in eine Schotterstraße **6**, der wir nach links hinunterfolgen. Der Weg trifft auf eine Betonstraße, man geht rechts, und nach ca. 100 m liegt links nun ein Haus **7**, an dem wir direkt zum Auto zurückgehen könnten (→ Kasten „Variante"). Unser eigentliches Ziel Archánes erreichen wir, wenn wir uns an dieser Stelle nach links halten. Nach wenigen Kurven überqueren wir dann die Umgehungsstraße **8**. Wir folgen schräg links einem betonierten Fahrweg in den Kern von **Archánes** hinein. Er führt geradeaus bis zur Kirche **9**, an der unsere Wanderung endet.

Wer möchte, kann weiter in den Ort hineinlaufen, um einzukehren oder sich ein Taxi zurück zum Ausgangspunkt zu nehmen. Dazu hält man sich nach der Kirche rechts, dann sofort wieder links. Nach ca. 150 m kommt man auf die alte Durchgangsstraße von Archánes, auf die man nach rechts abbiegt. Nach ca. 250 m trifft man dann auf eine große Platía mit KTEL-Bushaltestelle, Taxistand und Kafeníon. Dort kann man sich auch ein Taxi rufen lassen, falls keines bereitsteht. ■

Blick auf die Gipfelkirche 4

Die Aussicht auf Iráklion ist sicher ein Foto wert

*** Zu den Wäldern der Díkti-Berge

Auf dieser Rundwanderung führen schöne Wege in würziger Waldluft nahe an die Díkti-Berge heran. Da der Wanderweg Teil eines uralten Imkerpfades ist, trifft man immer wieder auf bewohnte und unbewohnte Bienenstöcke. Und ein Aussichtsplatz am höchsten Punkt der Wanderung bietet herrliche Blicke.

Schon die Anfahrt in die Díkti-Berge macht deutlich, dass der drittgrößte Gebirgszug im Südosten Kretas nicht mit landschaftlichen Reizen geizt. Nordwestlich von Ierápetra zieht sich die kleine Asphaltstraße in engen Schleifen die Berglandschaft hoch. Eine kleine Klamm mit großartigem Felsszenario führt uns schließlich in das Hochtal von Selákano.

▶▶ Wir erreichen in **Selákano** den Hauptplatz und parken an der neu errichteten Natursteinmauer **1**. Wer noch kein Wasser hat, kann rechts der Straße an Wasserhähnen herrlich frisches Quellwasser auffüllen. Von der Natursteinmauer aus folgen wir der Betonstraße Richtung Südosten. Nach etwa 40 m halten wir uns links (Hinweisschild zum Kafeníon mit aufgemalter Tasse) und sehen ebenfalls links eine kleine Kapelle. Rechts versteckt sich im Schatten von Bäumen das kleine Kafeníon. Wir bleiben auf dem Betonweg bergab, bis nach wenigen Metern direkt vor uns eine riesige Eiche steht.

Der Betonweg biegt nach links, wir jedoch halten uns hier ganz rechts und folgen dem Feldweg nach oben, der zu einem weiter hinten stehenden Haus führt (auf dem Dach ist ein weißer Wasserbehälter). Hinter dem Haus erweitert sich der Feldweg zum breiten Schotterfahrweg, es geht nun leicht bergauf. In einer Rechtskurve, knapp 10 Min. nach der großen Eiche, verlassen wir diesen Weg nach links und passieren ein großes Eisengittertor (dort sind rote Punkte aufgemalt). Nach 60 m kommen wir zu einer T-Kreuzung, biegen nach rechts ab und erreichen nun den Anfang des Waldgebietes.

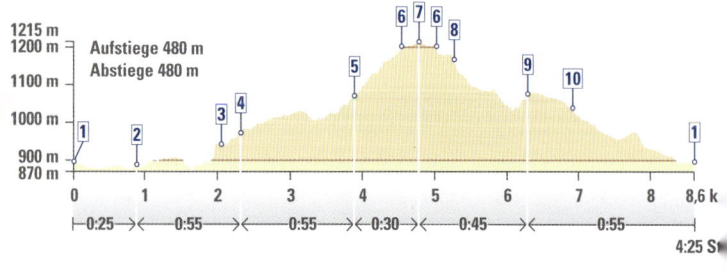

Nach ca. 250 m zweigt links (rot markiert) ein Feldweg **2** ab. Wir verlassen hier den Fahrweg und folgen dem Feldweg links hinunter. Nach wenigen Metern sehen wir rechts zwei Holzschilder mit den Aufschriften „Metachóri" und „Skafídia". Hier beginnt ein Fußpfad mit roten Markierungen, wir folgen ihm rechts hinauf. Gut auf die Markierungen achten, in dem wild verwachsenen Gelände sind sie nicht immer leicht zu finden! Links unten erblickt man einen Schluchteinschnitt. Der Weg führt zunächst ca. 10 Min. moderat bergauf. Unter Aleppokiefern und Steineichen schlängelt sich der Pfad dahin, bis er in mehreren Serpentinen in ein Bachbett hinunter- und auf der anderen Seite nach etwa 10 m wieder rechts hinaufführt. Im Vergleich zum bisherigen Weg wirkt das vor uns liegende Hangstück nun abschreckend unwegsam und schwer zu passieren. Hier haben starke Regenfälle das Gelände nachhaltig bearbeitet. An einem großen, von Wasser unterhöhlten Baum, der mit Venushaar bewachsen ist, gehen wir rechts vorbei.

Nach einem kurzen steilen, steinigen und weglosen Aufstieg von ca. 30 m – **Rutschgefahr!** – kommen wir zu einem betonierten Brunnen. Mehrere Holzkreuze weisen den Weg weiter. Wir halten uns rechts, einem Hinweisschild nach Kalíves folgend (links geht es nach Metaxochóri). Nach ca. 100 m ist es geschafft, der Weg wird deutlich angenehmer. Ein schöner **Aussichtspunkt** 3 öffnet wieder einen Blick in die Schlucht.

Weiter auf dem Pfad, der ein kurzes Stück am Felsabbruch entlangführt, übersteigen wir mehrere Baumstämme und folgen dem Weg, an dem auch Wasserschläuche verlaufen, hinauf. Man sieht einen alten Dreschplatz, und kurz darauf erreichen wir einen kleinen Fahrweg 4, wo wir uns rechts bergauf halten. Zwei Holzschilder („Selákano") weisen in Richtung unseres Ausgangspunktes. Nach ca. 2 Min. lohnt ein kurzer **Abstecher** auf einem kleinen Pfad nach rechts zu einem etwa 20 m weiter liegenden, von Steinmauern umgebenen Platz. Es ist ein für diese Region typischer, **ehemaliger Bienengarten** („melissókipos"). Dort befinden sich auf kleinen Terrassen Tonröhren, in denen früher Bienen lebten. Der Wald von Selákano ist voll von solchen Bienengärten, der vor uns liegende wurde vom Imkerverein renoviert und kommt einem Denkmal gleich. ▶

Länge/Gehzeit: 8,6 km, 4:25 Std.
Charakter: schöne, mittelschwere Rundwanderung in waldreichem Gebiet, **Trittsicherheit notwendig**, etwas Orientierungssinn erforderlich. April/Mai und Sept./Okt. viele Bienen (→ „Bienen-Alarm")!
Markierung: E4-Schilder, kleine rote Punkte auf Steinen, Steinmännchen, Wegweiser.
Ausrüstung: festes, knöchelhohes Schuhwerk, im Frühjahr/Herbst Jacke mitnehmen, ggf. Medikament gegen Bienenstiche. Aktueller Wetterbericht unter www.freemeteo.com. Kartentipp → S. 31.
Verpflegung: Wasserhahn an der Natursteinmauer 1 beim Parkplatz, Wasser und Proviant mitnehmen.
Hin & zurück: keine Busverbindung nach Selákano! Mit dem Auto von Ierápetra nach Míthi und Sarakínas Canyon. In Míthi bei der ersten Kreuzung rechts halten (Schild „Sarakínas Canyon"), am Dorfplatz wieder nach rechts in Richtung Males. Nach ca. 5 km zweigt man zur Ortschaft Christós links ab und biegt kurz vor Christós nach rechts hinauf (Holzschild „Selákano"). Ein steiler Betonweg führt die ersten Serpentinen nach Selákano hoch und geht dann weiter oben wieder in eine schmale Asphaltstraße über. Am Hauptplatz in Selákano parken.

▶ Wieder zurück auf der Piste, folgen wir ihr weiter bis zu der Stelle, an der uns Treppen und ein Schild „Neraídou Goúla" geradeaus und leicht bergab führen (hier endete zum Zeitpunkt der GPS-Vermessung der Fahrweg). Angenehm moderat zieht sich nun ein gut zu begehender Fußpfad weiter nach oben.

Die Gipfel der Zweitausender rücken immer näher. Vor uns liegt die höchste Erhebung der Díkti-Berge, der **Spathí Madáras** (2.148 m, in manchen Karten auch einfach nur Díkti genannt). Er leuchtet weithin mit seinen weißlichgrauen Kalkplatten oberhalb der Baumgrenze, rechts von ihm ist der Lázaros (2.085 m) und links der Aféndis Christós (2.141 m). An dieser Wegetappe, ca. 0:20 Std. nach Erreichen des Fahrweges 4, lohnt außerdem ein beschilderter kurzer Abstecher von 20 m nach rechts zu einem kleinen **Aussichtspunkt**, an dem eine Holzbank unter einer Zeder steht. Mit Blick auf die waldumsäumte Hochebene und die weit in grünen Gärten und Feldern verstreuten Häuser von Selákano lässt sich hier herrlich Rast machen.

Zurück auf dem Fußweg, folgen wir kurzzeitig einem Wasserschlauch, dann durchqueren wir in nordwestlicher Richtung einen der Bachläufe, die sich am Fuße der Díkti-Berge bilden und später in den Mírtos-Fluss münden. Wir folgen dem Weg aufwärts, bis ein weiterer schöner Aussichtsplatz erreicht wird. Moderat aufsteigend, laufen wir nach Westen, bis wir ca. 0:15 Std. ab dem Bachlauf auf einen Abzweig treffen. Wir folgen dem unteren rechten Weg (Holzschild „Spirídou Haráki"). Wenige Meter danach durchqueren wir ein kleines Bachbett und halten uns rechts bergauf. Der Weg ist nicht mehr sehr gut erkennbar, achten Sie auf rote Markierungen. Dieses Wegstück führt jetzt einige Minuten lang steil hinauf auf einen Bergrücken 5.

Oben angelangt, halten wir uns links, dem Kamm weiter hinauffolgend. Einige Steinmännchen weisen weiter. Es geht nun stetig bergauf. Kurz vor der höchsten Stelle halten wir uns rechts in Richtung einer kleinen Hochebene und erkennen weiter vorne deutlich sichtbare Holzkreuze. Der Weg führt ab hier wieder gut markiert auf das Plateau im Hochwald zu. Wir erreichen nach ca. 0:25 Std. Aufstieg ab dem Bachbett einen Abzweig 6, an dem Holzkreuze stehen. Hier bringt uns links ein beschilderter Abstecher zum höchsten Punkt der Tour: Nach ca. 200 m und etwa 10 Min. erreichen wir einen felsigen **Aussichtsplatz** 7.

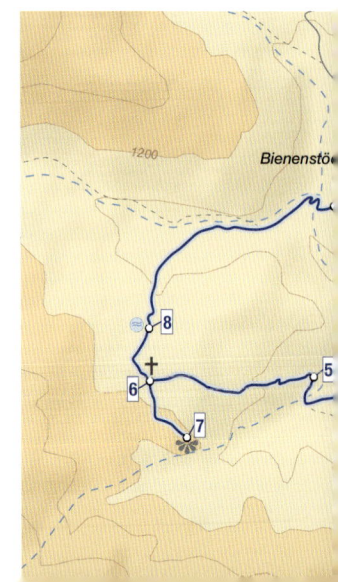

Dort wird man mit einer großartigen Aussicht auf die steilen Hänge der drei höchsten Berge des Gebirgsstockes belohnt.

Zurück auf dem Hauptweg bei **6**, folgen wir dem Weg nun nach links steil hinunter und erreichen nach knapp 10 Min. eine Quelle **8**. Sie ist mit einem roten Kreis gekennzeichnet und trägt zu Recht den Namen „Kaló Neró" – „gutes Wasser".

Der weitere Weg führt durch schattigen Wald und ist sehr gut erkennbar. Bald erreichen wir ein breites Bachbett. Dort erblicken wir linker Hand schöne Abbrüche und wandern im oder am rechten Rand des Bachbettes weiter, bis von links ein weiteres kleines Bachbett einmündet. Wir folgen nun dem kleineren ein paar

Bienen-Alarm

Im Reich der Bergzypressen, Steineichen und Aleppokiefern steht eine beachtliche Menge an Bienenstöcken. Die Bienen umschwirren gerne alle Wasserstellen, Brunnentröge und kaputten Wasserschläuche! Am besten wandern Sie ganz still und ruhig vorbei.

Meter hoch und steigen nach rechts bergauf, der Weg führt nun wieder rot markiert weiter. An einer Weggabelung mit Holzschildern („Melissókambos") gehen wir rechts.

Anschließend führt der Weg in mehreren Serpentinen ein kurzes Stück etwas steiler hinauf, rundum sind wir von einem großartigen Felsszenario umgeben. Auf der Hügelkuppe erreichen wir einen großen ausgeschobenen Platz **9**. Hier werden im Frühjahr und im Herbst Hunderte von Bienenstöcken aufgestellt. Die bunt gestrichenen Kästen, die wohlgeordnet in vielen Reihen auf der Waldlichtung stehen, und das herumschwirrende Bienenvolk verleihen dem Ort eine besondere Atmosphäre. ▶

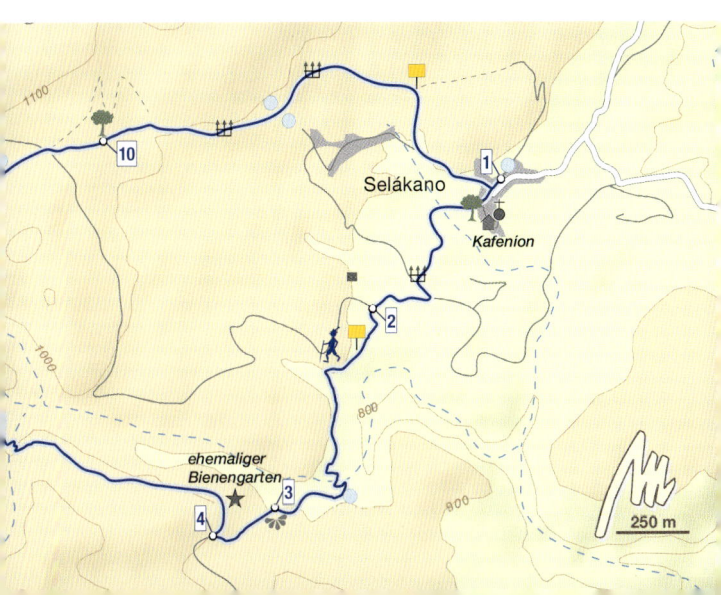

In Reih und Glied: Bienenstöcke am Wegrand

▶ Wir folgen der Piste hinunter, vorbei an einer großen betonierten Wasserzisterne. Links mündet nun eine Schotterpiste ein, wir bleiben hier noch ca. 50 m geradeaus, bis sich der Weg mehrfach gabelt. Wir nehmen den mittleren Fahrweg geradeaus hinunter (Holzpfeile auf beiden Seiten) und treffen auf die ersten E4-Markierungen, die vom Gipfel des Aféndis Christós herunterführen. Ein E4-Zeichen, das an einem Baum **10** befestigt ist, weist auf einen rot markierten Pfad nach rechts hinunter.

Wir folgen ihm, überqueren einen anderen Fahrweg kerzengerade, durchqueren kurz unterhalb ein Bachbett und wandern an einem Gitterzaun entlang, bis wir ein großes graues Gittertor passieren. Kurz danach gehen wir zwischen zwei Zisternen hindurch und gelangen auf einen unbefestigten Fahrweg, wo wir rechts hinuntergehen. Links des Weges verläuft kurzzeitig ein graues Eisenrohr. Bei der nächsten Gabelung bleiben wir geradeaus, laufen ein Stück bergauf und passieren nach wenigen Minuten wieder ein graues verzinktes Gittertor, hinter dem eine Straße nach rechts abbiegt. Wir bleiben auch hier geradeaus Richtung Osten, bis links eine überdimensionierte Tafel mit viel Text und dem Hinweis „Schützt den Wald" erscheint. An dieser Stelle führt ein schmaler Weg geradeaus in den Wald, wir halten uns hier jedoch rechts und erreichen nach ca. 0,5 km die ersten Häuser der Streusiedlung **Selákano**.

Vor einem alten Gebäude mit einem verwitterten Schild „Kafeníon" biegen wir nach links ab und gehen auf einen einzelnen großen Baum zu, an dem ein E4-Schild hängt. Über eine nach rechts abwärtsführende Betonstraße gelangen wir zurück zu unserem Platz mit dem Hinweisschild zum Kafeníon. Wenn wir Glück haben, hat es geöffnet (Anfang Mai bis Ende Oktober), und wir können uns dort stärken. ■

* Auf die Lassíthi-Hochebene und zur Tímios-Stavrós-Kapelle

Dieser stimmungsvolle Spaziergang bringt Sie zur Tímios-Stavrós-Kapelle, die auf einer Hügelspitze thront. Von dort genießt man einen tollen Panoramablick über die fruchtbare Lassíthi-Hochebene.

Von Iráklion kommend, biegen wir an der Kreuzung nach dem Pass Sélli Ambélou nach links. Ein Halt mit Besuch der einstigen Getreidewindmühlen, die links und rechts den Kaum säumen, lohnt auch wegen des schönen Ausblicks über Küste und Hinterland. Wir passieren Lagoú und 1 km danach das große neue Gebäude des Gesundheitszentrums (Health Center) am westlichen Ortsrand von Tzermiádon. Nach wenigen Metern weisen an einem Abzweig **1** links mehrere Schilder zur Kapelle und zur archäologischen Ausgrabung auf dem Karfí. Das Auto kann hier oder auch am Parkplatz des Gesundheitszentrums abgestellt werden.

Kommt man von Ágios Nikólaos, passiert man Tzermiádon, bis man am westlichen Ortsrand kurz vor dem Gesundheitszentrum den Abzweig **1** erreicht.

▶▶ Wir beginnen unsere Wanderung am westlichen Ortsrand von **Tzermiádon** beim Abzweig **1** mit den Hinweisschildern und folgen der asphaltierten Straße bergauf. Beim ersten Abzweig, wo der Asphaltweg in eine kleine Betonstraße übergeht, biegen wir nach links. Auf dem Weg passieren wir Schäfereien und sehen oben bereits die den Gipfel krönende Kapelle. Je höher wir wandern, umso herrlicher wird die Aussicht auf die schachbrettartig angelegte Kulturlandschaft. Seit über 5.000 Jahren wird in dieser Gegend Obst, Gemüse und ▶

Länge/Gehzeit: einfach 3,4 km, 1:15 Std., hin und auf demselben Weg zurück 6,8 km, 2:15 Std.
Charakter: schöne, kinderfreundliche und einfache Streckenwanderung auf grob betoniertem Fahrweg.
Markierung: Hinweisschilder.
Ausrüstung: Sonnenschutz und im Frühling/Herbst Jacke mitnehmen, auch mit bequemen Sportschuhen machbar. Kartentipp → S. 31.
Verpflegung: Wasser mitnehmen, Tavernen und Kafenía in Tzermiádon.
Hin & zurück: mit dem Auto von der Nordküste bzw. von Iráklion entweder über Chersónisos, über Stalída und Mochós oder über Mália auf den Pass Sélli Ambélou, dann nach Tzermiádon und am bzw. kurz nach dem Health Center parken. Von Nordosten bzw. von Ágios Nikólaos nach Tzermiádon (kurvenreiche, aber sehr schöne Strecke) und kurz vor bzw. am Health Center parken.
Taxizentrale in Mália ✆ 28970-31777, Taxizentrale in Chersónisos ✆ 28970-23723, jeweils ca. 45 € für die Fahrt auf die Lassíthi-Hochebene.
Bus auf die Lassíthi-Hochebene (z. B. Iráklion – Lassíthi-Hochebene: Mo–Fr 13 Uhr, So 7.30 Uhr, zurück Mo–Fr 6.30 Uhr, So 14 Uhr) für Tageswanderung ungeeignet. Wer dort übernachten will (→ „Übernachten auf der Lassíthi-Hochebene", S. 167), kann mit dem Bus anreisen, sollte aber vorher in der Buszentrale anrufen (✆ 2810-246530) – die Abfahrtszeiten werden oft geändert (Fahrplan → S. 30)!

Getreide angebaut. Im Juli blühen wuchtig hohe Königskerzen und Kugeldisteln am Wegrand.

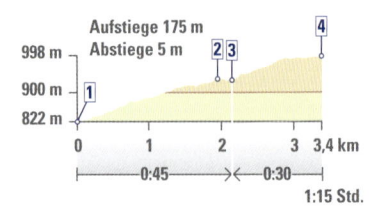

Etwa 0:20 Std. nach dem Abzweig wandern wir über einen kleinen Sattel **2** der schönen **Hochebene von Níssimos**. Sie wird nach Nordwesten hin vom 1.141 m hohen Karfí und im Norden und Osten von den felsigen Flanken des Seléna-Berges (1.558 m) begrenzt. Ab hier befinden wir uns im Weidegebiet von Schafen und Ziegen. 200 m nach Passieren des Sattels kommen wir an eine Weggabelung **3** und halten uns nach rechts hinauf, dem betonierten Fahrweg weiter folgend. Nach ca. 0:20 Std. erreichen wir schließlich das Hügelplateau und die Kapelle **4**.

Der Name **Tímios-Stavrós-Kapelle** bedeutet, dass die Kapelle dem Fest der Kreuzerhöhung geweiht wurde (→ „Tímios Stavrós und das Fest der Kreuzerhöhung", S. 99). Jedes Jahr findet am 14. September eine prächtige Wallfahrt statt. Anhand des großflächig eingezäunten Geländes lässt sich die Pilgermenge erahnen. Der wichtigste Akt der Liturgie ist die Segnung des Kreuzes und des Volkes, wobei der Priester ein großes Kreuz in alle vier Himmelsrichtungen neigt.

Vom Kirchengelände haben wir einen wunderbaren Blick auf die sich vor uns ausbreitende **Lassíthi-Hochebene**. Unter uns liegt Tzermiádon – als größter Ort auch liebevoll „Hauptstadt" der Hochebene genannt.

Zurück wandern wir auf demselben Weg und erreichen nach ca. 1 Std. **Tzermiádon** und den Abzweig **1**.

Das große Gebäude des Health Center zeigt, dass man in Athen die ehemals dicht besiedelte Gegend nicht ganz vergessen hat. Doch trotz der besseren medizinischen Versorgung, einer neuen Apotheke und dem großen Supermarkt sieht man die Spuren der Abwanderung. Aber noch häkeln Frauen nachmittags im Schatten von Weinlaub, während ihre Männer im Kafeníon Backgammon oder Karten spielen. ∎

** Auf neuen und alten Wegen über den Karfí nach Krási

Wer waren die Eteokreter, und wo steht die berühmteste Platane der Insel? Beides erfahren Sie auf dieser Wanderung. Feldwege und Bergpfade führen uns aussichtsreich über die Hänge des Karfí in das Örtchen Krási.

Von Iráklion kommend, biegen wir an der Kreuzung nach dem Pass Sélli Ambélou nach links. Ein Halt mit Besuch der einstigen Getreidewindmühlen, die links und rechts den Kaum säumen, lohnt auch wegen des schönen Ausblicks über Küste und Hinterland. Wir passieren Lagoú und 1 km danach das große neue Gebäude des Gesundheitszentrums (Health Center) am westlichen Ortsrand von Tzermiádon. Nach wenigen Metern weisen an einem Abzweig **1** links mehrere Schilder zur Kapelle und zur archäologischen Ausgrabung auf dem Karfí. Das Auto kann hier oder auch am Parkplatz des Gesundheitszentrums abgestellt werden.

Kommt man von Ágios Nikólaos, passiert man Tzermiádon, bis man am westlichen Ortsrand kurz vor dem Gesundheitszentrum den Abzweig **1** erreicht.

▶▶ Wir beginnen die Wanderung am westlichen Ortsrand von **Tzermiádon** beim Abzweig **1** mit den Hinweisschildern und folgen der asphaltierten Straße bergauf. Beim ersten Abzweig, wo der Asphaltweg in eine kleine Betonstraße übergeht, biegen wir nach links. Etwa 0:20 Std. später wandern wir über einen kleinen Sattel **2** und erreichen die kleine **Níssimos-Hochebene**. ▶

Länge/Gehzeit: 7,4 km, 3:40 Std.
Charakter: schöne, unschwierige und aussichtsreiche Streckenwanderung überwiegend auf Feldwegen und Hirtenpfaden (kurze Strecken auf Betonwegen).
Markierung: kleine rote Punkte auf Steinen, Steinmännchen, E4-Schilder, Wegweiser.
Ausrüstung: festes Schuhwerk, im Frühjahr/Herbst Jacke, Sonnenschutz. Kartentipp → S. 31.
Verpflegung: ausreichend Wasser mitnehmen, Tavernen in Krási, z. B. bei der Riesenplatane **14**.
Hin: mit dem Auto von der Nordküste bzw. von Iráklion entweder über Chersónisos, über Stalída und Mochós oder über Mália auf den Pass Sélli Ambélou, dann nach Tzermiádon und am bzw. kurz nach dem Health Center parken. Von Nordosten bzw. von Ágios Nikólaos nach Tzermiádon (kurvenreiche, aber sehr schöne Strecke) und kurz vor bzw. am Health Center parken.
Taxizentrale in Mália ☎ 28970-31777, Taxizentrale in Chersónisos ☎ 28970-23723, jeweils ca. 45 € für die Fahrt auf die Lassíthi-Hochebene.
Bus auf die Lassíthi-Hochebene (z. B. Iráklion – Lassíthi-Hochebene: Mo–Fr 13 Uhr, So 7.30 Uhr, zurück Mo–Fr 6.30 Uhr, So 14 Uhr) für Tageswanderung ungeeignet. Wer dort übernachten will (→ „Übernachten auf der Lassíthi-Hochebene"), kann mit dem Bus anreisen, sollte aber vorher in der Buszentrale anrufen (☎ 2810-246530) – die Abfahrtszeiten werden oft geändert (Fahrplan → S. 30)!
Zurück: mit dem Taxi von Krási nach Tzermiádon ca. 20 €. Kein Busverkehr nach Tzermiádon!

▶ Bei der ersten Weggabelung verlassen wir die Betonstraße nach links und biegen 150 m danach auch bei der nächsten Weggabelung **3** links ab. Vor uns sehen wir die weiß leuchtende Kapelle Agía Ariádni, dahinter befindet sich ein kleiner Natursteinbau, den die Schäfer als Tierunterstand nützen.

> **Variante für Autofahrer**
>
> Bis [5] fahren, dann nach Krási wandern, einkehren und wieder zurücklaufen (hin und auf demselben Weg zurück ca. 10 km, 5:30 Std.).

Der Feldweg geht ca. 100 m nach der Kapelle in einen Wanderweg **4** über, wir folgen dort den gelben Schildern und roten Punkten. Ein Stückchen weiter oben sieht man linker Hand einen betonierten Wassertrog **5**, der von einer kleinen Quelle gespeist wird. Der Blick auf die felderreiche, fruchtbare Lassíthi-Ebene und die kleine Níssimos-Ebene unter uns ist wunderschön. Schafe ziehen mit Glockengebimmel gemächlich ihres Weges und knabbern an diesem und jenem sommertrockenen Gestrüpp – zumindest zum Zeitpunkt unserer Wanderung im Juli.

Der Weg ist nun eine Trittspur, jedoch gut markiert (Wegweiser „Karfí", verblichene rote Punkte, Steinmännchen und E4-Stangen). So erreichen wir bestens geführt den Sattel des 1.141 m hohen **Karfí** und die Ausgrabungsstätte einer spätminoischen Fluchtsiedlung.

Von etwa 1200 bis 1100 v. Chr. – eine von Kriegen und Völkerwanderungen geprägte, unruhige Zeit – war auch Kreta von Instabilität und Unsicherheit betroffen. Die Eteokreter, die letzten Nachfahren der Minoer, zogen sich deshalb ab dem 12. Jh. v. Chr. vor Eroberern, Piraten und Plünderern in solch schwer zugängliche Gipfelregionen zurück. In den Siedlungen wohnten im Schnitt 30 bis 40 Familien, hier auf dem Karfí zählte man sogar 125 bis 150 Haushalte mit fünf bis acht Personen pro Wohneinheit (ca. 70 m²).

Der Karfí

Wir halten uns rechts oberhalb der in einer Kuhle liegenden Ausgrabung und erreichen so nach wenigen Minuten den gegenüberliegenden Gipfel **6**. Die fast gerade verlaufende Küstenlinie östlich der Inselhauptstadt Iráklion und Kretas größte „Tourismusmeile" mit den stetig wachsenden Orten Goúves, Mália und Chersónisos liegt nun vor uns. ▶

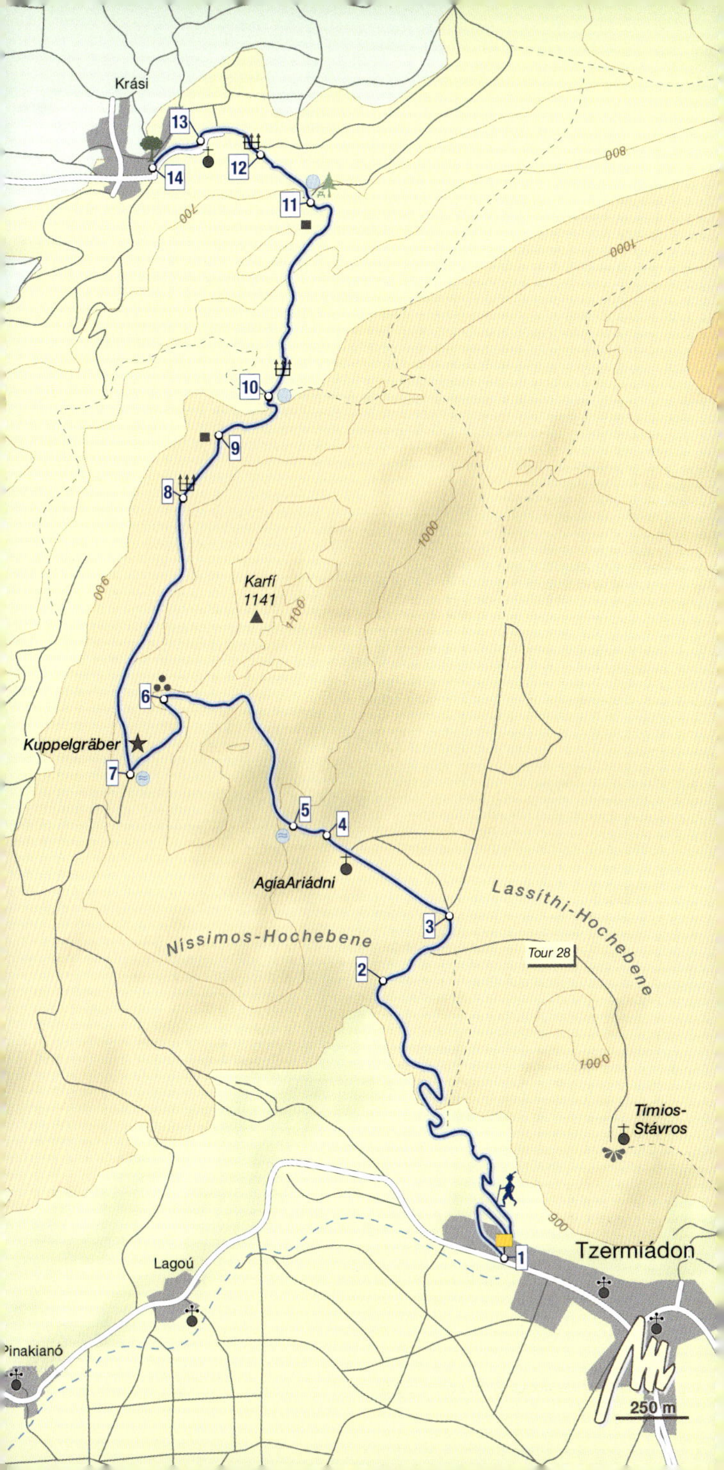
Krási
13
12
14
11
10
9
8
Karfí
1141
6
Kuppelgräber
7
5
4
AgíaAriádni
3
Lassíthi-Hochebene
Níssimos-Hochebene
2
Tour 28
Tímios-
Stávros
1
Tzermiádon
Lagoú
Pinakianó
250 m

Ostkreta/Díkti-Berge

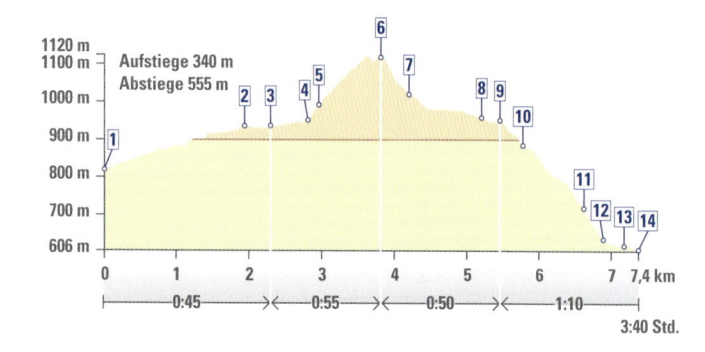

Aufstiege 340 m
Abstiege 555 m

3:40 Std.

▶ Wir gehen zurück zum Ausgrabungsgelände, um an dessen unterem Ende einen Fußweg zu nehmen, der rot markiert ist. Er führt in südwestlicher Richtung den Hang hinab. Nach ca. 300 m erreichen wir eine Quelle, an der wohl schon vor über 3.000 Jahren die alten Minoer ihr Wasser schöpften. Dort, am Abzweig **7**, folgen wir dem Wegweiser nach Krási rechts. Rechts des Weges liegen zwei minoische Kuppelgräber.

Der Weg führt jetzt gut sichtbar, aber ohne weitere Markierungen nach Norden und unterhalb des Karfí weiter. Wir überqueren ein kleines Geröllfeld und durchqueren ca. 1 km nach der Quelle einen Gitterzaun **8**. Bei allen nun kommenden Zaundurchquerungen bitte unbedingt auf Drähte achten, die in Kopfhöhe gespannt sind! Unter uns liegt jetzt Moní Kardiotíssa Kera, eines der meistbesuchten kretischen Klöster.

Bald erreichen wir einen kleinen Sattel in einem Waldgebiet, linker Hand sieht man dort Überreste einer Sennerei **9**. Wir halten uns hier rechts bergab. Nach ca. 250 m geht es nach links, hier wird es etwas geröllig, wir treffen jedoch wieder auf den Fußpfad und folgen diesem hinunter bis zu einer betonierten Wasserstelle **10**. Hier endete zum Zeitpunkt der GPS-Vermessung die Fahrstraße, die von unten heraufführt. Wir überqueren das Ende der Fahrstraße und bleiben auf dem

Windmühle auf dem Sélli-Ambélou-Pass

Einkehr unter der Riesenplatane 14 in Krási

hinunterführenden Pfad, gehen wieder durch ein Gatter und gelangen an den Rand eines wunderschönen Waldgebietes mit großen Eichen. Rundum steht bis in den Juli hinein noch gelb blühender und süßlich-aromatischen Duft verströmender Besenginster.

Vorbei an größeren alten Steinruinen, durchqueren wir nach ca. 0:20 Std. ab der Wasserstelle 10 einen weiteren Gitterzaun und erreichen wenige Minuten später einen neu gebauten Rastplatz 11 mit zwei großen Tischen und Bänken. Dort findet sich auch eine Trinkwasserstelle.

Wir gehen nun weiter auf dem kleinen Pfad, der sich unterhalb der Bänke steil hinunterzieht, durchqueren wieder einen Gitterzaun 12 und erreichen in Kürze eine betonierte Straße, der wir bergab folgen.

Den nächsten Rechtsabzweig ignorieren wir und erreichen nach 70 m eine unter hohen Bäumen stehende Kapelle 13, die leider meist verschlossen ist. Hinter der Kapelle führt ein schmaler Fußweg an einer Steinmauer entlang und zwischen den ersten Häusern von **Krási** hindurch. So gelangen wir nach ein paar Minuten an die große Dorfstraße mit Kretas berühmtester Platane 14. Werfen Sie noch einen Blick auf das venezianische Brunnenhaus am Platz, wo munter das Wasser plätschert, das den Riesenbaum nährt. Sie werden anschließend der Versuchung kaum widerstehen können, sich in der Taverne unter den ausladenden Ästen des Naturphänomens niederzulassen. Zu verlockend laden hier Tische und Stühle zur wohlverdienten Rast im Schatten ein. ■

Übernachten auf der Lassíthi-Hochebene

Besonders schön ist es, eine Nacht auf der Hochebene zu verbringen. Sehr nett und dörflich wohnt man in Magoulás bei Familie Manoussoákis in der Pension mit Taverne Dionysos (☏ 28440-31672).

** Auf historischem Transportweg nach Kastamonítsa

Vor 600 Jahren von den Venezianern erbaut und immer noch teilweise sehr gut erhalten, beeindruckt diese prächtige Weganlage auch Wanderer von heute. Der Weg führt vom Nordwesten der Lassíthi-Hochebene aussichtsreich in die den Díkti-Bergen vorgelagerten Täler.

Fährt man von Iráklion über die nördliche Zufahrt auf die Lassíthi-Hochebene, hält man sich bei der ersten Kreuzung rechts in Richtung Káto Metóchi und erreicht, vorbei am Kloster Vidianís, nach ca. 3 km eine große Brücke. Auch aus Nordwesten von Ágios Nikólaos kommend, passiert man (vorbei an Tzermiádon und Lagoú) das Kloster Vidianís und gelangt an die Brücke.

▶▶ Unsere Wanderung beginnt vor der großen Brücke. An der Straße weist ein Schild zur 2 km entfernten Eremitenhöhle Ágios Geórgios Chonoú. Hier biegen wir rechts auf den unbefestigten Fahrweg **1** ab und folgen diesem. Vorbei an einem rechts stehenden Gehöft, halten wir uns geradeaus und verlassen so bei einer Linkskurve **2** den Fahrweg, um nun einem kleinen Feldweg weiter geradeaus zu folgen. Beim nächsten Abzweig gehen wir wieder geradeaus,

Varianten für Autofahrer

Längere Variante: Vom Ausgangspunkt 1 bis zum Fahrweg 7 und wieder zurückwandern (hin und zurück ca. 10 km, 4:30 Std.).

Kürzere Variante: Bis 5 mit dem Auto, dann den gepflasterten Maultierpfad bis zum Fahrweg 7 und wieder zurückwandern (hin und zurück ca. 6,4 km, 3 Std.).

Wandergruppe auf der historischen Weganlage

rechts führt ein Fahrweg zu einem Wohnhaus. Nach etwa 180 m macht der Feldweg einen Schwenk nach rechts, wir verlassen ihn hier und gehen rechts von einer Steinmauer geradeaus weiter. Hier sieht man bereits die ersten roten Markierungen, weiter vorne zeichnen sich Teile des mit Phrygana-Gestrüpp verwachsenen, alten gepflasterten Weges ab. Wir gehen an dieser Stelle durch ein großes Gatter **3**. Ab hier ist der alte Maultierweg zum Teil recht gut erhalten und zu erkennen, wir folgen ihm.

Nach ca. 0:15 Std. erreichen wir eine Stelle, an der die oberhalb von uns neu angelegte Straße den alten Transportweg verschüttet hat. Wir folgen weiter den roten Markierungen durch unwegsames Gelände zu dieser Fahrstraße hinauf. An der Straße **4** halten wir uns rechts. Nach ca. 10 Min. verlassen wir sie in einer scharfen Linkskurve nach rechts, um einem kleinen Nebenweg zu folgen (E4-Markierungen). Gleich am Anfang dieses Feldweges durchqueren wir ein Gitterzauntor **5**. Nach 100 m beginnt links der gepflasterte Transportweg. Wer die langen Serpentinen nicht ausgehen möchte, kann an manchen Stellen abkürzen, aber Vorsicht, das Gelände ist **steinig und geröllig!**

Während der ganzen Wegstrecke an den westlichen Berghängen des Louloudákis und des Sklópa liegt eine Landschaft wie aus dem Bilderbuch vor uns: So weit das Auge reicht, ziehen sich Olivenhaine von den Vorhügeln des Gebirgsstockes bis hin zur dicht besiedelten Küste.

Wir folgen dem an manchen Stellen bis 3 m breiten gepflasterten Weg noch über mehrere Serpentinen im Zickzack nach unten ▶

Länge/Gehzeit: 7,7 km, 3:15 Std.
Charakter: schöne Streckenwanderung teils auf einer alten gepflasterten Weganlage, teils durch geölliges und verwachsenes Gelände und auf unbefestigten Fahrwegen. Streckenweise **gute Orientierung und Trittsicherheit notwendig.**
Markierung: kleine rote Punkte auf Steinen, E4-Schilder.
Ausrüstung: festes Schuhwerk, lange Hose wegen Gestrüpp empfehlenswert, im Frühjahr/Herbst Jacke mitnehmen, Sonnenschutz. Kartentipp → S. 31.
Verpflegung: Wasser und Proviant mitnehmen, Tavernen erst in Kastamonítsa.
Hin: mit dem Auto von der Nordküste bzw. von Iráklion entweder über Chersónisos oder über Stalída und Mochós auf die Lassíthi-Hochebene. Bei der ersten Kreuzung rechts in Richtung Káto Metóchi, vorbei am Kloster Vidianís, nach ca. 3 km erreicht man die große Brücke bei 1. Von Nordosten bzw. von Ágios Nikólaos vorbei an Tzermiádon und Lagoú zum Kloster Vidianís, dann zur Brücke bei 1.
Anfahrt mit dem Bus (z. B. Iráklion – Lassíthi-Hochebene: Mo–Fr 13 Uhr, So 7.30 Uhr, zurück Mo–Fr 6.30 Uhr, So 14 Uhr) nur bei Möglichkeit zu empfehlen (→ "Übernachten auf der Lassíthi-Hochebene", S. 167), dann mit dem Vermieter evtl. Transfer zum Ausgangspunkt 1 vereinbaren oder per Anhalter fahren. Vorher in der Buszentrale anrufen (℡ 2810-246530) – die Abfahrtszeiten werden oft geändert (Fahrplan → S. 30)!
Zurück: per Anhalter oder mit dem Taxi (ca. 30–40 €) zum Ausgangspunkt 1 oder nach Kastélli (6 km), von dort mit dem Bus nach Iráklion (5x tägl., Fahrplan → S.30). Taxiruf in Kastélli: Zampetákis mobil ℡ 6944-457273, Psilákis ℡ 6944-760196.

Ostkreta/Díkti-Berge

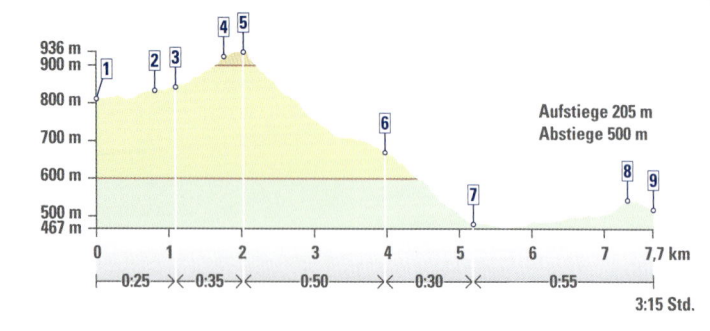

Aufstiege 205 m
Abstiege 500 m

3:15 Std.

▶ und verlassen ihn dann in einer Rechtskurve nach links, wo wir ca. 2 m zu einer von hier bereits sichtbaren E4-Stange (Blechschild fehlt) **6** hinaufsteigen. Dort kann man leicht unterhalb links bereits den weiteren Verlauf unseres Pfades nach Südwesten erkennen. Er ist ab hier teilweise von Geröll verschüttet, der Baumbewuchs und die hohe kretische Macchia nehmen zu, **Trittsicherheit** ist gefragt.

Wir erreichen nach ca. 0:30 Std. einen unbefestigten Fahrweg **7**, wo wir eine aus Bruchstein gebaute und (zumindest zum Zeitpunkt der Recherche) funktionierende Brunnenstelle vorfinden, an der man Trinkwasser nachfüllen kann. Schräg gegenüber sehen wir die Kapelle Ágios Geórgios. Zur Kapelle hält man sich rechts und nach 50 m an der Gabelung links. Wer keinen Abstecher zur Kapelle machen will, hält sich ab dem Erreichen des Fahrweges links.

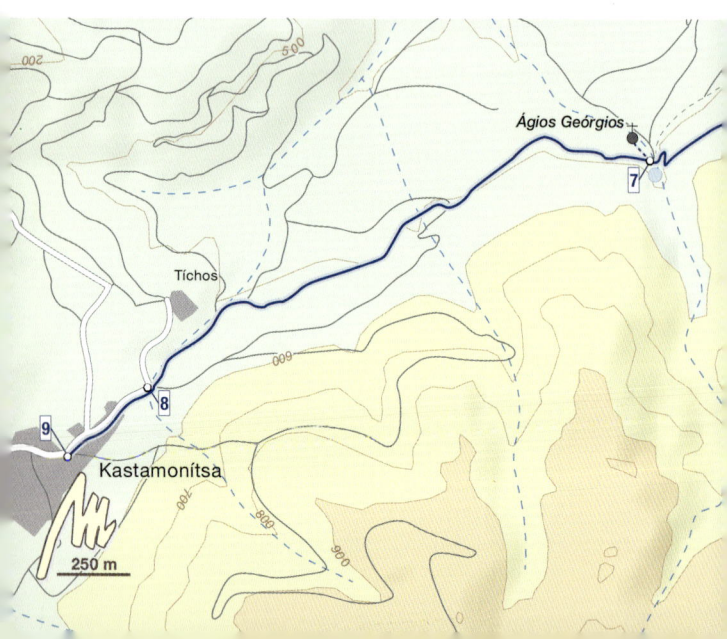

Am nächsten Abzweig nach ca. 800 m, bei einer großen Wasserverteilungsanlage, biegen wir nach rechts hinunter und nach ca. 40 m gleich wieder nach links auf einen kleinen Feldweg, an dem einige Kiefern sowie Gräser und Brombeersträucher stehen. Er verläuft direkt unterhalb der größeren Fahrstraße, beide führen nach Kastamonítsa. Nach nochmals ca. 800 m mündet links ein Feldweg ein, wir bleiben aber auf unserem Weg und gehen rechts hinunter, auch den nächsten Abzweig ignorieren wir.

Auf der Lassíthi-Hochebene

Bevor wir einen Sattel erreichen, wird aus unserer Piste eine kleine Betonstraße. Auf dem Sattel treffen wir auf eine Asphaltstraße **8**. Auf dieser gelangen wir, geradeaus weitergehend, nach ca. 10 Min. in die ursprüngliche und sehr ländliche Ortschaft **Kastamonítsa** **9**; hier gabelt sich die Straße. Wenn wir uns rechts halten, treffen wir auf mehrere kleine Kafenía und eine Taverne. Dort kann man einkehren, das beschauliche Dorfleben noch ein bisschen genießen und sich von einem Taxi aus Kastélli zurück zum Ausgangspunkt bringen lassen. ∎

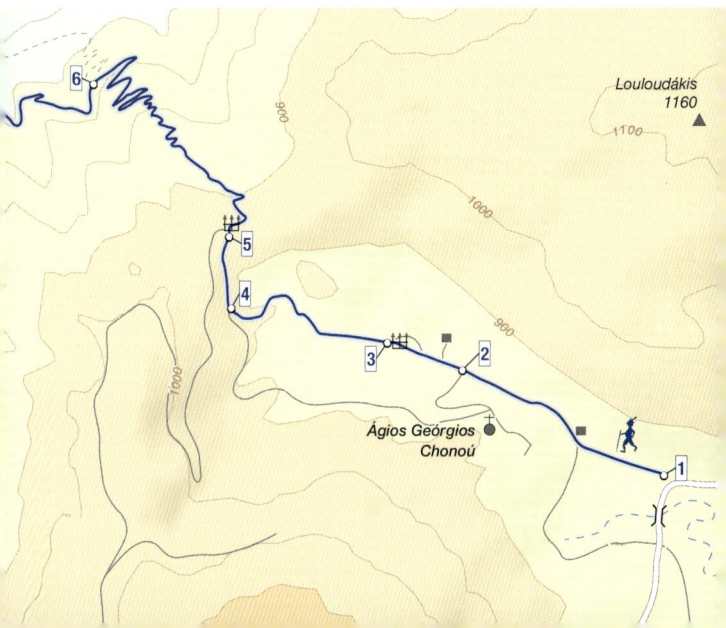

** Durch die Kritsá-Schlucht

Auf dieser Rundwanderung entdecken Sie das Hinterland im Südwesten von Ágios Nikólaos. Es geht dabei durch die Kritsá-Schlucht, ein absolutes Highlight der Region mit einigen abenteuerlichen Passagen, aber auch beschauliches Wandern auf Feldwegen kommt nicht zu kurz.

▶▶ Wir beginnen die Tour außerhalb der Ortschaft **Kritsá** kurz vor dem Fußballstadion, auf der Straße zur Ausgrabungsstätte Lató nach der kleinen Brücke **1**. Wir folgen hier dem Schild „Kritsá Gorge" und gehen den Fahrweg etwa 200 m hinauf bis zum Strommast **2**, ein Schild weist uns hier links den Weg zum Schluchtgrund hinunter.

Nach wenigen Minuten im Flussbett **3** angelangt, halten wir uns rechts. Bald steigen wir über kleine und große Felsblöcke oder auf Kieseln aufwärts. Nach ca. 10 Min. etwas anstrengendem Vorwärtskommen, versperrt uns ein Drahtzaun **4** den Weg, wir können aber hindurchgehen. Jetzt verengt sich das Flussbett, die 200 m hohen Felswände rücken sehr nahe – an dieser Stelle besteht **Steinschlaggefahr**! Das Gelände erfordert nun eine gewisse Wendigkeit, an einigen Stellen müssen die Hände zu Hilfe genommen werden.

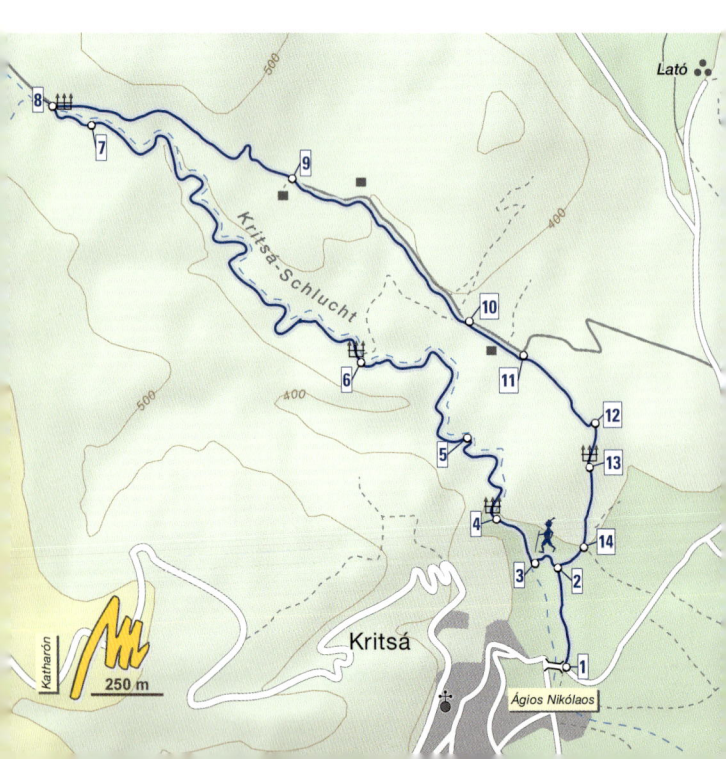

Tour 31 ✶✶   173

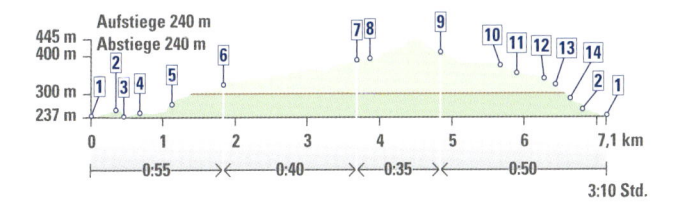

Aufstiege 240 m
Abstiege 240 m

445 m / 400 m / 300 m / 237 m

0   0:55   1   0:40   2   3   0:35   4   0:50   5   6   7,1 km

3:10 Std.

Nach mehreren kleinen nach Niederschlag wasserführenden Steinbecken und ca. 0:15 Std. ab dem Drahtzaun ▣4 wird die Schlucht wieder breiter ▣5. Wir wandern nun im Schatten von ausladenden Johannisbrotbäumen, Stein- und Kermeseichen, teils führt der Weg über einige vom Wasser polierte Steine weiter. Bald erreichen wir einen weiteren Zaun ▣6. Wir übersteigen ihn entweder links an einer Stelle, wo er bereits heruntergetreten ist, oder wir halten uns rechts und folgen dem Zaun ca. 50 m bis zu einem Gatter, durch das wir gehen können. Ob links oder rechts, wir gelangen zurück in das mit Oleander bewachsene Flussbett und setzen den Weg durch die wilde Landschaft fort. Unterwegs sieht man jetzt vereinzelt blaue Hinweise mit „Bar Tapes".

Nach etwa 1 Std. öffnet sich das Flusstal und wird breiter, links Gebiet mit Olivenbäumen ▣7. Etwa 150 m danach versperrt wieder ein breiter Zaun ▣8 den Weg. Dahinter würde der Fahrweg nach Tapes beginnen.

Hier vor dem Zaun verlassen wir das Flussbett (rechts wurde mit dicken Steinen ein Pfeil als Wegweiser neben dem Bachbett auf den Boden gelegt). Wir folgen dem Pfad stetig bergauf. .

Etwa 0:15 Std. nach Verlassen des Flussbettes überqueren wir einen kleinen Kamm, der mit etwa 450 m der höchste Punkt unserer Wanderung ist, und steigen zu ▶

Länge/Gehzeit: 7,1 km, ca. 3:10 Std.

Charakter: landschaftlich reizvolle Rundwanderung in der näheren Umgebung von Ágios Nikólaos; **Trittsicherheit erforderlich.** Der erste Wegabschnitt führt durch die Kritsá-Schlucht, dann geht es über teilweise gepflasterten Weg und unbefestigte Feldwege. **Vorsicht** bei starkem Regen, dann sammelt sich an der engsten Stelle der Schlucht viel Wasser, außerdem besteht dort **Steinschlaggefahr.**

Markierung: Wegweiser, kleine rote Punkte auf Steinen, Steinmännchen.

Ausrüstung: festes Schuhwerk, Sonnenschutz. Kartentipp → S. 31.

Verpflegung: Wasser mitnehmen, mehrere Tavernen und Kafenía in Kritsá.

Hin & zurück: mit dem Auto am westlichen Ortsausgang von Ágios Nikólaos rechts abbiegen und dem Schild „Lató/Kritsá Gorge" folgen. Parkmöglichkeit gleich nach der Brücke ▣1 links.

Mit dem Bus von Ágios Nikólaos mehrmals tägl. nach Kritsá und zurück (→ Fahrplan S. 31), z. B. Ágios Nikólaos – Kritsá: Mo–Fr 7, 8, 11.15 und 13.30 Uhr, Sa/So 7, 11.15 und 13.15 Uhr; Kritsá – Ágios Nikólaos: Mo–Fr um 14, 15, 18.30 und 20.40 Uhr, Sa/So 13.30 und 17.10 Uhr), Bushaltestelle im Zentrum von Kritsá, dann noch knapp 0:15 Std. auf Asphalt zur Brücke ▣1.

▶ einer vor uns liegenden kleinen Hochebene ab. Rund um uns wächst hohe Macchia mit Ginsterbüschen, der kugeligen Dornenbibernelle und weitverästelten Mastixsträuchern. Unser Weg mündet ca. 150 m nach der Kammhöhe in einen Fahrweg **9**, dem wir geradeaus folgen, rechts steht ein Schafstall. Links folgt bald ein weiterer Schafstall mit eingestürztem Dach.

Wir gelangen nach ca. 0:15 Std. an eine Gabelung **10** und bleiben geradeaus. Auch den nächsten Abzweig ignorieren wir und gehen gerade weiter, rechts befindet sich eine große Stallung mit Schafen, Ziegen und Schweinen. Nach ca. 60 m verlassen wir den Fahrweg, der hier nach links knickt, und halten uns rechts am Zaun entlang weiter geradeaus, ein roter Pfeil auf einem Stein **11** weist den Weg.

> **Einkehr-Tipp**
> Nette Einkehr nach der Wanderung: von Kritsá noch ca. 10 Autominuten in die Ortschaft Kroústas weiterfahren und dort bei Manólis Stavrakákis einkehren. Unterwegs sieht man übrigens auf der linken Seite die schöne Ágios-Geórgios-Kapelle mit Überresten von Fresken aus dem 13. Jh.

Der Weg ist zunächst verwachsen und dornig, danach folgen gepflasterte Abschnitte des alten Verbindungsweges von Tapes nach Kritsá. Er ist teilweise mit verblichenen roten Punkten und Steinmännchen markiert. Nach ca. 350 m hat man in einer Rechtskurve **12** einen schönen Blick auf die Umgebung von Kritsá.

Wir durchqueren 5 Min. später einen Gitterzaun **13**, erreichen nach wenigen Minuten eine Fahrstraße und halten uns hier rechts. Nach ca. 130 m gehen wir bei der nächsten Gabelung **14** rechts hinunter und gelangen nach 120 m wieder zum Strommast **2**. Von hier geht es nach links auf demselben Weg zurück zum Ausgangspunkt. ■

Blick auf Kritsá, im Hintergrund beeindruckende Felswände

** Panoramaweg von Kroústas nach Pírgos

Im Hinterland des Golfes von Mirabéllo erwartet Sie eine schöne Wanderstrecke in lieblicher mediterraner Landschaft.

▶▶ Wir biegen am großen Platz **1** bei der Lackierwerkstatt im 500 m hoch gelegenen **Kroústas** nach links auf einen betonierten Fahrweg ab. Bei der T-Kreuzung halten wir uns links, beim nächsten Abzweig rechts. Der Weg führt an kleinen Gemüse- und Obstgärten vorbei, sehr gut zu gedeihen scheinen hier vor allem die Mandelbäume. Einen besonders schönen Anblick bieten sie in den Wintermonaten, wenn sich die weiß oder rosarot blühenden Knospen noch vor dem Erscheinen der Blätter öffnen und die Baumkrone in ein zartes duftiges Gewand hüllen.

Beim nächsten Abzweig **2**, an dem auch eine große, mit Steinmauern umfasste Eiche steht und mehrere aus Naturstein gebaute Dreschplätze (alóni) liegen, wandern wir geradeaus hinunter. Einige Meter danach endet der Betonweg und geht in einen Feldweg über. Wir ignorieren mehrere kleine Abzweige und halten uns knapp 1 km, dem Verlauf des Feldweges folgend, bergab.

Während der gesamten Tour liegt der Golf von Mirabéllo, der auch gerne als kretische Riviera bezeichnet wird, malerisch vor uns. Stechginsterblüten leuchten im Frühling grellgelb, Zistrosenbüsche blühen dazu in sanftem Rosa, und tiefviolett hebt sich wild wachsender dorniger Thymian in den Sommermonaten von der Umgebung ab. Im Herbst locken den Wanderer außerdem reife Mandeln am Wegrand.

40 m nach einem solchen Mandelbaumhain macht der Feldweg eine scharfe Linkskurve **3**. Hier verlassen wir ihn und laufen auf einem Maultierpfad weiter ▶

Länge/Gehzeit: 7,4 km, 2:35 Std.
Charakter: kinderfreundliche, unschwierige Streckenwanderung auf Fahr- und Feldwegen sowie Pfaden.
Markierung: vereinzelt rote und blaue Punkte, Steinmännchen.
Ausrüstung: auch mit festen Sportschuhen machbar, lange Hose in der hohen Macchia empfehlenswert, Sonnenschutz.
Verpflegung: Wasser mitnehmen, kleines Kafeníon in Pírgos, empfehlenswerte Taverne Stavráki in Kroústas.
Hin: mit dem Auto von Kritsá nach Kroústas fahren; auf der Hauptstraße durch den Ort, bis auf der rechten Seite ein langer hoher Zaun (Schulhof der Volksschule) steht. Links bei der Lackierwerkstatt parken.
Mo–Fr mehrmals, Sa 2x tägl. Linienbus von Ágios Nikólaos über Kritsá nach Kroústas (Fahrplan → S. 31).
Taxizentrale in Ágios Nikólaos: 28410-24000 (Ágios Nikólaos – Kroústas ca. 20 €).
Zurück: kein Bus zurück nach Kroústas! Mit dem Taxi von Pírgos nach Kroústas ca. 35 €, von Pírgos nach Ágios Nikólaos ca. 22 €.
Mit dem Bus nach Ágios Nikólaos: Zur Bushaltestelle in Ístron läuft man von Pírgos noch ca. 2 km. Dort fahren die Überlandbusse aus Sitía nach Ágios Nikólaos (Fahrplan → S. 31, z. B. Mo–Fr um 13, 13.30, 15, 15.40, 16.30 und 17.30 Uhr, Sa/So um 15.40, 16.30 und 18 Uhr).

Aufstiege 60 m
Abstiege 540 m

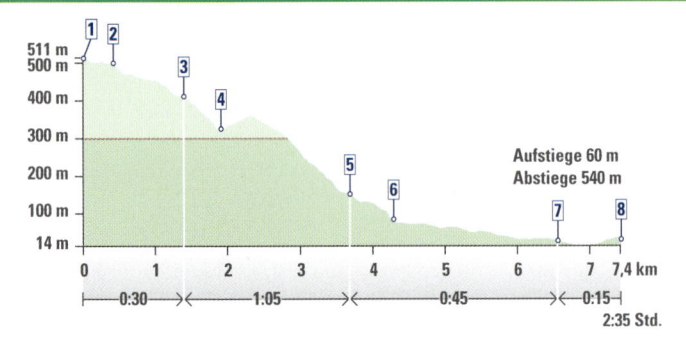

0:30 — 1:05 — 0:45 — 0:15
2:35 Std.

▶ geradeaus hinunter, die Stelle ist mit Steinmännchen markiert. Der Weg zieht sich nun durch hohe Macchia mit dem charakteristischen Keuschlamm, der auch als Mönchspfeffer bezeichnet wird. Ein lichter Baumbestand von Mittelmeerkiefern, Zypressen, Eichen und Johannisbrotbäumen ergänzt das Landschaftsbild.

Nach ca. 0:15 Std. durchqueren wir ein Bachbett **4** und folgen dem gepflasterten Weg. Nach ca. 10 Min. erreichen wir einen Kamm. Von dort oben hat man einen Panoramablick über den Golf von Mirabéllo mit Ágios Nikólaos, und drehen wir uns um, sehen wir die Häuser von Kroústas.

Variante für Autofahrer
Von Kroústas bis zur Kapelle Ágios Nikólaos **5** wandern und wieder zurücklaufen (ca. 9 km, 3 Std.).

Durch hohe Macchia geht es auf die Küste zu. Der Weg ist fast durchgehend gut erkennbar, allerdings kreuzen hier öfter auch schmalere Trampelpfade, die wir ignorieren – man muss an ein oder

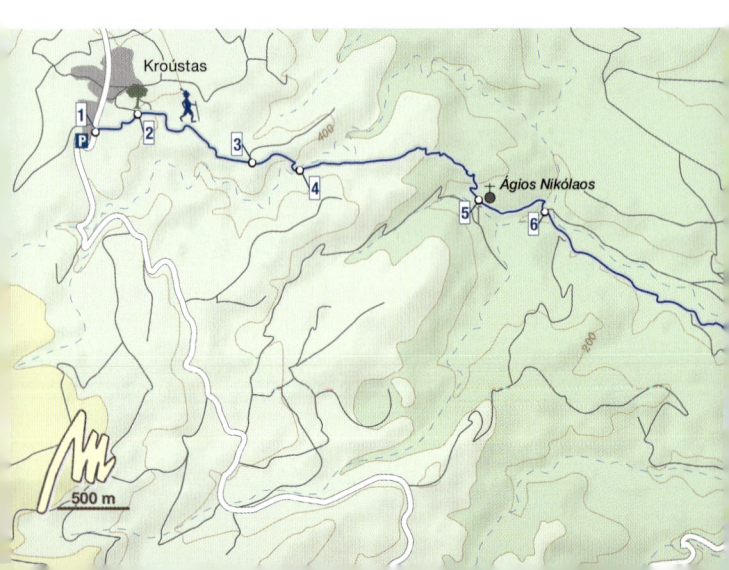

Blick zurück auf Kroústas

zwei Stellen dem Weg folgen, der breiter erscheint (manchmal weisen rote oder blaue Punkte weiter). Bald haben wir Einblick in ein größeres Bachbett unter uns, dort steht auch eine große, neu gebaute Villa mitten in der Pampa.

Wir folgen dem Pfad beim Hinuntergehen nun leicht nach links und erreichen nach kurzer Zeit die **Kapelle Ágios Nikólaos** 5. Daneben führt eine Betonstraße bergab, wir folgen ihr geradeaus hinunter. Bei der nächsten Kreuzung halten wir uns ebenfalls geradeaus. In einiger Entfernung kann man bereits unser Ziel, die nahe der Küste gelegene Ortschaft Pírgos, erkennen.

Im Talgrund erreichen wir eine Gabelung 6. Wir nehmen die rechte Piste, die sich oberhalb des trockenen Betts des Kalós Potamós hinzieht, und bleiben, mehrere Abzweige ignorierend, 2 km auf diesem breiten, von Bauern frequentierten Fahrweg. An einer Kreuzung 7, an der ein Fahrweg aus dem Flussbett von links unten heraufführt, halten wir uns geradeaus und nähern uns den nun sichtbaren Häusern von **Pírgos**. Die Piste geht nach wenigen Minuten in eine Asphaltstraße über, und nach ca. 200 m sind wir am Ortsrand. Wir folgen der Straße weiter, an der Dorfkirche vorbei und danach rechts. 40 m weiter erreichen wir die Hauptstraße nach Ístron, rechts befindet sich ein kleines Kafeníon 8, in dem wir uns stärken können. ■

*** Entlang der alten kretischen Wasserläufe bei Kavoúsi

Bei dieser schönen Rundwanderung läuft man herrlich neben plätscherndem Wasser an alten Wasserrinnen entlang, die von den Hochalmen ins Tal führen. Am höchsten Punkt unserer Wanderung liegt die spätminoische Ausgrabungsstätte Kástro.

▶▶ Aus **Kavoúsi** kommend, biegen wir am östlichen Ortsausgang an der Bundesstraße nach Sitía, kurz bevor sie über ein Bachbett führt, nach rechts ab. An dieser Stelle steht ein großes Schild („Archeological Site") mit Informationen zu den regionalen archäologischen Stätten **1**. Wir folgen der schmalen Teerstraße ca. 100 m und folgen dem kleinen Feldweg nach links. Der Einschnitt der Chavgás-Schlucht liegt nun in östlicher Richtung vor uns, auf der linken Seite lassen sich schon Teile des gepflasterten Weges erkennen, den wir in Kürze für unseren Aufstieg nehmen werden.

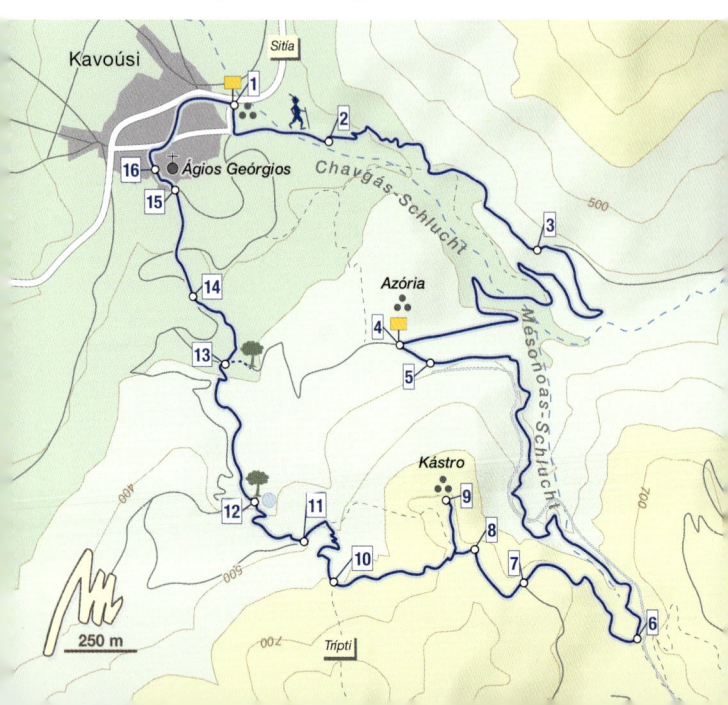

Wir folgen dem Feldweg weiter in die Schlucht. Auf der linken Seite steht ca. 10 Min. später ein runder Felsen mit Steinmännchen. Kurz darauf, nach ca. 5 m, verlassen wir den Fahrweg nach links hinauf, hier beginnt die alte Weganlage **2**. Zum Teil führt der Weg nun im Zickzack steil bergauf und an den steinigen, kargen Hängen des Kapsás (1.002 m) entlang. Früher transportierten hier Imker ihre Bienenstöcke auf Eseln und Maultieren auf die umliegenden Hochalmen, heute wird der Weg kaum mehr benutzt und ist an manchen Stellen leicht verschüttet, aber gut erkenn- und begehbar. Für die Mühen des Aufstieges wird man durch schöne Einblicke in die Schlucht rechts unterhalb belohnt.

Nach ca. 0:35 Std. ab **2** befinden wir uns bereits auf 300 m Höhe und erreichen die unbefestigte Fahrstraße **3** nach Trípti. Direkt vor uns türmt sich das Felsenreich der **Mésonoas-Schlucht** (auch Trípti-Schlucht genannt) auf, auf dem breiten Hügel rechts vor uns liegt die spätminoische Siedlung Azória.

Wir folgen den Serpentinen der Fahrstraße nach rechts bergab, queren ein trockenes Bachbett und folgen ihnen wieder bergauf, bis wir einen kleinen Sattel erreichen. Dort weist rechts ein Schild zur Ausgrabung Azória. Sie breitet sich ca. 50 Höhenmeter über uns auf der Hügelkuppe rechts aus.

Am Schild zweigen wir nach links ab **4** und wandern auf dem Fahrweg ca. 50 m nach oben. Dann verlassen wir ihn in einer Rechtskurve und folgen einem geröllgen, kaum sichtbaren Weg geradeaus hinauf, wo wir nach ca. 60 m auf eine Wasserrinne **5** treffen. Die „koutsounára", wie sie auf Kretisch genannt wird, führt uns für etwa 1 Std. die rechts der Mésonoas-Schlucht liegenden Berghänge hinauf. Der felsige Schluchteinschnitt beeindruckt mit Auswaschungen und Gumpen, denn die Wucht von herabstürzendem Wasser hat das Gestein imposant geformt. Wir wandern teils im Schatten von alten Bäumen, teils mit tollen Einblicken in die Schlucht, begleitet von plätscherndem Wasser, stetig bergauf, bis wir auf ca. 600 m am höchsten Punkt dieser Wegetappe und fast am Schluchtbeginn angelangt sind.

Hier queren wir das felsengesäumte Bachbett auf einem „Aquädukt der Neuzeit" – ein dickes Plastikrohr läuft über ein Betongerüst und leitet so ein kurzes Stück das Wasser aus den Rinnen über das Bachbett. Anschließend geht es einige Meter steil hinauf, rechts sehen wir die ▶

Länge/Gehzeit: 10,4 km, 5:25 Std.
Charakter: mittelschwere Rundwanderung auf teilweise gepflastertem Weg, leicht geröllgen Pfaden und unbefestigten Fahrwegen, dazu ein kurzer wegloser Abstieg in ein Bachbett.
Markierung: Steinmännchen, kleine rote Punkte auf Steinen.
Ausrüstung: festes Schuhwerk, Jacke im Frühjahr/Herbst, Sonnenschutz, Stöcke für den Abstieg von Vorteil.
Verpflegung: Wasser und Proviant mitnehmen, Quelle bei **12**, Tavernen in Kavoúsi.
Hin & zurück: mit dem Auto aus Ágios Nikólaos kommend, passiert man Kavoúsi und parkt am östlichen Ortsrand an geeigneter Stelle. Mehrmals tägl. Linienbusse von Ágios Nikólaos nach Sitía, sie halten ca. 0:45 Std. nach Abfahrt im Ortszentrum von Kavoúsi. Zu Fuß dann noch ca. 5 Min. ans östliche Ortsende zu **1**. Günstig für diese Tour sind die Busse um 5.15 und 8.30 Uhr (Mo–Sa) ab Ágios Nikólaos, zurück ab Kavoúsi am besten mit den Bussen gegen 15.30 und 16.45 Uhr (Abfahrt von Sitía Mo–Sa 14.30 und 15.45 Uhr, Halt in Kavoúsi ca. 1 Std. später, Fahrplan → S. 31).

▶ alten, in den Fels gehauenen Rinnen, die vor dem Plastikzeitalter das Wasser führten. Nach dem kurzen steilen Aufstieg wird der Weg wieder flacher, die Wasserrinnen verlaufen parallel zum Weg, und wir erkennen nun bereits an der gegenüberliegenden Hangseite einen kleinen Steig. Das ist unser nächstes Ziel.

Etwa 200 m nach dem Betongerüst, kurz bevor der Weg einen Knick nach Südosten macht, verlassen wir ihn **6** und laufen nun vorsichtig und weglos durch hohes Gestrüpp in ca. 10 Min. den Hang hinab zu dem vor uns liegenden, dicht zugewachsenen, trockenen Bachbett. In ihm stehen hochgewachsener Oleander und bachaufwärts einige Johannisbrotbäume. Wir queren das Bachbett und kommen an den Steig, halten uns rechts und erklimmen den Hügel vor uns.

Fast auf Kammhöhe treffen wir auf einen Zaun, an dem wir rechts entlanggehen, bis wir auf eine unbefestigte Fahrstraße **7** stoßen. Wir folgen ihr ca. 300 m nach rechts bis zu ihrem Ende **8**, nehmen dann den Pfad zum ca. 20 Höhenmeter tiefer liegenden Sattel. Auf diesem Sattel beginnt links der Abstiegspfad nach Kavoúsi. Wir halten uns jedoch erst nach rechts bzw. nach Norden, um auf einem kleinen Pfad zum **Ausgrabungsgelände Kástro** **9** zu gelangen. Der **Abstecher** zu den Ruinen dieser spätminoischen Fluchtsiedlung (1200–700 v. Chr.), die im Volksmund auch „Plaí tou Kástro" genannt wird, belohnt mit toller Aussicht auf die Mirabéllo-Bucht und lädt zur Rast ein.

Danach folgen wir dem Pfad zurück zum Sattel, halten uns nun nach Südwesten und laufen den steinigen Steilhang, an den sich alte Weinterrassen schmiegen, bergab. Nach ca. 0:20 Std. Abstieg gabelt sich der Weg **10**. Links führt er hinauf auf die Alm Trípti mit der gleichnamigen Siedlung, von wo der Aféndis Stavroménos (1.476 m) bestiegen werden kann. Wir halten uns jedoch rechts hinunter. Etwa 0:15 Std. später treffen wir auf eine Schotterstraße **11**, die wir gleich wieder nach rechts hinunter durch ein Gatter auf einem Pfad verlassen. (Wer die gesamte Abstiegsstrecke auf Nummer sicher gehen möchte, der folgt einfach der Piste bis 14 weiter! Nicht so romantisch, aber man kommt trotz Umweg schneller voran und hat einen schönen

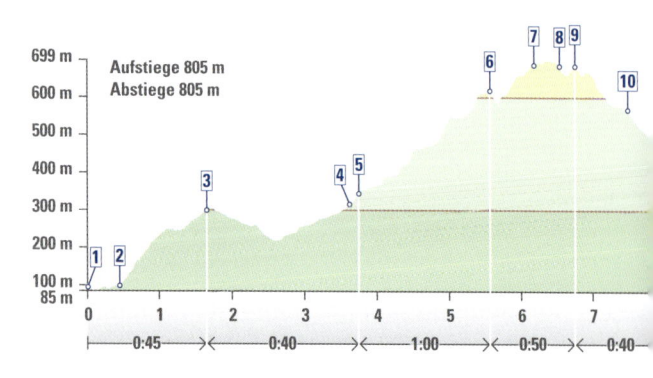

An der Wasserrinne entlang

Blick zurück). Wir folgen dem Pfad, der mit verblichenen roten Punkten markiert ist, und halten uns vor einem Gebäudekomplex rechts hinunter, bis wir zu einer alten Eiche **12** kommen. Hier können wir kurz den Weg nach rechts verlassen, wo es einen Brunnen mit trinkbarem Quellwasser gibt.

Danach geht es weiter auf dem Pfad, bis wir nach ca. 300 m wieder auf eine Schotterstraße **13** treffen. Das Landschaftsbild ändert sich nun und wird von Olivenhainen dominiert. Apropos: Wenn Sie sich hier auf der Straße einige Meter nach rechts halten, steht dort ein Prachtexemplar von einem knorrigen **Olivenbaum**, gewürdigt als „Ancient Olive Tree". Vielleicht ist er Ihnen diesen Abstecher wert.

Zurück bei **13**, überqueren wir die Schotterstraße, Steinmännchen und rote Punkte führen weiter bergab. Nach ca. 150 m gelangen wir an einen Hohlweg, dem wir ca. 10 m nach links folgen, um dann wieder den nach rechts abbiegenden Pfad bergab zu nehmen. Nach ca. 150 m treffen wir nochmals auf die Straße **14** und folgen ihr für ca. 50 m, dann zweigen wir mit einem Pfad wieder nach rechts ab.

Wir gehen nun an einem Plastikrohr entlang, überqueren dabei nochmals die Straße und folgen dann einer alten betonierten Wasserleitung und dem Plastikrohr weiter. Nach ca. 100 m sehen wir links einen Gebäudekomplex und erreichen bald die ersten Häuser von **Kavoúsi 15**. Hier führt ein Weg nach rechts hinauf, wir gehen jedoch links hinunter und folgen den Strommasten in den Ort hinein. Vorbei an der Kapelle Ágios Geórgios **16**, halten wir uns in nordöstlicher Richtung durch die Kleinstadt und gelangen zur Bundesstraße (mit Bushaltestelle). Dort biegen wir nach rechts und erreichen etwa 5 Min. später den Ausgangspunkt **1** am östlichen Ortsrand. ■

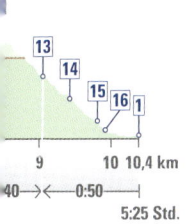

** Durch die Zákros-Schlucht nach Káto Zákros

Diese kurze, aber imposante Streckenwanderung führt uns durch das sog. „Tal der Toten" bis zu dem schönen, kleinen Küstenort Káto Zákros. Seiner berühmten archäologischen Ausgrabungsstätte hat es das Örtchen zu verdanken, dass es bis jetzt von ausufernder Bautätigkeit verschont blieb.

▶▶ Am Hauptplatz **1** in **Zákros** biegen wir, aus Palékastro kommend, neben der Taverne Maestro nach links ab und bei der nächsten Kreuzung gleich wieder nach links (Holzschild „Gorge" an der Hausmauer). Der Weg ist ab hier mit E4-Zeichen markiert und mit „Gorge" ausgeschildert.

Am Ortsrand geht die Asphaltstraße in einen betonierten Fahrweg über und wird kurz darauf zu einem Feldweg mit der für diese Gegend charakteristischen rotvioletten Erde. Knapp 1 km nach ￼1￼ kommen wir an einen Abzweig **2** außerhalb des Dorfes und halten uns geradeaus, immer den Schildern „Gorge" folgend, bis wir auf einer kleinen Anhöhe eine Ansammlung von Hinweisschildern **3** erreichen.

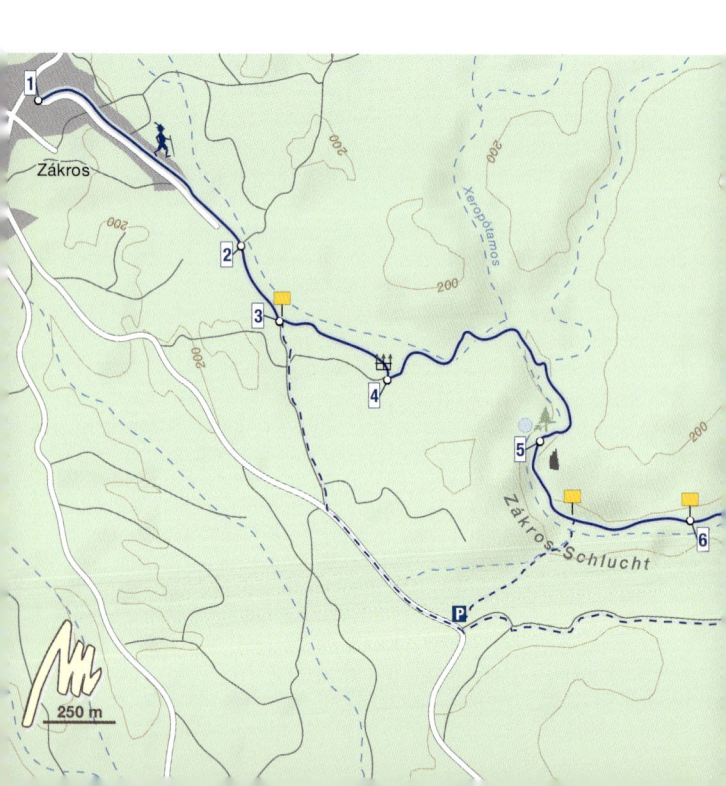

Dort biegen wir auf den Fahrweg links hinunter und halten uns am nächsten Abzweig geradeaus nach Südosten. Nach ca. 450 m und 10 Min. ab ③ gabelt sich der Fahrweg erneut. Wir folgen dem linken Abzweig ein kurzes Stück, um ihn nach wenigen Metern nach links hinunter zu verlassen und ein Gittertor ❹ (Eintritt zur Schlucht) zu durchqueren; ab hier geht es auf einem Fußpfad weiter auf das grüne Flusstal zu (dieser Einschnitt ist ein Nebenarm der Zákros-Schlucht).

Etwa 10 Min. später gelangen wir ins Flussbett des Xeropotamós und folgen nun den E4-Zeichen. Auch der äußerste Osten der Insel bietet das in Schluchten übliche botanische Repertoire an Platanen, Johannisbrotbäumen, Oleander, Mastix und Andorn.

Wir folgen hier für längere Zeit einer alten betonierten Wasserrinne, in der ein dickes, wasserführendes Plastikrohr liegt. Vereinzelt trifft man sogar im Hochsommer noch auf Pfützen. Nach ca. 0:15 Std. Wandern im Flussbett erreichen wir einen Rastplatz, wo das Plastikrohr in einer Brunnenanlage ❺ endet. Leider funktionierte dort sowie bei allen anderen Wasserstellen auf dieser Tour zum Zeitpunkt der GPS-Vermessung kein Wasserhahn. Hat man aber eine Schnur und eine leere Wasserflasche zum Hinunterlassen in den Brunnenschacht, kann man dort frisches Wasser nachfüllen. ▶

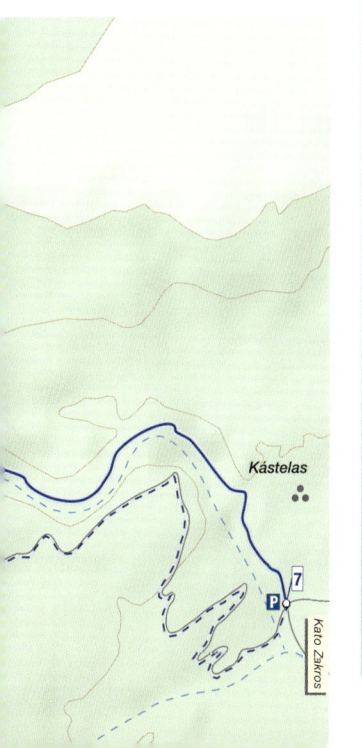

Länge/Gehzeit: 5,5 km, 1:55 Std.
Charakter: unschwierige, kinderfreundliche Schluchtwanderung auf schattenlosen, unbefestigten Fahrwegen und Pfaden. Bereits im Frühsommer sehr heiß!
Markierung: E4-Schilder, Wegweiser.
Ausrüstung: mit festen Sportschuhen machbar, Kopfbedeckung und Sonnenschutz sind wichtig!
Verpflegung: ausreichend Wasser mitnehmen, mehrere Tavernen in Zákros und in Káto Zákros.
Hin: mit dem Auto über Palékastro nach Zákros fahren und in der Nähe des Hauptplatzes ① oder der Kirche parken (Achtung, die Straßen sind sehr schmal); mit dem Bus Mo–Fr 2x tägl. von Sitía über Palékastro nach Zákros (Mo–Fr 6 und 14.30 Uhr, Fahrplan → S. 31).
Zurück: nur von Juni bis Aug. Mo, Di und Fr Bus zurück nach Zákros, um 15.45 Uhr (Fahrplan → S. 31)!
Mit dem Taxi (in Zákros ✆ 28430-93259 und ✆ 28430-93383), 10 €, oder per Anhalter nach Zákros.
Mit dem Bus 2x tägl. von Zákros über Palékastro nach Sitía (Fahrplan → S. 31).

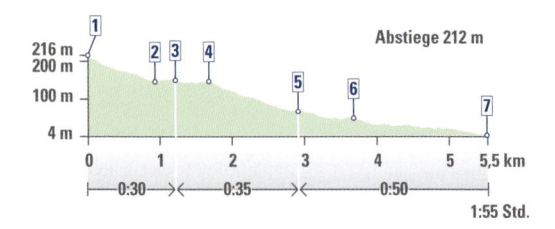

▶ Charakteristisch für die Zákros-Schlucht sind die beeindruckenden, hohen Felsformationen aus rötlichgrauem Kalkstein mit mehreren Höhlen. Den Namen „Tal der Toten" erhielt die Schlucht, weil man vermutet, dass einige dieser Höhlen minoische Grabstätten waren. Nach ca. 300 m kommen wir zu einem Schild, auf dem „Exit to Parking" steht. Von hier aus könnte man in ca. 0:20 Std. zu der Asphaltstraße gehen, die nach Zákros und nach Káto Zákros führt – wir wandern jedoch in der Schlucht weiter und bestaunen Felswände und Flora. Bald sieht man auf der linken Seite ein Holzschild **6**, das zum „Minoan Castle" weist. Hier führt eine Art ungesicherter Klettersteig hinauf, über den man in ca. 0:20 Std. die auf dem Hochplateau liegende Ausgrabungsstätte Kástelas erreichen könnte. Wir laufen jedoch im Schluchtgrund weiter, der üppig vom seltenen weiß blühenden Mönchspfeffer gesäumt ist – häufiger blüht dieser Strauch fliederfarben.

> **Rundwanderungsvarianten**
>
> **Länger:** Vom Parkplatz **7** am Schluchtausgang kann man rechts einen Fahrweg (ausgeschildert als „Old Road" oder „kalí stráta") einschlagen und zurück nach Zákros laufen. Dazu wandert man 3,4 km auf diesem unbefestigten Fahrweg in mehreren Serpentinen schattenlos bergauf bis zu einer Asphaltstraße (unterwegs hat man schöne Einblicke in die Schlucht). Dieser folgt man 600 m (ca. 10 Min.) in nordwestliche Richtung bis zu einem Abzweig, geht dort nach links und erreicht nach ca. 500 m auf unbefestigtem Fahrweg wieder die Hinweisschilder **3**. Von dort geht es dann auf der vom Hinweg bekannten Strecke zurück nach Zákros (ca. 12,5 km, 4–4:30 Std.).
>
> **Kürzer:** Autofahrer können bei den Hinweisschildern **3** parken und dort die Tour beginnen und beenden (ca 10 km, 2:30–3 Std.).

Nach etwa 0:30 Std. ab **6** weitet sich die Schlucht allmählich, und wenige Minuten später erreichen wir den Parkplatz **7**. Rechts ginge es auf der neu planierten „Old Road" wieder nach Zákros zurück. Links geht es in ca. 10 Min. ins Zentrum von **Káto Zákros** mit schönen Einkehrmöglichkeiten direkt am Meer. Unterwegs passiert man so das Ausgrabungsgelände von Kretas viertgrößtem minoischem Palast (→ Tour 35). ■

Am Hafen von Káto Zákros ▲

▼ Platanen spenden Schatten   Blick in die Zákros-Schlucht ▼

* Von Káto Zákros zur Pelekíta-Höhle

Diese kurze Wanderung in unschwierigem Küstengelände ist ein idealer und stimmungsvoller Morgen- oder Abendspaziergang.

▶▶ Wir verlassen **Káto Zákros** **1** in nordöstliche Richtung und folgen dem Weg am Strand entlang über kleine Klippen (Holzgeländer vorhanden). Nach ca. 10 Min. kommen wir an ein Schild **2** mit Hinweis zur Pelekíta-Höhle. Hier durchqueren wir einen Gitterzaun, halten uns rechts und folgen den roten Markierungen leicht hinunter.

Fischerboote in Káto Zákros

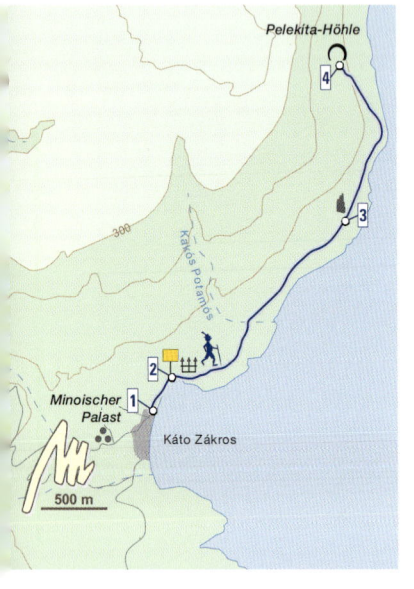

Bald führt der nun besser erkennbare Wanderweg nach links hinauf, nach kurzer Zeit durchqueren wir eine kleine Senke. Der Weg zieht sich nun sehr gut sichtbar fast ohne Steigung oberhalb der Küste dahin. Etwa 0:15 Std. nach dem Passieren der Senke sehen wir vor uns große, bis zu 4 m hohe Findlinge **3**, die von der linken Bergseite heruntergerollt sind. Die markanten Felsbrocken liegen sehr abstrakt in der Landschaft.

Der Weg führt immer noch geradeaus weiter. Nach weiteren 0:15 Std. wird er felsig und zum Teil recht steil. Nach einem Felsabbruch windet sich unser Weg etwas flacher links darum herum.

Bald haben wir unser Ziel erreicht, eine Tafel markiert markiert den Eingang der **Pelekíta-Höhle** **4**. Ein Weg führt im Zickzack bis zum Höhlenboden hinab. Dort finden sich mehrere Ausgra-

> **Öffnungszeiten minoische Palastanlage:** tägl. 8–19 Uhr, Eintritt ca. 3 €.

Einer der Findlinge 3 an unserem Weg

bungen aus minoischer Zeit. Wer über eine starke Taschenlampe verfügt, kann sich rechts hinunter halten und die Höhle weiter erforschen, sie gehört zu den bedeutendsten der Insel.

Auf dem Weg zurück nach Káto Zákros haben wir eine herrliche Aussicht auf die Bucht und den kleinen Ort, der vor 4.000 Jahren von so großer Bedeutung war. Der alte minoische Handelshafen liegt schon lange unter Wasser, aber die sich landeinwärts befindenden **Ruinen der minoischen Palastanlage** zeugen noch heute von der Wichtigkeit des Ortes. Man sollte sie unbedingt besichtigen – dafür folgt man dem mit einem Schild markierten Abzweig hinter den Strandtavernen. Eine Besonderheit der Anlage sind die drei großen Quellen und die ersten Schmelzöfen der Antike. ∎

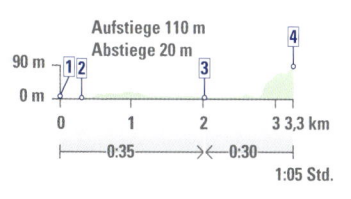

Länge/Gehzeit: hin und auf demselben Weg zurück 6,6 km, 2:10 Std.
Charakter: leichte, kinderfreundliche und schattenlose Streckenwanderung auf steinigem Pfad in Küstennähe. An heißen Tagen besser nicht über die Mittagszeit Wandern!
Markierung: kleine rote Punkte.
Ausrüstung: mit festen Sportschuhen machbar, Kopfbedeckung und Sonnenschutz, Taschenlampe.
Verpflegung: Wasser mitnehmen, Tavernen in Káto Zákros.
Hin & zurück: kein Busverkehr! Mit dem Auto über Zákros nach Káto Zákros. Taxi in Zákros ☏ 28430-93259 und ☏ 28430-93383.

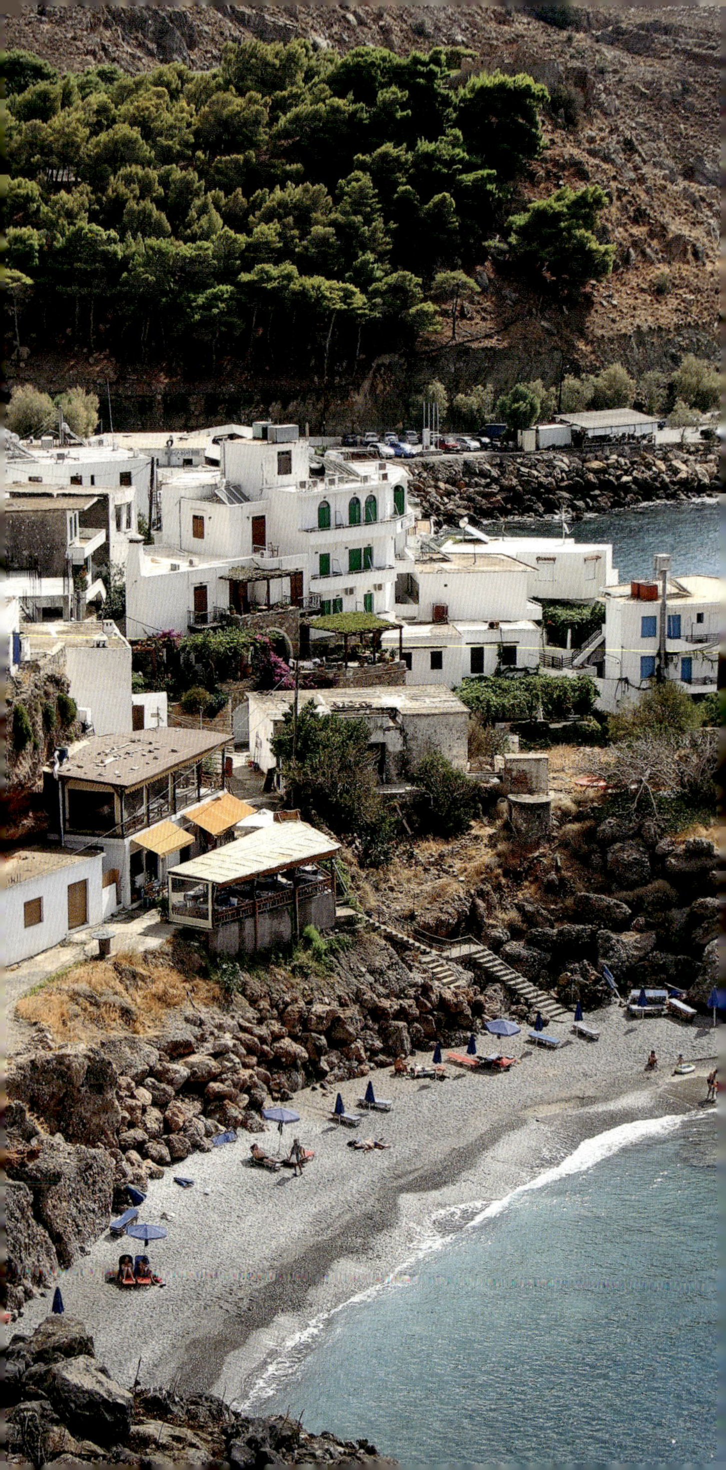

Abruzzen • Ägypten • Algarve • Allgäu • Allgäuer Alpen • Altmühltal & Fränk. Seenland • Amsterdam • Andalusien • Andalusien • Apulien • Australien – der Osten • Auvergne & Limousin • Azoren • Bali & Lombok • Barcelona • Bayerischer Wald • Bayerischer Wald • Berlin • Bodensee • Bornholm • Bretagne • Brüssel • Budapest • Chalkidiki • Chiemgauer Alpen • Chios • Cilento • Comer See • Cornwall & Devon • Costa Brava • Costa de la Luz • Côte d'Azur • Cuba • Dolomiten – Südtirol Ost • Dominikanische Republik • Dresden • Dublin • Ecuador • Eifel • Elba • Elsass • Elsass • England • Fehmarn • Föhr & Amrum • Franken • Fränkische Schweiz • Fränkische Schweiz • Friaul-Julisch Venetien • Gardasee • Gardasee • Genferseeregion • Golf von Neapel • Gomera • Gran Canaria • Graubünden • Hamburg • Harz • Haute-Provence • Ibiza • Irland • Island • Istanbul • Istrien • Italien • Span. Jakobsweg • Kalabrien & Basilikata • Kanada – Atlantische Provinzen • Karpathos • Kärnten • Katalonien • Kefalonia & Ithaka • Köln • Kopenhagen • Korfu • Korsika • Korsika Fernwanderwege • Korsika • Kos • Krakau • Kreta • Kreta • Kroatische Inseln & Küstenstädte • Kykladen • Lago Maggiore • La Palma • La Palma • Languedoc-Roussillon • Lanzarote • Lesbos • Ligurien – Italienische Riviera, Genua, Cinque Terre • Ligurien & Cinque Terre • Limnos • Liparische Inseln • Lissabon & Umgebung • Lissabon • London • Lübeck • Madeira • Madeira • Madrid • Mainfranken • Mainz • Mallorca • Mallorca • Malta, Gozo, Comino • Marken • Mecklenburgische Seenplatte • Mecklenburg-Vorpommern • Menorca • Rund um Meran • Midi-Pyrénées • Mittel- und Süddalmatien • Montenegro • Moskau • München • Münchner Ausflugsberge • Naxos • Neuseeland • New York • Niederlande • Norddalmatien • Norderney • Nord- u. Mittelengland • Nord- u. Mittelgriechenland • Nordkroatien – Zagreb & Kvarner Bucht • Nördliche Sporaden – Skiathos, Skopelos, Alonnisos, Skyros • Nordportugal • Nordspanien • Normandie • Norwegen • Nürnberg, Fürth, Erlangen • Oberbayerische Seen • Oberitalien • Oberitalienische Seen • Odenwald mit Bergstraße, Darmstadt, Heidelberg • Ostfriesland & Ostfriesische Inseln • Ostseeküste – Mecklenburg-Vorpommern • Ostseeküste – von Lübeck bis Kiel • Östliche Allgäuer Alpen • Paris • Peloponnes • Pfalz • Pfälzer Wald • Piemont & Aostatal • Piemont • Polnische Ostseeküste • Portugal • Prag • Provence & Côte d'Azur • Provence • Rhodos • Rom • Rügen, Stralsund, Hiddensee • Rumänien • Sächsische Schweiz • Salzburg & Salzkammergut • Samos • Santorini • Sardinien • Sardinien • Schottland • Schwarzwald Mitte/Nord • Schwarzwald Süd • Shanghai • Sinai & Rotes Meer • Sizilien • Sizilien • Slowakei • Slowenien • Spanien • St. Petersburg • Steiermark • Südböhmen • Südengland • Südfrankreich • Südmarokko • Südnorwegen • Südschwarzwald • Südschweden • Südtirol • Südtoscana • Südwestfrankreich • Sylt • Teneriffa • Teneriffa • Tessin • Thassos & Samothraki • Toscana • Toscana • Tschechien • Türkei • Türkei – Lykische Küste • Türkei – Mittelmeerküste • Türkei – Südägäis • Türkische Riviera – Kappadokien • Umbrien • Usedom • Venedig • Venetien • Wachau, Wald- u. Weinviertel • Wales • Warschau • Westböhmen & Bäderdreieck • Westliche Allgäuer Alpen und Kleinwalsertal • Wien • Zakynthos • Zentrale Allgäuer Alpen • Zypern

Reisehandbuch   **MM-City**   MM-Wandern

Register

Aasgeier 20
Adler 20
Aféndi Christoú Metamórfosi (Gipfelkirche) 153
Aféndis Christós 158
Agáthias 102
Agía Iríni 55, 58
Agía Rouméli 60, 66, 67
Agía Triáda (Kloster) 46
Agiofárango-Schlucht 127
Ágios Antónius 141, 145, 147
Ágios Eftíchios (Kirche) 39
Ágios Ioánnis 67, 135, 141, 143, 145
Ágios Nikítas (Höhlenkirche) 149
Ágios Nikítas (Kloster) 151
Ágios Nikólaos (Kloster bei Zarós) 116
Ágios Nikólaos (Kloster) 118, 121
Ágios Pávlos 67
Ágios-Ioánnis-Hochalm 112
Akrotíri-Halbinsel 46
Alraune 16
Amári-Tal 109
Áno Kapetanianá 135
Áno Valsamónero 45
Anógia 112
Anópoli 72, 76
Apáno Míli 40
Arádena-Schlucht 69
Archánes 152, 154
Argiroúpolis 87
Arkádi (Kloster) 34, 36
Arméni 42
Asféndis 88
Asféndos 87
Askífou-Hochebene 87
Asteroússa-Berge 145
Ausrüstung 21

Bärenhöhle (Arkoudiótissa) 46
Bergrettung 22
Blütezeit 13
Bonripári 42
Boot 27
Bus 27
Busverbindungen 28

Chaniá 58, 59, 77, 85
Chónos-Schlucht 137
Chóra Sfakíon 66, 67, 73
Chóra Sfakíonca 77
Chromonastíri 40

Dachse 19
Damaskinós 121
Díkti-Berge 156
Díkti-Gebirge 7
Dómata-Strand 64, 65
Downloads II

Eichen 15
Eidechsen 20
Einteilung der Touren II
Eligiás-Schlucht 67, 138
Endemische Pflanzen 13
Endemische Säugetiere 19
Epanochóri 58
Erdbeben 11
Erdgeschichte 12
Eremitenhöhle des Heiligen Johannes 46, 47

Fähre 27
Faltkarte II
Fauna 19
Feuchtigkeitsliebende Pflanzen 17
Fínikas 69
Fínix 67, 69, 71
Flora 13
Fossilien 13
Frangokástello (Burg) 89
Fremdenverkehrsamt 26
Fygoús-Tal 58

Gänsegeier 20
Gebirgsketten 11
Gebirgspflanzen 15
Geografie 11
Geologie 11
Gesteine 11, 12
Gewitter 8
Giftschlangen 20
Gíngilos 55, 63, 76
Gliká-Nerá-Strand 73
Goumenóspilio (Höhle) 128
Gouvernéto (Kloster) 46
GPS II
Greifvögel 20
Grigoría 96, 97

Haftungsausschluss III
Hellenische Subduktionszone 11
Höhlen 13
| Goumenóspilio 128
| Idéon Ándron 100
| Kamáres 104
| Pelekíta 186
Hunde 45

Ída-Massiv 94
Íera Moní Koudoumá 136
Ímbros 87
Ímbros-Schlucht 84, 86
Insekten 21
Inseln Paximádia 66
Internet 26
Iráklion 6, 152
Iríni-Schlucht 57

Johannisbrotbäume 14
Jahreszeiten 8

Kalí Liménes 125
Kallérgi-Hütte 76
Kallikrátis 87
Kallikrátis-Schlucht 88
Kalotrivídis (Kap) 65
Kamáres 95, 107
Kamáres Höhle 104, 105
Kanzantzákis, Níkos 121

Register

Kap Kalotrivídis 65
Kap Pónta 148
Kapellen
  Tímios Stavrós (auf Lassíthi-Hochebene) 161
Kapetanianá 130, 143
Kapsodássos 87, 89
Karfí 163
Karst 13
Kártalos 96, 99
Karten 31
Kartenlegende IV
Kartierung III
Kastamonítsa 168
Kastélli 51
Kástelos 42
Katholikó (Kloster) 47
Káto Míli 41
Káto Préveli (Kloster) 93
Káto Zákros 182, 186
Katsivéli-Alm 80
Kavoúsi 178
Kefálas 80
Kefáli 125
Keratídias-Schlucht 61
Kiefern 15
Kirchen
  Aféndi Christoú Metamórfosi 153
  Ágios Eftíchios 39
  Ágios Nikítas 149
Kladoú-Schlucht 65
Klima 8
Klöster
  Agía Triáda 46
  Ágios Nikítas 151
  Ágios Nikólaos 118, 121
  Ágios Nikólaos (bei Zarós) 116
  Arkádi 34
  Gouvernéto 46
  Íera Moní Koudoumá 140
  Katholikó 47
  Káto Préveli 93
  Koudoumá 137
  Moní Koudoumá 145
  Odigítria 125
  Odigítrias 129
  Píso Moní Préveli 92
  Préveli 91
  Valsamónero 121, 122
  Vrondísi 120, 121
Kófinas 130, 137
Kólita-Senke 101
Komitádes 84
Konglomerate 12
Koudoumá (Kloster) 137
Koukoulé 76
Kouroútes 109
Koustogérako 54, 55
Krankenhäuser 22
Krási 163
Kritsá 172
Kritsá-Schlucht 172
Kroústas 174, 175
Kulturpflanzen 14
Küstenpflanzen 13

Landkarten 31
Landwirtschaft 14
Lassíthi-Hochebene 7
Lató 172
Lázaros 158
Lefká Óri (Weiße Berge) 5, 54
Ligiofárango Schlucht 150
Líkos 67, 71
Literaturtipps 32
Líthino (Kap) 66
Livadianá 70
Loutró 60, 67, 69, 72, 83

Macchia 15
Maridáki 149
Markierungen 32
Mármara-Bucht 69
Mávri 98, 104
Meeresschildkröten 20
Meerzwiebel 15
Melindaoú 77
Messará-Ebene 99, 131
Metamorphe Gesteine 12
Míli-Schlucht 39, 40
Minoischer Friedhof Armeni 43
Mitáto Pioú 79

Míthi 157
Moní Koudoumá 148
Moní Koudoumá (Kloster) 145
Monopári 45
Mücken 21

Nattern 20
Naturhistorisches Museum 19
Nída-Hochebene 100, 104, 112
Notfall 22
Notfallnummern 22
Nutzpflanzen 14

Odigítrias (Kloster) 128, 129
Omálos 55, 77
Omálos-Hochebene 57, 58
Ölbaum 14
Opuntien 18
Orchideen 18

Paleóchora 67
Paránimfi 145
Paximádia (Inseln) 66
Pelekíta-Höhle 186
Pflanzen 13
Phrygana 15
Píkris 34, 35, 36
Pinus Halepensis (Kiefernart) 71
Píros 175
Piroú-Alm 80
Píso Moní Préveli (Kloster) 92
Plakías 91
Plakoséli 78
Platanianí Kefála 94
Plátanos 94, 95
Plattentektonik 11
Polirriniá (antike Stadt) 50, 52, 53
Polizei 22
Préveli 91
Préveli (Kloster) 91
Prínos-Hütte 109
Profítis Ilías 62, 63

Psiláfi 56
Psilorítis 106, 109, 118

Quelle Voukilási 62

Raubvögel 20
Regen 8
Reiseführer 33
Reptilien 20
Réthimnon 39, 87, 95
Riesenrutenkraut (Riesenfenchel) 18
Roúwas-Schlucht 112, 115, 118

Samariá-Schlucht 60, 66, 67, 76
Schildkröten 20
Schlangen 20
Schluchtenpflanzen 16
Schmetterlinge 21
Schneefall 8
Schwierigkeitsgrade II
Sedimente 12
Sedimentgesteine 12
Sedóni-Bucht 64
Selákano 156, 157
Sennereien 116
Sfakiá 72, 74
Sfakíon 83
Sicherheitshinweis III
Sirikári 50
Skínakas 112
Skorpione 21
Soúgia 54, 55, 59, 60
Spathí Madáras 158
Standorte 23
Stávros 46, 47, 49
Stechmücken 21
Straßenkarten 31
Strifomádi 63
Sweetwater Beach 73

Tageslängen 10
Tagestemperaturen 8
Tal der Toten 184
Tamarisken 14
Taxi 26
Technische Hinweise II, III
Telefonauskunft 26
Tiere 19
Tímios Stavrós 109
Tímios Stavrós (= Psilorítis) 100
Touristeninformation 25, 26
Tourplanung 23
Trahíli-Bucht 49
Trauben 14
Trinkwasser 22
Tripití (Kap) 60
Tripití-Schlucht 63
Trís Ekklisíes 148
Troulí 58
Tsichlianá-Schlucht 50, 51
Tsoútsouros 149
Tzermiádon 163

Valsamónero (Kloster) 121, 122
Vardiés 49
Verpflegung 21
Vóri 96
Vorízia 122
Vrísses 85
Vrondísi (Kloster) 120, 121
Vulkanismus 11

Wanderkarten 31
Wanderregionen 5
Wandersaison 8, 11
Wanderwege 32
Wein 14
Weißkopfgeier 20
Wegpunkte III
Weg-Zeit-Höhen-Diagramme II
Wetter 8
Wildkatzen 19
Wildziegen 19
Winde 10

Xilóskalo 76
Xiró Chorió 39, 41

Zarós 112, 117, 118
Zypressen 15

Fotonachweis

W. Altinger: 84 ■ Peter Bartke: 76 ■ Renate Becks: 14, 34, 70, 74, 75, 188 ■ Anna Boskamp: 42 ■ Philipp Bugada. 136 ■ Uli Hoppe: 17, 103, 106, 118, 120, 122, 123, 124, 126 ■ Rolf Jansen: 124 ■ Roger Laot: 130 ■ Peter Logan: 23, 27, 29, 32, 54, 57, 64, 71, 82, 103 ■ Thomas Maier: 164, 166, 174 ■ Gunnar Schuschnigg: 7, 20, 21, 35, 48, 49, 50, 52, 65, 88, 90, 97, 98, 99, 112, 116, 133, 142, 143, 144, 148, 155, 167, 168, 171, 177, 181, 185, 186, 187 ■ Marie Luise Schuschnigg: 14, 17, 25, 30, 41, 58, 102, 108, 110, 135, 142, 150, 160 ■ Gerald Trummer: 4, 12, 31, 128